金融生态

THE FINANCIAL ECOSYSTEM

金融如何助力可持续发展

THE ROLE OF FINANCE IN ACHIEVING SUSTAINABILITY

石天傑（Satyajit Bose）
郭　栋　　　　　　　　　　　／著　　　　郭　栋　马文杰　／译
安妮·辛普森（Anne Simpson）

中国金融出版社

责任编辑：肖 炜 方 蔚
责任校对：李俊英
责任印制：丁淮宾

图书在版编目（CIP）数据

金融生态：金融如何助力可持续发展／（印）石天傑，郭栋，（英）安妮·辛普森著；郭栋，马文杰译．—北京：中国金融出版社，2024.4
ISBN 978－7－5220－2279－6

Ⅰ．①金…　Ⅱ．①石…②郭…③安…④郭…⑤马…　Ⅲ．①金融学　Ⅳ．①F830

中国国家版本馆 CIP 数据核字（2024）第 011139 号

金融生态：金融如何助力可持续发展
JINRONG SHENGTAI: JINRONG RUHE ZHULI KECHIXU FAZHAN
出版发行 中国金融出版社
社址 北京市丰台区益泽路 2 号
市场开发部 （010）66024766，63805472，63439533（传真）
网上书店 www.cfph.cn
（010）66024766，63372837（传真）
读者服务部 （010）66070833，62568380
邮编 100071
经销 新华书店
印刷 河北松源印刷有限公司
尺寸 169 毫米×239 毫米
印张 22.75
字数 288 千
版次 2024 年 4 月第 1 版
印次 2024 年 4 月第 1 次印刷
定价 98.00 元
ISBN 978－7－5220－2279－6
如出现印装错误本社负责调换 联系电话（010）63263947

石天傑（Satyajit Bose）谨将这本书献给特利普蒂（Tripti）和萨提亚卡玛（Satyakam）。

郭栋谨将这本书献给他的祖父，郭松印。

安妮·辛普森（Anne Simpson）谨将这本书献给伊顿（Eden）、弗朗西斯（Frances）和夏娃（Eve）。

本书是第一部完整阐述可持续金融这一快速发展领域的刊物，深度剖析了金融在推动可持续发展中的战略意义。本书结合了可持续金融最前沿的学术理论与实践案例，涵盖可持续（ESG）投资、影响力投资、分布式金融、自然保护金融、清洁科技金融、社会企业等多个领域的内容。

本书将可持续金融作为有效资本配置实践的延伸，首次考虑了经济活动发生的自然和人类生态系统的长期可持续性。比如，本书阐述了长期资本拥有者和管理者在寻求高回报和有效分配金融资本的同时，也需要追寻回报的可持续性。另外，我们普遍接受的财务会计方法已不足以清晰表明自然资本与人力资本所能带来的风险与机遇。因此，全球金融市场的许多投资经理在对投资组合公司进行尽职调查的同时，也必须审视非财务绩效指标，包括环境、社会及治理（ESG）指标。

本书试图用简洁的语言介绍学术界的前沿研究与实践创新，包括在投资行为、产品结构和影响测量等方面。本书注重技能培养，包含了针对金融领域的高级从业人员所需要的分析工具及专门数据。我们希望本书可以成为专业投资人士、企业金融从业者、个人投资者和对金融的环境、社会影响力有兴趣的金融顾问的必备读物。同时，本书也适用于学习、研究企业社会责任与可持续金融的学者、学生。

译者序言

作为译者，我们很荣幸地将《金融生态——金融如何助力可持续发展》译作与中文读者共享，并期待与读者互动交流。2008 年金融危机严重冲击了全球金融系统，引发系统性风险，危机过后各国对金融系统可持续发展日益重视。原书作者作为美国哥伦比亚大学可持续金融研讨会联席主席，亲自见证并深度参与了这一历史进程。作者多年来帮助监管部门、主权财富基金、养老基金等更好地评估金融发展的可持续性，推动机构投资者从只关注财务投资回报转变为同时关注环境、社会等因素，从只关注实物资本转变为重视自然资本、人力资本的价值，在推动金融助力可持续发展方面作出了积极贡献。

该书作为作者多年来关于金融生态系统及金融如何助力可持续发展的研究与实践的总结，汇集了国际上金融助力可持续发展的丰富实践经验。他山之石，可以攻玉。当下中国正积极推动可持续发展、碳达峰碳中和、人与自然和谐共生的中国式现代化等重大战略目标，相信本书的相关内容可为中国提供有益的经验借鉴。

作者提到实现金融助力可持续发展的关键，在于投资下一代的教育、有社会责任心的企业、基础科研、普惠有效的医疗保健系统、美丽的河流与山川、乡村繁荣与振兴等，而不是为了获取海外金融票据等纸面财富。这与我国走生产发展、生活富裕、生态良好的文明发展道路，实现人与自然和谐共生的中国式现代化目标不谋而合。

为了实现金融助力可持续发展的目标，需要金融系统的创新与支持，需要在实现财务投资回报的单一目标之外，将更多元的目标如自然环境、社会责任等纳入考量，这带来了估值方法的转变，也需要区块链、人工智能等金融科技的支持。作者对这一系列因素的创新进行了详细的梳理，为读者深入了解如何构建金融助力可持续发展的框架，如何借助金融系统促进可持续发展等，提供了细致的分析与丰富的实践案例。

期待读者能从作者的研究成果中获得灵感，用于推动金融助力可持续发展的创新实践，如果译者能为搭建这一沟通桥梁略尽绵薄之力，将倍感欣慰。

本书的出版得到了中国金融出版社的董迪斌副总编辑、肖炜、方蔚、王慧荣等老师的大力支持，上海财经大学的范祥在书稿的校对中做了大量工作，在此表示衷心的感谢！

郭　栋

马文杰

2024 年 3 月

中文前言

你手中这本书的核心观点是：金融财富只是个体真正财富的影子。真正的财富植根于健康的公民、富有韧劲的社会网络、积极进取的员工、满意的客户、耐心和开明的投资者、获取食物和能源的渠道、健康的生态系统、营养丰富的土壤、清洁的水及空气。无论我们积累了多少金钱财富，如果生活在被污染的环境或有毒的社会中，我们永远也不会感到快乐。因此，我们在银行的储蓄账户、股票、公司债券以及政府债券最终必须可以转化为健康的环境、清洁的空气与水资源、经济实惠且有效的医疗保障，以及为家人和朋友提供幸福生活的能力。除非与所有人的可持续发展结合起来，否则货币储蓄不会有太大意义。就像古人讲的，堆金不如积谷。

在许多方面，当此书英文版在 2019 年出版时，我们想要传递的信息还不像今天这么明显。世界在之后 4 年里发生了不可逆转的变化。然而，这四年所发生的事件也更加充分地证明了书中很多思想的价值。

首先，2020 年的新冠疫情大流行表明，即使通过电子商务可以提供一切必要的舒适，与世隔绝的生活依然是一种凄凉的存在。很少有人能长久地独自快乐。世界各地的人们都寻求与他人分享自己的快乐。通过疫情，健康的价值和强大社会网络的重要性得到了揭示。与此同时，全球许多中央银行在 2020 年创造了史无前例的信贷，向我们展示了创造金融财富是多么的容易。敏锐的观察者现在已经清楚地看到，金融资本的供应是充足的，而人力、自然和社会资本的供应才是真正稀缺的。

其次，北约军队在经历了 20 年和 2 万亿美元的支出后，最终于

2021 年从阿富汗撤退。这一事件也向我们证明了金钱和武器是无法换来当地居民真正的支持和经营许可的。没有地方利益相关者的热情支持与积极配合，无论投入多少资金或时间，任何试图控制一个国家或搞国家建设的举动都不可能成功。不论是为了打击恐怖主义还是为了投资基础设施建设，赢得当地来自基层的广泛支持是任何外部干预的必要条件。

最后，北约和俄罗斯在乌克兰的争端也使我们对全球经济和金融体系的基本假设产生了质疑。西方对俄罗斯实施制裁并冻结其主权资金储备，这一举动使全球金融体系岌岌可危。世界各地的许多人都将从中吸取教训。许多国家开始认识到，把辛苦挣来的劳动成果存在纽约或伦敦的银行账户里，可能不再是一种审慎的策略。如果纽约或伦敦不认可你所在的国家目标，它们则可能随时冻结你的账户。在制裁升级之前，大多数国家可能会认为，只要努力生产国际市场认可且需要的商品，它们就能够通过自由贸易出售这些商品，并享受销售所带来的收益。然而，这一点现今已不再是那么的确定。在本书出版之前，人们普遍认为，如果来自中国的一家半导体企业想要投资荷兰的一家半导体企业，只要前者有足够的欧元来收购荷兰的公司，就不会有太多来自其他方面的障碍。现在，所有人都知道仅仅有资金是远远不够的。

在讲了以上三点之后，让我们来理解一下为什么上面提到的这些事件加强了本书中想要传递的信息。当我们考察中国的 GDP 增长时，可以看到很大一部分来自贸易平衡，也就是出口货物减去进口到中国货物的差额。最近几个月，中国实现了每月约 800 亿美元的贸易顺差。然而，每月 800 亿美元是多少单位劳动力呢？让我们换算一下。中国名义人均 GDP 大约是每年 12000 美元，也就是人均每月 1000 美元。因此，可以认为每月 800 亿美元的顺差相当于 8000 万中国人民每月创造的 GDP。换言之，每月 800 亿美元贸易顺差相当于 8000 万中国公民的劳动所制造的商品被送往国外，却没有获得相应的进口商品回报。那么中国得到的回报是什么呢？细想会发现，中国得到的是由海外银行和外国政府发行的票据，也包括外国公司的股票等。因此，如果这种贸易顺差持续下去，会转变为中国在海外拥有更多的资产，比如美国的国债、外国的子公司等。假设这些海外资产由于地缘政治的原因某一天被冻结，那将意味着近8000万中国人民辛勤劳动的成果以及生产过程中所消耗的中国的自然资源都将付之东流。

接下来，让我们试想一下这8000万人的生活。他们工作很努力。他们中的许多人甚至已经习惯了“996”的工作氛围。还有些人在离家很远的工厂打工赚钱，牺牲了和孩子、父母团聚的时间，甚至受到空气污染、水污染或土壤污染的影响。这些巨大牺牲的成果又是什么呢？只是为了换取海外公司、政府印发的纸面财富吗？如果这些海外司法管辖区哪一天冻结了中国拥有的这些资产，那么我们的工人将白白牺牲了他们付出的一切。当然，这也许不是个人层面的，但国家层面的财富如果被冻结，最终还是会落在每一个人头上。因此，投资于人力资本、自然资本和社会资本，而不是那些海外的金融票据，是不是会更好呢？

讲这个道理的原因在于投资可持续发展正是与把我们的信任堆砌在海外的废纸上的做法相反。可持续发展意味着我们要投资于下一代的教育，同时让孩子们可以有时间在户外玩耍，尽情微笑；可持续发展意味着我们要投资于有社会责任心的企业，给刚毕业的学生提供更多、更好的就业机会；可持续发展还意味着我们要投资于基础科研、投资于有效和可获得的医疗保健系统、投资于美丽的河流与山川、投资于美丽的乡村景观，让那里的居民可以找到与维护生态系统相关的、更有意义的工作。与以人民币或美元衡量的纸面财富不同，没有人可以把这些为了实现可持续发展的投资成果从我们身边夺走。

本书中的章节详细描述了金融体系如何将其重点从短暂的纸面财富积累转移到长期的、真正的财富积累。我们希望书中的观点能够帮助中国开启一种关于可持续金融的新思维模式，并成为世界其他地区可以借鉴的榜样。对于这本书的作者而言，能够用中文传达他们的思想是一种巨大的荣誉。虽然我们努力使我们想传达的信息与世界各地的读者相关，但由于我们对中国金融环境了解有限，可能犯了许多错误。如果我们的无知冒犯到了某位读者，还请原谅并纠正我们的错误。

石天傑

郭栋

2024 年 3 月

写于纽约哥伦比亚大学

前　言

鉴于可持续投资领域的教学、研究和实践经验（特别是在过去七年来的相关经验），我们编写了本书。2013 年，美国罗伯特·肯尼迪公平与人权中心与哥伦比亚大学地球研究所合作，为来自机构投资者、基金会、捐赠基金、养老基金、主权财富基金、咨询公司、非营利组织的投资分析师们和经理们举办为期六天的集中式培训研讨会。举办这一研讨会的部分动机在于机构投资者对面向环境和社会影响一体化评估的投资策略的尽职调查、投资组合筛选和数据来源的各种新方法有关的全面概述、扩大深度和技能培训非常感兴趣。作为 2007 年至 2008 年国际金融危机的“后遗症”，当时许多机构投资者的资产价值和融资规模都出现了意想不到的急剧下滑，促使他们想查明意想不到的系统性风险和可持续风险来自何方。这一研讨会随后掀起了在该领域持续多年的研究、讨论、教学和编撰实践的热潮，该领域被称为“可持续金融”。

著书立说是这种活跃的学术思想体系带来的意外收获，实属幸运。我们有幸成为思想深邃的实践和学术社团的一部分。我们要感谢许多志同道合的人。首先，如果没有史蒂夫·科恩（Steve Cohen）给予最早和持续的鼓励，本书永远不会面世。同样，钱静（Qian Jing）一直给本书提出可靠建议。在哥伦比亚大学地球研究所和加州公共雇员退休系统（CalPERS）承担可持续政策和管理研究项目的同事提供了灵感、跨学科的观点和坚定不移的精神支持。书中阐述的大部分想法来自参与哥伦比亚大学可持续管理和环境科学与政策项目的教师和学生。哥伦比亚大学第783次可持续金融研讨会联合主席、报告起草人和与会人员为生态学、经济学、工程学、环境科学、金融学、法学、政治科学和社会学等一系列概念的跨学科交叉传播提供了肥沃的思想土壤。我们感谢安德里亚·阿尔梅尼（Andrea Armeni）阅读了“影响力投资”相关章节的多份草稿并给出了他的建设性意见，感谢西米索·恩济马（Simiso Nzima）亲切耐心地通读了全篇原稿并提供了批评性的更正意见。我们对奥林·伯杰（Olin Berger）、鲍里斯·列别捷夫（Boris Lebedev）、廖小羽（Liao Xiaoyu）、秦岭（Qin Ling）、达巴斯米塔·萨卡尔（Debasmita Sarkar）和游思淼（You Simiao）协助开展深入研究深表谢意。我们要感谢哥伦比亚大学图书馆安静环境下的高效工作、全球声誉和强有力的支持，尤其是馆际互借部门，他们从来没有拒绝过我们借阅非公开资源的请求。

我们特别要感谢以下人员在本书立项和不断充实的这些年里给予的灵感、热烈讨论、明智建议和支持：Chris Agnos, Kristina Alnes, Janice Hester Amey, Chaarvi Amit Badani, Frank Barbarino, Matias Bendersky, Haben Berhe, Agustina Besada, Dazzle Bhujwala, Eron Bloomgarden, Travis Bradford, Allison Bridges, Arnaud Brohe, Vonda Brunsting, William Burckart, the late Sir Adrian Cadbury, Helen Chaitman, Jenny Chan, Tony Colman, Todd Cort, Robert Costanza, Mark Cox, Stephen Davis, James Dearborn, Kelsie DeFrancia, Ruth DeFries, Nancy Degnan, Lynn Forester de Rothschild, Maria Julia Diaz Ardaya, Daniel Ding, Hervé Duteil, Prajit Dutta, Robert Eccles, Michael Eckhart, Bill Eimicke, Paul Ellis, Jonas Englund, Scott Fisher, Vicky Flores, Steve Freedman, Steve Godeke, Marcie Frost, Vicky Galeano, Alyson Genovese, Emanuele Gerratana, Dan Giuffrida, Linda Giuliano, Adela Gondek, Bernardo Guillamon, James Hawley, Geoff Heal, Davida Heller, Marc Henry, Susan Holgate, Bert Hunter, Bruce Kahn, Urvashi Kaul, Kerry Kennedy, Dinah Koehler, Cary Krosinsky, Rina

Kupferschmid, Sophie L' Helias, Allison Ladue, Rob Lake, Manu Lall, Linda - Eling Lee, Arthur Lerner - Lam, Marc Levy, Ma Lei, Parisa Mahdad, Hayley Martinez, Priya Mathur, Christoph Meinrenken, the late Don Melnick, Teri Mendelsohn, Bhakti Mirchandani, Thomas Murtha, Yu Meng, Alison Miller, Hayley Mole, Robert Monks, Dennak Murphy, David Ng, Dan O'Flaherty, Amie Patel, Maneesha Patel, Radhika Patel, William Patterson, Marivi Perdomo Caba, Julie Pertuiset, Charlotte Peyraud, John Plender, Jeffrey Potent, Curtis Probst, Olga Puntus, Roy Radner, Jenik Radon, Fiona Reynolds, Bridget Realmuto, Rod Richardson, Ailsa Roell, Gema Sacristan, Ashley Schulten, Aniket Shah, Courtney Small, Jason Smerdon, Song Mingyuan, Art Small, Robert Smith, Amy Springsteel, Nina Sun, Sun Zhe, Tian Tuo, Tian Xiaolei, Bruce Usher, Louise Venables, Kurt Vogt, Wang Anyi, Wang Jun, Jason Wingard, Lynnette Widder, Donald Wissell, Zhang Yong, and Richard Zimmerman.

克里斯·阿格诺斯、克里斯蒂娜·阿尔内斯、珍妮丝·海斯特·艾米、查尔维·阿米特·巴达尼、弗兰克·巴巴里诺、马蒂亚斯·班德斯基、哈本贝尔赫、阿古斯蒂娜·贝萨达、达兹尔·布吉瓦拉、埃隆·布鲁姆加登、特拉维斯·布拉德福德、艾莉森·布里奇斯、阿诺·布罗赫、冯达·布伦斯汀、威廉·伯卡特、已故的阿德里安·吉百利爵士、海伦·柴特曼、珍妮·陈、托尼·科尔曼、托德·科尔特、罗伯特·科斯坦扎、马克·考克斯、斯蒂芬·戴维斯、詹姆斯·迪尔伯恩、凯尔西·德弗兰西亚、露丝·德弗里斯、南希·德格南、林恩·福里斯特·德·罗斯柴尔德、玛丽亚·朱莉娅·迪亚兹·阿达亚、丹尼尔·丁、埃尔维·杜泰、普拉吉特·杜塔、罗伯特·埃克尔斯、迈克尔·埃克哈特、比尔·艾米克、保罗·埃利斯、乔纳斯·英格兰、斯科特费舍尔、维姬·弗洛雷斯、史蒂夫·弗里德曼、史蒂夫·戈德克、玛西·弗罗斯特、维姬·加莱亚诺、艾莉森·吉诺维斯、伊曼纽尔·格拉塔纳、丹·朱弗里达、琳达·朱利亚诺、阿德拉·冈德克、贝尔纳多·吉拉蒙、詹姆斯·霍利、杰夫·希尔、大卫·海勒、马克·亨利、苏珊·霍尔盖特、伯特·亨特、布鲁斯·卡恩、乌瓦希·考尔、凯瑞·肯尼迪、黛娜·科勒、卡里·克罗辛斯基、丽娜·库普弗施密德、苏菲·拉赫利亚斯、艾莉森·拉杜、罗伯·莱克、马努·拉尔、琳达·艾琳·李、亚瑟·勒纳—林、马克·利维、马磊、帕里萨·马赫达德、海莉·马丁内斯、普里亚·马图尔、克里斯托夫·迈伦肯、已故的唐·梅尔尼克、泰瑞·门德尔松、巴克蒂·米尔昌达尼、托马斯·穆尔塔、于萌、艾莉森·米勒、海莉·摩尔、罗伯特·蒙克斯、丹纳克·墨菲、大卫·吴、丹·奥弗莱厄蒂、艾米·帕特尔、玛尼莎·帕特尔、拉迪卡·帕特尔、威廉·帕特森、玛丽维·佩尔多莫·卡巴、朱莉·佩尔图塞特、夏洛特·佩罗、约翰·普兰德、杰弗里·波特特、柯蒂斯·普罗布斯特、奥尔加·蓬图斯、罗伊·拉德纳、杰尼克·拉登、菲奥娜·雷诺兹、布里奇特·瑞尔穆托、罗德·理查森、艾尔莎·罗尔、杰玛·萨克里斯坦、阿什利·舒尔滕、阿尼凯特·沙阿、考特尼·斯莫尔、杰森·斯默登、宋明远、阿特斯莫尔、罗伯特·史密斯、艾米·斯普林斯泰尔、孙妮娜、孙哲、田拓、田小蕾、布鲁斯·亚瑟、路易丝·维纳布尔斯、库尔特·沃格特、王安忆、王俊、杰森·温沃德、林内特·韦德、唐纳德·维塞尔、张勇和理查德·齐默尔曼。

在此，我们对富有睿智和耐心的编辑马里奥·拉托雷（Mario La Torre）、杜拉·魏斯（Tula Weiss）、索菲亚·西格勒（Sophia Siegler）和鲁斯·诺贝尔（Ruth Noble）深表感激。很幸运的是，有这么多给我们带来启发的老师纠正了我们在本书撰写初期的错误。尽管我们从学术界获得了方方面面的帮助，但本书仍然不免有诸多疏漏谬误之处，对此我们全权负责更正。对于那些我们在努力将复杂而存在细微差别的文献著述压缩成简洁连贯的叙述时可能无意中遗漏了他们作品的人，我们先行表达歉意。我们还作出以下重要免责声明：本书由安妮·辛普森（Anne Simpson）以个人身份撰写。书中所表达的意见纯属她的个人意见，不代表她的现雇主单位——加州公共雇员退休系统（CalPERS）的观点。

最后，对我们的家人多年来对这项工作的支持表示最深切的感谢。

石天傑（Satyajit Bose）　美国纽约州纽约市

郭栋　美国纽约州纽约市

安妮·辛普森（Anne Simpson）　美国加州萨克拉门托市

2019 年 6 月

目　　录

图目录

表目录

第 1 章　金融在实现可持续发展中的作用

金融领域是一个庞大而多样的生态系统。因此金融部门在经济和环境中的作用有时看起来复杂且不透明。在美国，金融、保险和房地产业贡献的 GDP 占比约为 20%，据美国经济分析局的数据，这也是对 GDP 贡献最大的行业。金融在经济中到底扮演什么角色？经济活动所在的自然和人类生态系统的长期可持续性是资本配置效率的前提，但金融机构的活动是如何影响经济所依赖的社会和环境系统的可持续性的呢？当罗马教皇方济各都发布通谕，将金融和逐利列为当前生态危机的原因时，我们是否会想，金融体系在环境中能不能扮演有益的角色。简单地说，金融机构的存在是为了有效地将家庭储蓄引导至有效益的投资机会，引导至寻求资本的商业、政府，以及企业家那里。但是，如果这些投资具有污染水域、向空气中排放有毒物质或扰乱脆弱的生态系统平衡等副作用怎么办？如果这些投资所创造的产品和制造方法会加速消费者、雇员以及社区居民的疾病甚至造成死亡又当如何？

在全球市场经济中，金融市场是引导投资和经济活动的主要信号来源。金融部门掌控的资本流量大于来自政府和多边机构用于可持续发展的资本流量，也大于用于慈善活动的资本流量。因此，私人部门的金融决策对更为广泛的生态系统健康的潜在影响，无论好与坏，都远大于援助机构或慈善组织的决定所产生的影响。例如，2013 年的年度发展援助总额约为 1500 亿美元。然而，同年流向发展中经济体的权益和债权资本总量达到了 2140 亿美元。如果我们将各国 2017 年的名义 GDP

与公司收入列在同一表格中，收入最高的公司沃尔玛（净销售额为4860亿美元）将排在第24位；仅次于瑞典和波兰。由此可见，民间资本流动或企业行为特性上微小的改变，可能比直接援助或慈善产生的影响更大。

金融扮演的角色

显而易见，金融在经济乃至环境中的作用是巨大的。但这个作用是什么呢？为什么金融对经济是有用的？在实现自然和社会生态系统的可持续性方面，它能否发挥作用？对金融市场和金融机构在经济中发挥的作用通常有以下理解：一个完善的金融系统为经济活动提供了三大职能。第一，金融促进了在不确定环境中跨越时间与空间的资源有效配置。第二，通过风险分担机制，金融系统使得具有不同投资范围和风险偏好的储蓄者能够找到有适当收益的投资机会，同时支付可接受的交易成本。第三，金融市场一个关键但有时被遗忘的作用是，提供空间和时间上不同稀缺性的信号，以指导最优的分散决策。接下来，让我们对这三个作用开展更细致的讨论。

资源配置的角色

对于任何系统来说，为了最大限度地减少浪费，资源就必须物尽其用。对金融而言，资本是一种重要而稀缺的资源，需用于可能产生最高风险调整后收益的活动。因此，对于个人资本所有者来说，不能持续地最大化风险调整后收益相当于财富的相对损失。由于未来的不确定性，引导资本所有者进行最优投资并非易事。资本配置者必须在知道投资回报率之前对其资产进行配置，而且其对风险的评估在配置时很可能不准确，同时也一定会在整个投资期间发生变化。风险和收益评估的复杂性使得支持资本配置活动的专业技能得以发展，奠定了资产管理成为一个正式行业的基础，在不同层面对确保当前财富的保值、增值发挥了朴实但极其重要的作用。

然而，对整个社会来说，适用于个人资产所有者的并不一定适用于整体。例如，债券发行人意外地将发行所得用于回购股票，因此增加了债券的信用风险，并导致债券的中期价格下跌，从而使公司债券的投资者蒙受损失。由于债券持有人没有预料到回购股票这一风险，他就可能为了购买债券放弃了风险调整后收益更高的投资。在评估对社会的影响时，我们必须考虑到债权人可避免的损失可能会被向公司出售股票的股东们的额外收益所抵销。因此对于整个社会而言，上面错误的风险评估的净影响可能是极小的，尤其是错误的风险评估或机构失灵是短暂的且非系统性的。然而，对债权人的利益保护如果存在系统性失败，社会将会蒙受真正的损失。例如，当债权人的保护不当降低了投资者对债券投资的兴趣的时候，之所以造成社会损失，是因为未来债券投资者要么会要求更高的风险补偿，要么干脆避开某些发行人或地区的投资。这种高风险溢价或拒绝投资将使本来有效益的投资无法得到融资。

金融的一个重要社会角色是提供一种低成本的方法，将资本引向有效益的投资机会。如果不能有效发挥这一角色，一个社会就无法为新的财富形成和创新提供资金，这将抑制，甚至消除增加未来财富的机会。在自然生态系统背景下，金融可以在自然资本保护、生态退化补救的“好的投资”中扮演关键角色，同时在保持基于指标进行选择和定量评价的原则基础上，引导投资用于实现社会目标。为保护自然资本而进行的直接投资通常被称为“绿色基础设施融资”或“环境保护金融”（见本书第 13 章）。对拥有社会和财务双重目的的企业的投资有时被称为“影响力投资”（见本书第 11 章）。金融系统的这两种方式例证了金融在自然生态系统中可扮演的有益的资源配置角色。

风险转移的角色

在莎士比亚的《哈姆雷特》中，当雷欧提斯告别他的父亲波洛尼厄斯返回继续他的学业时，波洛尼厄斯劝儿子说："既不要借别人的钱，也不要借钱给别人；因为借钱往往会使你失去金钱也失去朋友。"投资者不可能完全听从这种劝告，因为金融之所以存在就是由于投资能力与融资需求之间普遍存在的不匹配。寻求扩张的工厂主或拓展事业的企业家很少能够自己提供项目所需资本，因此金融扮演了匹配借款者与贷款者、资本使用者与投资者的关键角色。波洛尼厄斯劝告的第二部分包含了对投资者的一个重要警告：借钱给朋友是不明智的，因为金钱和朋友可能都会失去。用现代金融术语来说，这是在警示，要使投资尽可能多样化。例如，将退休资产大量投资于自己雇主公司的股票可能是不明智的，就像 2001 年 11 月安然公司员工发现的那样。金融在促进投资多样化方面扮演着关键角色，根据借款人和贷款人的风险承受能力、投资范围和流动性需求进行投资匹配，而非依托友情、民族或共同利益之间的链接。

经济理论认为，大多数人是厌恶风险的，因此，买保险可以增强幸福感。无论是为了他们家中的物品（财产保险），还是为了他们的健康状况（医疗保险），大多数人都愿意为至少某种形式的保险掏腰包。面临众多不可预测风险的家庭必须将大部分财富留作流动资产，这就削弱了他们进行长期投资的能力（通常意味着更高的回报机会）。有宏观经济证据表明，保险市场不仅通过其对 GDP 的贡献，并且通过提供风险转移和理赔服务，来促进经济增长，因为可以使家庭能够将储蓄转向更高回报的投资。由于汇集的风险更容易预测，大型、多元化的风险组合所需的保费要低于多元化程度较低的风险组合。

金融中介机构让家庭得以接触多样化的投资机会，例如通过共同基金来投资。通过汇集多个投资者的资本并将其配置给"一揽子"投资机会，金融中介机构帮助家庭将更多的财富投资于流动性较差的资产。而金融中介机构的投资多元化和风险转移作用在两个可持续性方面的挑战中具有潜在的变革意义。第一个是对能提高能源效率的商业建筑和住宅建筑的改造进行融资和证券化（见本书第 12 章）。第二个是为实现向可再生能源经济转型所必需的创新成果和新技术提供融资（见本书第 14 章）。这里有个相关的问题：一些投资者质疑，如果仅从投资角度考虑，从化石燃料公司撤资是否有意义。

提供分散信号的角色

金融市场提供信号的作用可能是其他机构最不可能仿效的。正如弗里德里希·哈耶克（Friedrich Hayek）1945 年发表在《美国经济评论》上的论文《知识在社会中的应用》中指出的那样，一个合理的经济体系必须解决的真正困难的社会问题与其说是如何配置稀缺资源，不如说是如何利用社会的全部知识。这些知识必然是分散的，存在于无法整合的不同个体的头脑中。哈耶克认为，价格提供了商品相对稀缺或丰富的信号：只有通过观察不同商品的相对价格，企业家才能了解需要投入多大的产能和投资。追逐利润的企业家的后续行动让稀缺性得以缓解，缩小相对价格差异。在哈耶克的公式中，如果没有价格体系所承载的信息，我们将不知道什么是稀缺的，什么是丰富的。

哈耶克论文中的金融理论延伸出了一个既定观点：金融市场是整合市场参与者私人信息和理念的有效工具，由此产生的价格所包含的信息比专家预测中可能存在的信息更多。关于这一原理，一个经常被引用的例子是罗尔（Roll，1984）提出的论点，即冷冻浓缩橙汁期货的交易价格比国家气象局专家的预测更能提供有关佛罗里达州中部（基础商品的主要种植区）霜冻可能性的信息。

在其他领域，同样发现了这种经过适当组合的分散信息能够比专家预测的效果更好。现如今，已经很少根据单一模型进行天气预报，而是采用许多模型的加权平均值（技术层面上的整合），并结合分布在各地气象站的实时观测情况缩小预报误差。谷歌基于索引的搜索算法在很大程度上取代了受人类知识启发的、基于分层类别的搜索引擎“雅虎”，就是一个恰当的例子。也许信息整合问题最终会由于社交网络的出现和海量计算能力的可能性而得到解决。然而，金融市场的信息整合作用可能始终是有意义的。

哈耶克论点中的一个重要见解是：专家（或其所说的中央计划者）易错性。现实世界的复杂性远非最复杂的模型所能企及。哈耶克认为，一个合理的经济体系必须为小规模的局部试验留出空间。的确，经济体系必须为成功的分散式举措提供激励和奖励（就像价格体系所做的那样）。在两个领域中，专家的易错性和金融市场的信号作用可以推动分散化的尝试，以实现可持续性。在公开股票市场上进行的某些形式的责任投资中，并非投资管理专家的投资者为其投资组合选择社会或环境的主题或因素，例如最低的环境、社会和治理（ESG）评分或拒绝把烟草行业的股票纳入投资范围。在本书第 12 章，我们会审察在现代技术平台的推动下，这种类型的投资可以在多大程度上激励可持续性的企业行为。在本书第 15 章，我们分析了合作社运动和分散式社会企业在减贫方面取得的重大进展，而中央指导的规模大得多的援助计划反而以失败告终。

什么是可持续性?

在金融系统中，“存量”和“流量”是相关的两个基本概念。存量指的是一种资产或负债，代表在一定时点上测算的过去流量的累积或对未来流量的估计。流量具有周期性，表现为连续的服务流或现金流。资产是可被用于创造未来商品或服务的流量（一种实物资产）或是索取商品和服务的所有权（一种金融资产）的任何事物。存量和流量之间的这种关系，可以在股票估值的普通股息贴现方法包含的估值原则中看到：

在时间节点 0 上的股票价值 = 未来股息流的预期折现值

另一个有启发性的例子是对于未来负债的估值。根据《美国财务会计准则委员会第 143 号准则公告：资产退废负债》，从事资源开采的公司的资产退废负债应当被记为负债（或负资产）。该负债按照修复当前开采地点（例如油田或压裂井）所需的未来现金流出量的预期折现值来衡量［美国财务会计准则委员会（FASB），2001］：

在时间节点 0 上的资产退废负债的价值 = 在开采现场返回到开采前状态的未来费用流的预期折现值

“存量”和“流量”的概念对于任何关于“可持续性”的讨论，都是必不可少的内容。例如，针对“可持续发展”的一个经常被引用的定义是由联合国布伦特兰委员会在其 1987 年发表的题为“我们共同的未来”的报告中提出的：“可持续发展是一种既满足当代人的需求，也不损害子孙后代满足其自身需求的能力的发展。”这个定义可以表达为：可持续性意味着当前商品和服务流量的规模不得损害用来产生未来商品和服务流量的财富存量。此类可持续性的另一种表述包含在哈特威克规则中：从资源开采中赚取的开采租金必须投资于其他形式的资本，而不应当被用掉（即开采不可再生资源得到的收益必须全部储蓄下来，作为再生产的物质性资本投入）。用金融术语来阐述就是：来自资本清算的现金流入（不能重复）应该始终用于投资，而不是消费。深层的逻辑依据是将资产留作不动，只动用代表周期性收益流动的部分。换言之，只吃苹果树结出的果实，但不要砍倒苹果树，用它来烧柴。如果不得不砍伐苹果树，那么必须使用木材来建造另一种长期资产，例如用木材建一个谷仓。根据这种解释，可持续性是可重复性收益流动的同义词。

在社会层面，我们的测量系统更适合量化流量而不是存量。例如，衡量国民经济成功与否的最常见指标是国内生产总值（GDP），这就是一个流量概念。很少有国家发布国家资产负债表，而几乎所有国家和地区、城市都发布国内生产总值（GDP）的统计数据。汉密尔顿（Hamilton）和赫伯恩（Hepburn）（2014）认为，社会对流量的迷恋并非不可避免，他们还引用了希克斯（J. R. Hicks）的观察结果：凯恩斯主义下对需求的管理实践增强了流量计算的直接效用。他们还指出，财富（与存量相关的概念）充其量只是被部分衡量。在财富的组成部分中，自然资本和人力资本的量化远远比不上生产资本的计量。这种情况着实令人遗憾，因为汉密尔顿和刘（Liu）（2014）认为，在发达国家整体财富中，人力资本占据了非常重要的一部分（见图 1.1）。

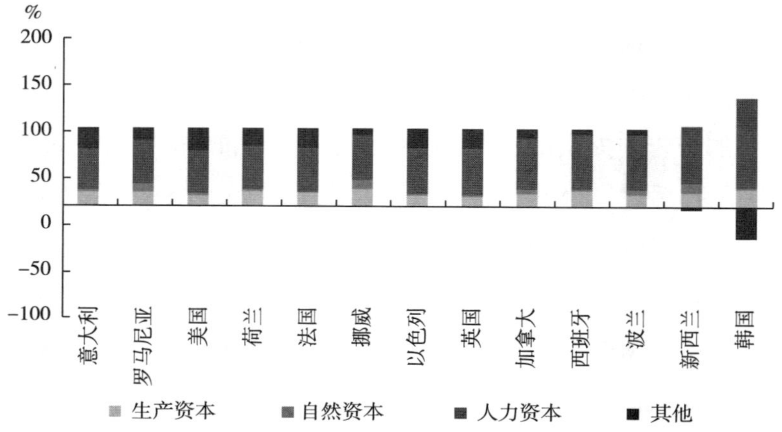

注：按人力资本在财富贡献中的百分比，对国家进行升序排列。

图 1.1　财富的构成（2005 年）

［资料来源：作者根据汉密尔顿和刘（2014）的数据计算］

与收益的流量相比，财富更不可能被计量的一个原因在于流量的量化所涉及的不确定性比存量的量化要低。这是因为存量的计量需要使用本身可能不确定的贴现率来评估未来流量，并将这些未来的不确定流量转化为存量价值。在社会层面，人们可以说，财富只不过是未来收益流量的资本化价值，因此难度大的任务就是衡量未来的流量并对其进行贴现。试图对其资产进行估值的个人投资者可以选择将他对未来流量现值的估计与另一个投资者可能愿意为购买此资产支付的金额进行比较，这其中可能会包含其他投资者对未来流量的看法。他能够通过检查可比资产的交易价格或买卖价格，来推断他人的估值（见本书

第 6 章)。这种将他人同期评估与我们自己的特定预测进行比较的能力有助于在个人层面对资产估值进行测量并实现锚定效应。当我们试图对社会资产进行估值（例如世界上所有生态系统服务的货币价值）的时候，问题就变得不那么以市场交易为依据了。在社会层面，我们在很大程度上失去了通过其他参与者的财务出价和交易提供的参考点。而这降低了当前围绕财富存量估值的共识水平，使政府更难制作有用的资产负债表。然而，共识减弱对估值带来的挑战并非不可克服，而是金融实践与推动可持续性之间几乎所有互动都要面对的。

在努力评估流量的可持续性或可重复性的过程中，我们必须仔细识别所有流动，包括从自然资本、人力资本和无形资本中获得的服务。本书的第二部分（见本书第 3、4、5、6、7、8、9 和 10 章）展开讨论了可持续金融的分析基础，其中列举了为顺利开展自然资本和人力资本服务的计量和评估而开辟的新途径。

可持续性和长期价值创造之间的互等

金融分析师和价值投资者乐于接受一项既具有挑战性且有回报的工作：估算一家公司经手的现金流中可复制的部分，并将其与非经常性现金流区分开来。确定哪些流量可以被资本化，哪些流量只是额外的，是他们培训的一个重要部分。参照可以将可重复流量与股票估值联系起来的公式，金融分析师在尝试计算基本价值时，会不断评估基础流量的可持续性。例如，分析师的报告通常涉及他们所谓的“收益质量”，即收益和盈利能力在多大程度上来自基础业务的持续运营，而不是从资产或储备清算中实现的一次性收益。至少在这个意义上，财务估值分析非常接近于哈特威克规则下的可持续性概念。

前文围绕着估值分析的讨论，让我们了解到金融中可持续性的一种可能含义：识别可重复价值来源的实践。这种做法与套利原则相结合，就成为了价值投资的基础。价值投资者掌握的技巧包括识别其他市场参与者尚未认识到的价值收益流，且在一定的投资期限内，该价值是有可能被货币化的。在金融领域，可持续性意味着什么？它意味着通过对“资本”这一概念的全面理解，来确定可重复回报的来源。“资本”概念除了生产资本之外，还包括自然资本和人力资本。这种对可持续性的理解如何创造机会？通过分离被低估的回报来源，这些来源可能会在未来得到更广泛的重视。这种可持续性视角如何降低资产管理中的风险？它有助于规避因不可持续的资金清算（广义）而产生短期回报的投资，从而降低在这些回报无法再重复获得时的资产减值风险。

责任投资的原则

2006 年，时任联合国秘书长科菲·安南在纽约证券交易所发起了由 100 名创始投资人组成的责任投资原则组织（UNPRI 或 PRI）。其创始投资人雄心勃勃地宣布：

> 我们相信，一个经济上高效的、可持续的全球金融体系是创造长期价值的必要条件。这一体系将给长期的、负责任的投资带来回报，并使环境和整个社会从中受益。PRI 将通过鼓励采用（责任投资）原则并在其实施中开展合作，通过促进公司治理、诚信和问责制；努力把这一可持续的全球金融体系变成现实。

在国际金融危机之后，责任投资原则组织签署方的资产大幅缩水，导致许多养老基金在未来数十年资金不足，因此，PRI 随后增加了一个更宏大的目标，即担负起“确保金融体系本身的可持续性”这一艰巨的任务。这一新目标促使签署方“消除存在于市场实践、结构和监管中的可持续金融体系障碍”。PRI 的成立反映了全球投资者达成的共识，即它们的决策具有深远的影响，不论好坏都可能给投资者带来正向或负向的反馈。

PRI 把两个相互交织的理念融为一体。首先，PRI 的创始投资人宣称，将环境、社会和治理（ESG）一体化考虑纳入财务决策，对于寻求长期风险调整后收益的投资者以及范围更广的、力图确保金融与整个社会更广泛的利益保持一致的利益相关者而言，都是互惠互利的。这种观点建立在金融和全社会的命运息息相关的理解之上。其次，PRI 的创始投资人也对自己的投资义务有了新的认识。将环境、社会和治理（ESG）纳入投资选择不仅是寻求财务回报的工具，也是对其履行代表他人进行符合共同利益的投资的法律义务的默示授权。

“作为机构投资者，我们有责任从受益人的最佳长期利益出发。作为受托人，我们认为环境、社会和治理（ESG）问题会影响投资组合的表现（根据公司、行业、地区、资产类别和时间，表现程度相异）。”PRI 的创始投资人对金融体系怀有一个愿景，就是将可持续性同时视为创造长期价值的机会以及必要条件。

创造长期价值在事前是不受欢迎的

价值投资者的观点首先必然是非主流的。约翰·梅纳德·凯恩斯（J. M. Keynes）是价值投资而非波段投资的早期拥护者，他认为长期投资者肯定是“性情古怪的、非常规的、鲁莽的人”。作为管理剑桥大学国王学院捐赠基金的受托人，凯恩斯坚信股权投资作为一种新资产类别对于捐赠基金等长期投资者的重要性。他给这种“投机性”资产类别分配的捐赠基金比例远远高于当时基金会和捐赠基金的普遍比例。凯恩斯管理下的国王学院捐赠基金避免了 1929 年股市崩盘的损失。随后，他在 1930 年、1931 年、1938 年和 1940 年经历了亏损，但在前后长达 24 年的投资过程中，他创下的年均收益率比英国股价指数平均收益率还要高 8%。其显著跑赢基准的优异业绩只能是来源于不同于普通投资者的投资选择。

投资期和委托代理问题

在确定和评估自然资本和人力资本在投资中的价值时，价值投资者是不按常理出牌的，其所需依赖的框架、信息来源和尽职调查流程可能在很大程度上不同于市场所采用的常规估值模型所使用的参数。与任何逆势投资一样，在这种情况下更是如此，人们可能会普遍认识到的人力资本和自然资本投资的隐藏价值的时间跨度可能非常长。正如凯恩斯和其他学者所指出的那样，这一点严重限制了适合价值投资者的投资机会的种类。价值投资者必须权衡从长远来看不同的、正确的投资所带来的超额收益的可能性和短期内因不同投资而引发的跟踪误差的可能性。由于通常由管理者而不是所有者作出投资决策，因此这种权衡也与至少两个委托代理问题有关。

投资管理者通常会因短期业绩而获得报酬，而通常不会因长期业绩不佳而受到处罚。然而，投资所有者希望防止长期资产减值，即使以短期投资业绩不佳为代价。这种委托代理问题的第二个典型例子出现在股东与公司之间的关系中。尽管理论上公司的管理是为了股东的价值最大化，但在实际情况下，可能并非如此。罗伯特·蒙克斯（Robert Monks）将这个问题称为“无主公司”问题，更笼统地说，旨在解决这个问题的机制是金融子领域——“公司治理”的一部分（见本书第3章有关公司治理的详细讨论）。这些激励协调问题是“实现长期价值回报”的核心挑战。

面对激励协调问题，理性委托人的反应通常是监测代理人的一系列绩效指标。长期机构投资者认识到，使用单一的风险调整回报指标（例如夏普比率）或公司业绩的短期指标（例如季度每股收益）对投资进行排名是一种无效且具有潜在危险的策略。因此，投资管理者和公司对扩大绩效指标范围的兴趣越来越大。

可持续金融

在2007—2008年国际金融危机之后，许多人认为仅仅追求财务利润是不可持续的，且有悖于长期社会利益。在谷歌上，“影响力投资”“ESG投资”和“社会金融”的搜索量在稳步增长。我们将有意利用和影响金融体系以调动资本，为实现可持续发展和广泛的社会福利的种种努力定义为“可持续金融”领域。可持续金融的兴起是下面列举的近期一些重要现象所导致的必然结果。

1. 公民投资者与财富的代际转移

体现在养老基金、保险公司储备金和可货币化的家庭财富中的劳动者的金融财富已成为全球管理资产的重要组成部分，创造了针对特定投资者群体价值的定制投资产品的需求（Davis、Lukomnik和Pitt-Watson，2006）。工会对资本管理的关注和主权财富基金作为重要的关键投资者的准入，为明确阐述除金钱回报以外的投资目标创造了条件。经济合作与发展组织（OECD）成员国“婴儿潮”一代的财富即将代际转移给他们的继承人，这也引起了对投资管理行业更高的要求，包括对投资与价值意义的结合（埃森哲咨询公司，2015）。

2. 公司相对于监管者的权力

许多公司的规模和实力之大令许多国家政府可用于监管公司活动社会影响的资源相形见绌。民间呼吁政府投身于可持续发展目标（SDG）（联合国大会，2015）的同时也认识到，如果没有与私营部门建立伙伴关系并向私营部门施加压力，可持续目标就无法实现。面对许多公司的强大实力，大多数政府都会显得无力，这也降低了任何不把企业作为驱动的可持续发展的尝试的可信度。使用统一的社交媒体活动来影响公司可能是比政治宣传更有效、更直接的工具（Heimans和Timms，2018）。由于在国际金融危机之后，金融影响公司行为的力量越来越强，因此许多观察家自然会考虑金融体系在推进某些环境监管目标方面的潜在作用。

3. 关注地球环境安全界限

人们越发认识到，前所未有的人类经济活动规模给自然生态系统造成了压力。这些包括全球变暖、淡水稀缺、耕地因全球人口增加而减少、授粉昆虫群落瓦解、塑料污染和海洋鱼类种群退化，以及内分泌干扰物对人类生殖系统的潜在不利影响。人为活动可能已经突破了九个地球环境安全界限中的四个，并且有可能突破其他边界。由于这一问题迫在眉睫，倡议金融体系为及时成为解决可持续性问题的积极贡献者作出广泛努力的呼声高涨。另外，投资分析师也会担心这些对地球环境安全界限的突破可能带来的金融资产减值的风险（Linnenluecke、Birt、Lyon、Sidhu 和 Walsh，2015）。

4. 寻找环境保护的道德基础

在经济合作与发展组织（OECD）成员国，农业从绝大多数人的工作生活中消失，全球人口的日益城市化已经消除了世界大部分地区人类与自然的明显联系。一些科学家和环保主义者一直在寻找一条道德热情的源头，以推动限制人为环境影响的紧迫斗争。世界上许多宗教的伦理诫命提供了管理自然的基本原理，这些基本原理是实现可持续发展的潜在助力。教宗方济各（2014）对这些诫命进行了基督教阐述。谢赫（Shaikh，2018）阐明了伊斯兰教中道德概念与环境可持续发展目标之间的一致性。

可持续金融包括了在金融生态系统内的许多相关趋势，其中包括责任投资和影响力投资的显著增长（见本书第 10 章和第 11 章）、为向全球低碳经济转型提供资金的创新融资方法的出现（见本书第 13 章和第 14 章），以及在全球化和去中心化方面进行的旨在确保自然和人类生态系统可持续性的金融机制和体系的尝试（见本书第 12 章和第 15 章）。

结束语

长期资产所有者和管理者在一方面寻求高风险调整后的回报并将稀缺的金融资本有效分配给价值最高的经济活动，另一方面在确保回报的可持续性方面发挥着重要而强劲的作用。长期回报取决于许多无形价值的来源，包括来自保存完好的自然资本以及利益相关者的认同。回报的持久性有赖于健康的生态系统、营养丰富的土壤、清洁的水源和清洁的空气、工业场地附近环境的接收能力，以及满意的消费者、积极进取的员工和热衷于提供资金的投资者。然而公认财务会计方法不足以清楚地提示稀缺的自然资本和人力资本所带来的风险和机遇。在下一章中，我们将讨论金融生态系统的性质及其在分配资本、匹配储蓄者和投资者，以及面对地球环境安全界限时，提供稀缺性信号上的作用。通过在自然生态系统和金融生态系统之间触类旁通并审视全球金融市场参与者的分类，我们将重点论述金融部门各组成部分在提升广泛金融生态系统的可持续性方面的具体能力。

第 2 章　金融生态系统

在第 1 章里，我们概述了金融部门的三个传统作用：将稀缺的资本分配给最具价值的投资、匹配储蓄者与投资者、生成关于稀缺性或充足性的最精准信号。按照这三大作用所得出的必然推论，我们希望金融部门能促进经济活动所依赖的自然和社会生态系统的可持续性。例如，将资本分配给最具价值的用途，就意味着资产管理者的投资组合构建需要考虑到自然资本在促进未来所有形式资本的收益流动过程中的重要作用。同样，将储蓄者与投资者匹配也涉及实现公民投资者（有社会责任感的投资者、工会养老基金、理念或宗教投资者，以及将非金钱上的动机纳入其投资策略的主权财富基金）更广泛的投资目标。生成稀缺性或充足性的准确信号则需认识到地球环境安全界限制约了某些类型经济活动的可持续性。对于任何参与者来说，这些都堪称艰巨的任务。

到目前为止，我们一直将参与者称为“金融部门”。但到底什么是金融部门？它是由什么实体组成的？实体之间又是如何互动的？金融生态系统为其他系统的可持续性作出贡献意味着什么？拥有、控制和管理这个生态系统及在其中工作的个体背后的动机是什么？哪些个人和制度的层面（包括时间视角和空间视角）激励或约束了他们的行为？简而言之，他们是否有意愿和资源来履行我们随意赋予他们的巨大责任？为了回答这些问题，我们必须考察金融生态系统的性质，并仔细研究全球金融市场主体的分类。

现代金融中介机构的范围几乎是无限大的，并且持续显示出对系统的环境和监管冲击的适应能力，以及塑造未来冲击性质的能力。在第 1 章里，我们认为哈特威克规则中体现的可持续性概念，与金融分析师对确定周期性现金流中可复制部分的尝试之间存在相似之处。在本章中，我们对金融生态系统进行了回顾，并相信在自然生态系统和金融生态系统之间进行类似的比较也是卓有成效的。我们认为，在系统的背景下利用生态学和控制论领域的见解，结合可收集的金融、实物、人力和自然资本的流量和存量数据来观察金融生态系统，能提供有用信息。

收入的循环流动

在物理系统环境下观察金融生态系统的研究工作由来已久，但并不连续。金融生态系统对物理生态系统起到了什么作用？为什么金融中介机构会存在？我们认为，金融中介机构是不可或缺的代理人，协助将尚未消费的收入转化为生产性投资。金融生态系统的作用是将家庭储蓄转化为生产性投资机会这一观点，也许看起来很怪异，且与通常在经济学入门教科书中常有阐述的、被称为“收入的循环流动”的观点略有不同。

储蓄循环流动的概念至少可以追溯到理查德·坎蒂隆（Richard Cantillon）于 1755 年发表的《商业性质概论》。它通常用于描述家庭和公司之间的收入流动，并构成了国民收入特性的基础。在这里，我们改进了收入的循环流动，以储蓄的循环流动为重点（即在收入赚取期间未花出去的收入）。图 2.1 突出了循环流动的两个方面：金融生态系统的作用和政府在保护自然资本方面的传统作用。

从跨学科的角度来看，循环流或循环通常是可持续性的一个典型特征。可持续性通常与稳定的系统或稳定的状态有关。我们不会将指数级增长或迅速崩溃的动态系统描述为是可持续的。具有均衡的注入和

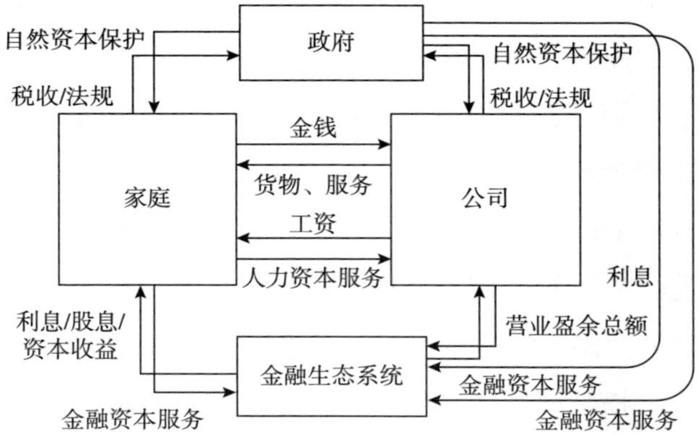

图 2.1 储蓄循环

（资料来源：作者整理）

漏损的循环流动系统维持着一个稳定的规模，如果系统运行的环境本身稳定，则有望具备可持续性。正是由于这个原因，储蓄循环流动是我们分析金融部门与自然和人类生态系统可持续性之间相互作用的有效工具。如果系统内的储蓄流动有过量漏损或注入的特点，则系统可能会变得不稳定。

针对自然生态系统的研究以循环系统为重点，比如碳循环、水循环、氮循环或磷循环。许多关键的生态系统服务促进了这些循环中的物质流动。艾伦·麦克阿瑟基金会设计推广的“循环经济”系统模型在仿生的过程中，一定程度上受到了自然生态系统服务的启发。大自然中的稳定循环流动系统需要无数生物对养分循环过程进行分散式管理，这些生物对正负反馈循环作出反应。很少有物种的活动会破坏整个地球生态系统的稳定。这是因为任一物种的影响规模都受到相交互的物种成员物理力量的集体限制。人类在学会利用能源之后，是可以对地球环境造成大规模破坏的，这是一个显著例外。在金融生态系统的背景下，具有系统重要性、作出有全球影响的投资选择的金融中介机构和大型机构投资者也具备类似的能力。

储蓄循环流动与自然资本之间的相互作用

在判定储蓄循环流动的可持续性时，必然会碰到的关键问题是：金融资本价值的增加在多大程度上受其他形式资本价值变化的影响？原则上，在不增加其他形式资本价值的情况下，增加金融资本的价值是不可能的。这是因为金融资本代表了对其他形式资本未来收益的索取权。理论上，如果物质资本、自然资本和人力资本的未来收益总和的现值下降，金融资本的价值就不会上升。而实际上，金融资本的现值仅仅是借助一套自身有局限性的技术，对未来价值作出的当前估计。由于许多原因，当前估值会与实际现值不同，尤其是财务决策者可能会因为不熟悉其他领域的新兴评估技术，而错误地估计未来价值。

以 2010 年美元价值为基准，2011 年全球 GDP 总额约为 68 万亿美元。这一金额包括实物资本和人力资本所提供的服务价值，前提是此类服务以市场价格进行交易。同年，被广泛引用的、以货币形式对全球生态系统服务进行估值的一项尝试［科斯坦扎（Costanza）等，2014］，以 2010 年美元价值为基准，估计这些服务的价值约为 130 万亿美元。这意味着自然资本的价值约为实物资本和人力资本价值的 1.9 倍，前提假设是对所有类型资本的现金流进行估值的贴现率相同。1997 年，全球 GDP 为 45 万亿美元，而全球生态系统服务价值为 48 万亿美元，相当于全球 GDP 的 1.1 倍。相对估值的增加是在某些生物群落下降的背景下发生的，这些生物群落每公顷的感知价值在 1997 年至 2011 年期间急剧上升。

尤其重要的是，全球对潮汐沼泽、红树林、珊瑚礁和热带森林对全球生态系统的价值增加的认可，推动了很大一部分的相对估值的增长。如果我们认为对 GDP 和生态系统服务价值的估计是可信的，那么生态系统服务的价值占其他形式资本价值的比例在 1997 年至 2011 年间明显增加。科斯坦扎等给出的估值（2014）建立在 320 项研究成果的基础上，并使用了一系列环境评估方法，即显示性偏好法和条件价值评估法（有关这些方法的详细讨论见本书第 6 章）。虽然这些方法通过显示性偏好机制在一定程度上与市场价值挂钩，但它们可能和金融市场对相对资产的估值存在显著差异。

对于关注相对估值趋势的资产管理者而言，将要得出的结论是：相对稀缺性的非市场信号提示了自然资本的相对价值急剧上升。显然，这种相对价值的增长目前并未反映在市场价值中。我们希望金融生态系统会寻找市场工具，以反映稀缺生物群落随着时间推移而增加的价值，抬高其价格，从而缩小金融市场与非市场方法赋予此类生物群落的价值差异。通过对金融主体分类的回顾，我们将尝试确定可能履行这一角色的合适主体。

1933 年，曾任美联储主席的马瑞纳·伊寇斯（Marriner Eccles）在向美国参议院作出的证词中称：

> 正如这个国家一再证明的那样，让富人尽可能多地储蓄并且保留任何值得储蓄的东西，这是完全不可能的。他们可以保留闲置的工厂和无用的铁路客车；他们可以保留空置的办公楼和倒闭的银行；他们可以保存外国贷款的纸质证据。但作为一个社会阶层，他们无法保留除了通过增加消费者购买而获得的利润以外的任何值得储蓄的东西。这是为了富人的利益——避免他们被自己犯下的愚蠢错误所拖累——我们应该从他们那里拿走足够数量的盈余，让消费者能够消费，让企业能够盈利（美国参议院财政委员会，1933）。

伊寇斯的意思是指储蓄者倾向于将他们的预见局限在他们的投资形式上，而不考虑他们的行为是否会制约这些投资的效用。伊寇斯主张不要过多地以实物资本和金融资本的形式储蓄，以免这种清教徒式的策略导致人力资本服务的报酬偏低，从而降低实物资本和金融资本的价值。这就是众所周知的凯恩斯主义宏观经济学方法。如今，我们必须通过这个逻辑的变体，来考虑实物资本和自然资本之间的相互作用。

作为一个整体，金融生态系统只有通过将其处理的储蓄投资于对实物资本、人力资本或自然资本的生产性实体投资，才能实现金融工具内含的承诺。任何单一的金融中介机构都可以投资金融资产，但如果不同时增加实物资本、人力资本或自然资本的现值总和，整个生态系统就无法增加金融财富总量。金融资产不管来自任何类别，都是对同一经济体的索取权。从长远来看，它们的价值受到实物资本、人力资本或自然资本价值之间相互作用的影响。

认可这种关系意味着重新诠释现代投资组合理论。投资于整个股票市场或整个债券市场或任何金融财富总额指数已然不再足够，除非该指数适当包含了一组对人力资本和自然资本所提供服务的债权。这也意味着一些生态风险是不可分散的。

地球环境安全界限

经济活动规模的物理限制尚不明确。然而，目前已经提出了九个“地球环境安全界限”，包括特定全球环境变量的最高审慎水平［罗克斯特伦（Rockström）等，2009］。这些内容根据地球的生物物理过程界定了人类生活的安全操作空间。地球环境安全界限由以下相关参数的阈值组成：

1. 大气二氧化碳浓度；
2. 生物多样性的损失速度；
3. 从大气中提取供人类使用的氮的比率和流入海洋的磷的数量；
4. 大气臭氧浓度；
5. 海洋酸化；
6. 全球淡水使用；
7. 全球土地覆盖转化为耕地的比例；
8. 大气气溶胶负载；

9. 化学污染（比如地球环境中的持久性有机污染物、塑料、内分泌干扰物、重金属和核废料的浓度）。

经济学家赫尔曼·达利（Herman Daly）在批评新古典增长范式中缺乏地球环境安全界限时指出，增长的物理限制始终是古典经济学的一个典型特征，正如马尔萨斯提出的工资铁律和李嘉图提出的耕地投入边际收益递减定律所体现的那样（达利，1996）。达利认为，新古典增长理论假设非有形参数（例如技术水平、个人对商品和服务的偏好，以及财富和收入的分配）是外生性的影响因素，并规定了有形变量的调整，例如将要生产的商品和服务的数量（对环境变量带来由此产生的影响）。将非有形变量视为外生参数而将有形变量视为内生参数的建模选择无法纳入由有形参数产生的稀缺性信号，除非非有形参数碰巧考虑到了这种稀缺性。他认为，这种形式的理论会导致与任何有形限制脱钩的、不被约束的经济增长。这种方法迟早会遇到限定条件下的全球环境的生态限制，并带来不利的甚至可能是灾难性的后果。

忽视地球环境安全界限的金融中介化过程将无法发挥为社会提供准确的稀缺性和丰富度信号的作用。例如，如果某个投资策略未考虑由于未来与气候变化相关的监管行动而导致无法动用化石燃料储备的潜在风险，将大大低估这个高度资本密集型行业所需的投入（这通常被称为化石燃料行业搁浅资产的财务估值影响）。要求将地球环境安全界限纳入投资决策过程的建议者们呼吁：承认有目标性的增长的必要性以满足全球人口中最贫困阶层的基本需求。

在雷沃思（Raworth）提出的“甜甜圈经济学”（雷沃思，2012）所述概念中，可以找到关于达利的观点的最新阐述，也就是在保持生态限制的同时，满足最低限度的社会需求所需的资源开采和效率增长。雷沃思描述了一个形状像甜甜圈的视觉框架，它描绘了一个以外圈和内圈为界的空间，代表了有形的地球环境安全界限，以及对收入、公平性、灵活性和意见发声等方面的最低社会要求。约翰·富勒顿（John

Fullerton，2018）提出了另一个很有见地的观点，阐述了再生经济的各种原则。富勒顿的研究重点在于将在自然生态系统中观察到的模式和原则融入金融生态系统。他列出了再生金融系统的八项原则，其中包括对财富的整体看法、弱势群体的参与度、稳健的循环流动以及对社区和地方的重视。

金融生态系统的分类

金融生态系统囊括了多样化和无特定形态的金融中介机构和机构投资者，以及许多扮演次要角色的参与者：交易所、数据提供者和监管机构。在这里，我们描述了迄今为止所称的“金融部门”中的组成部分和相互关联的功能，并将金融视为一个生态系统。我们简要地对金融生态系统组成部分进行了综述，如表 2. 1 所示。

表 2. 1　　金融生态系统分类

类别	作用	示例
储蓄者	选择限制当前支出低于当前收入，以便为未来的现金流需求提供资金	家庭
股东	向公司垫付现金，以换取对该公司资产的剩余索取权	家庭、养老基金、主权财富基金、基金会、捐赠基金、商业银行（在大陆法系国家）
流动性提供者	预付现金，以换取将此类现金连同利息一起返还的未来承诺，无论有无抵押品	储蓄者、保险公司、信用卡公司、抵押贷款人、资本市场承销商、发薪日贷款人、典当经纪商
保险服务提供者	接收来自家庭的定期现金缴款，以换取在需要时提供一次性或定期现金缴款的承诺	养老基金、保险公司
接收存款的中介机构	接收来自家庭的现金，目的是在未来储存和提高这些现金的价值	商业银行、储蓄和信贷协会、信用合作社、货币市场基金经理、共同基金经理、私募股权基金经理、风险投资基金经理、对冲基金经理

续表

类别	作用	示例
经纪商和律师	作为借款人、贷款人、股东和公司的代理人，以换取劳务费或买卖差价	经纪商、投资银行、证券律师
顾问	向储蓄者或借款人提供建议，以换取劳务费	财务顾问、并购咨询公司
支付服务商	为各方之间预先确定金额的现金支付提供服务	数字支付网络、信用卡公司、西联汇款、SWIFT、商业银行
支持机构	促进合同标准化，提供信息验证，为交易者和其他不涉及提供资金或直接建议的配套角色提供隐私保护	交易所、P2P 贷方、信息提供者、托管人、代名人或专业董事服务、评级机构、审计师
监管者	制定和管理旨在提高金融生态系统的净社会效益的各项规则	国家机构和超国家机构

资料来源：作者整理。

上述列表与其他同类列表的差异体现在两个方面。首先，我们尝试通过它们在生态系统中的作用而不是它们的名义描述，来对列表中的各个要素进行分类，即使这意味着某些实体出现在多个类别中。例如，我们提到“接收存款的中介机构”而不是商业银行。按作用分类是控制论和系统理论的一个本质特征。其次，我们没有过多地强调受监管和不受监管的金融机构之间，或银行与“影子银行”之间普遍提及的差异。由于我们是从系统的角度看待金融生态，因此我们必须选择将“监管者”视为系统的内生部分，而不能用监管程度将“不受监管”的对冲基金或“监管宽松”的存款接收机构与受监管的商业银行作区分。金融机构的可塑性和适应性以及它们之间的网络联系导致我们应当去寻找比当今监管环境下所推行的更为深入的界定方式［卢卡斯（Lucas，1976)］。

我们的方法有一个重要益处，就是凸显了生态系统统计信息报告中的缺陷。由于收集一致的统计信息通常是监管指令的结果，因此，不受监管活动的规模比如对冲基金经理管理的资产等不像受到监管的存款储蓄机构报告的规模那样全面或一致。同样，投资组合构建选择对碳排放影响的统计数据远不如美国国债收益率曲线向上移动 100 个基点所导致的银行资本预期减值更好理解。

除了家庭和企业之间的商品、服务和劳动力流动以换取收入和工资外，图 2. 1 还描绘了储蓄通过金融生态系统从家庭流向企业和政府的情形。金融生态系统接受家庭储蓄的使用，以换取在未来某个日期返还这些储蓄价值的承诺，以及对使用此类储蓄的补偿，具体补偿形式为利息、股息、资本收益或其他资本服务报酬。

金融中介机构直接或间接地将这些储蓄投资于公司和主权国家。这些公司希望利用这些储蓄（或资本），来创造总价值高出投入总和的商品、服务或新资本。只有通过价值增值的创造过程，金融中介机构才能兑现其向放款人付还本金和资本费用的承诺。除了公司，资本使用的主要接受者还有国内外的政府部门。未偿主权债务约占所有未偿债务的 30%。金融中介机构和家庭自愿向政府提供资金，因为他们相信政府总体上具有持久的权力，并且将来能够偿还本金和支付利息。从理论上讲，由掌控亚马逊雨林等重要自然资产的政府发行的主权债务，以及与此类自然资本提供的生态系统服务相关的周期性现金流，可以视为金融生态系统产生的相对稀缺性的信号。本书第 13 章举了一个用债务免偿与自然保护互换的案例，此类互换可能会演变成自然资本稀缺性的信号。

图 2. 1 对于储蓄循环流动的描绘有助于将金融生态系统置于更广泛的经济系统中，但它掩盖了金融生态系统内部的大部分复杂性。图 2. 2 更详细地展示了我们对金融生态系统的看法。我们还根据金融系统必须发挥的关键功能，构建了表 2. 1 中列出的金融机构的类别。特定金融机构与特定类别之间不存在一一对应关系。表中载明了许多类型的中介机构，它们可分为多个类别。例如，摩根大通等典型的大型银行都设有子公司，负责促成支付、接收存款、充当经纪商、提供建议、担任股

东、提供流动性。即使是结构简单的机构（比如养老基金），在我们的分类中，也扮演了保险提供者、股东和流动性提供者的角色。相反，我们的分类将对冲基金和商业银行置于接收存款的中介机构这同一功能类别。

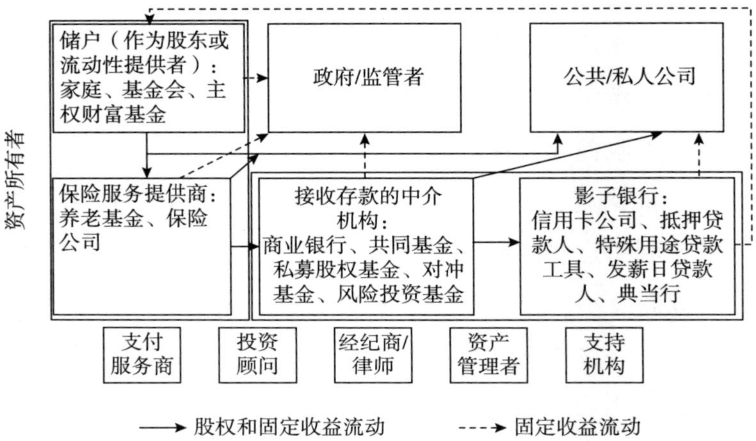

图 2.2 储蓄在金融生态系统的流通

（资料来源：作者整理）

储蓄者

金融生态系统中的结构性储蓄者指的是家庭、基金会、捐赠基金和主权财富基金。储蓄者主动选择将当前支出限制在低于当前收入的水平，目的是保留和提高余款的价值，以便在将来使用。作为一个群体，家庭是净储蓄者，尽管可能有许多类别的家庭是净借款者。在图 2.2 中，我们注意到许多家庭可能依赖影子银行部门提供的净借款（以学生贷款、信用卡债务和抵押贷款的形式出现）。基金会和捐赠基金被视为净储蓄者，需要保持资产净值为正数。原则上，持续预算盈余的政府也是储蓄者，但这是例外而非常态。大多数政府都是在赤字下运作，资金最终来自从储蓄者那里借款的固定收益。

股东

金融生态系统内的储蓄流动表现为股东或所有者提供的股权以及流动性提供者提供的固定收益流动。与股权相比，固定收益总是能吸引更多的储蓄。实际上，在 20 世纪初期，股权是一种新兴的资产类别——大多数风格保守的捐赠基金主要选择投资于固定收益［钱伯斯（Chambers）和迪姆森（Dimson），2013］。然而，股权投资相对较小的规模掩盖了它们在资本流动中的重要性，因为它们是唯一与所有权相关的金融工具。固定收益流动很少独立存在，而股权流动却经常如此。因此，股东代表了金融生态系统的关键组成部分——金融生态系统原则上可以在没有任何固定收益流动的情况下运行，但所有权是必不可少的。所有者是唯一对投资的剩余价值的保值负有名义责任的利益相关者［伯利（Berl）和米恩斯（Means）］。本书第 3 章讨论了剩余价值保值的名义责任与通过控制权来实际履行这一责任之间的区别。

流动性提供者

投资的未来现金流量的不确定性创造了在没有相关的所有者权益的情况下提供流动性的需求。不确定的回报意味着投资者可能愿意部分投资于固定资产回报，前提是这种固定回报很可能会实现。如果项目的所有者和控制者对未来回报的估计高于流动性提供者的估计，项目的所有者和控制者可能会同意这种资金安排，从而适当地分享未来的回报。流动性提供者和股东之间对未来回报的重叠但又有所差异的估计为双方共同出资某个项目创造了条件。由于项目总是有可能会流失大部分固定收益投资，因此一些流动性提供者可能需要抵押品作为预期回报的不完美担保。

在投资者对未来价值的潜在范围没有达成一致意见的项目中，流动性提供者可以促进对项目的投资。即使属于现成所有者的资金不足，他们也允许项目继续进行。假设所有者是过于乐观的，但流动性提供者仍然相信项目可以带来一些潜在回报，那么他们还是愿意放贷的，条件是他们可以优先获得项目产生的现金流。流动性提供者的存在增加了项目获得融资的机会。从这个意义上来说，债务可以带来真正的社会效益。

保险服务提供者

保险服务提供者从储蓄者那里接受资金（被称为保费），并且通常承诺在发生某些意外情况时（例如，就养老基金而言，受益人超过退休年龄并满足某些特定的投资要求时），将退还更多的资金。保险服务提供者通常有义务通过一种限制性形式的合同义务来维护其受益人的利益，即所谓的信托义务。保险服务提供者与基金会、捐赠基金和主权财富基金一并被称为机构投资者。不同的机构投资者可能专注于不同类型的投资机会。例如，鉴于其负债时间不确定，财产保险和意外伤害保险公司可能会专注于流动性相对较高的投资，其中投资于固定收益证券的分配比例相对较高。另外，根据受益人的人口统计信息，养老基金通常可以相对确定地预测其未来现金预期流出的时间。因此，原则上，它们能够追求更长远的投资目标。

接收存款的中介机构

接收存款的中介机构（例如商业银行）接收资金，并通常承诺在未来某个日期返还更多的资金。保险条款和存款接收之间的差异通常会影响中介机构对其接收资产的自由裁量权水平。保险服务提供者通常被称为“资产所有者”，而接收存款的中介机构通常是“资产管理者”（见下文）。与商业银行相比，保险公司的付款日期的不确定性更大。鉴于未来现金流量的信息不完善，接收存款的中介机构和保险服务提供者都必须寻找生产性投资机会，并筛选出可能损耗资本的项目。除了寻找和筛选，这两类金融中介机构还致力于将其投资产生的现金流的属性与风险偏好、理想的期限结构、持有规模和货币敞口相匹配，并满足存款人或被保险人期望的其他属性。

保险提供者和接收存款的中介机构的核心职能是将家庭当前的货币储蓄转化为资产，以支持在未来当期货币收入可能减少时的货币支出。在接收存款的中介机构分类中，对冲基金、私募股权经理和风险投资公司等私人资本池代表了将储蓄引导至生产性投资机会的替代方法。我们将在后续章节（见本书第10章和第14章）中，分析每种投资工具在推进可持续性方面可能发挥的具体作用。

资产管理的代表

在这一类中介机构中，“资产所有者”和“资产管理者”之间存在区别。养老基金、主权财富基金、保险公司、基金会、捐赠基金和家族理财室是资产所有者，因为它们对从家庭收到的资金或保费有全部的自行决定权，并将有限的控制权委托给资产管理者。资产所有者并不赚取与基础资产投资业绩相关的费用——资产所有者提供服务的成本由投资业绩承担，但通常与这些资产的规模或回报没有明确关联。资产所有者通常将其一部分资产的控制权委托给管理者，与此同时，这些管理者收取与此类资产的规模和回报相关的费用。资产所有者通常可以随意撤销这种委托。资产所有者和资产管理者之间的关系可以被描述为委托代理关系，类似于股东和管理层之间的关系。资产所有者对其资产拥有最终控制权，而管理者通常拥有这些资产的日常控制权和更准确的信息。通常，规模较大的资产所有者（养老基金、保险公司和主权财富基金）被归入保险服务提供者一类，而资产管理公司属于接收存款的中介机构一类。

在可持续发展的背景下，资产所有者和管理者之间目标和激励的差异意味着，任何将环境或社会因素考虑纳入投资选择的努力必须在资产所有者和资产管理者的层面上都加以适当的概述和检验。资产所有者和管理者之间的信息不对称意味着只有资产所有者将可持续性纳入其投资策略是不够的——还必须在可行的范围内验证管理者的努力效果如何。本书第 10 章更详细地讨论了这个关键问题。

支付服务商

我们将支付服务商列为金融生态系统的重要成员，但鉴于我们感兴趣的是投资的长期结果，我们对支付服务商的关注将是有限的。支付服务商对于短期内的有效价值转移至关重要，但它们的实时性削弱了其在资本长期价值的保值和增值过程中发挥作用的意义。

我们选择关注生态系统的储蓄流，而不是收益流。因此，我们将分析范围限制在金融生态系统的一部分，该部分主要关注货币形式购买力的长期积累。我们将促进支付系统的生态系统部分的评述排除在我们的分析之外。从历史上来看，支付系统和储蓄存款的存储密切相关，因为如果支付方和接收方不立即取出用于在不久的将来支付的现款结存，支付服务商很容易变成接收存款的中介机构。最近出现的数字支付技术已经开始隔断这两种功能之间的联系。例如，美国的 PayPal 和 Square，以及中国的支付宝和微信支付等支付网络将银行排除出支付链的多个环节。我们认识到这两种功能之间存在协同作用，因此人们可能会期望传统金融机构和数字支付网络在形式上和实质上都会发生类似的变化。然而，由于我们的重点是投资选择的长期影响，支付的即时性质降低了其与我们分析的相关性。

投资顾问

资产所有者和管理者之间的信息不对称为各种类型的顾问创造了一个利基市场。这些顾问的范围包括从为富人的退休投资策略提供建议的个人，到影响其客户资产所有者所做的一切重大投资选择的大型咨询公司。咨询公司推荐的投资选择有可能左右数万亿美元资产所产生的环境和社会影响。包括还算富裕的家庭和大规模的储蓄资金池（例如养老基金和保险公司）在内的许多储蓄者都非常依赖投资顾问的建议，以至于认为储蓄者做任何财务决策都是幼稚的。

经纪和律师

经纪服务和法律服务对于金融生态系统内畅通无阻的储蓄流动是至关重要的。经纪商和律师充当储蓄者、保险服务提供者和金融中介机构的代理人，以换取劳务费或买卖差价。提高经纪服务和法律服务的效率可以大幅增加通过金融生态系统的储蓄流量，降低交易成本和由此产生的漏损。

支持机构

如果没有各种支持机构帮助减少信息不对称、限制交易对手风险并提供可信的交易执行，金融生态系统就无法运作。这些支持机构包括会计师事务所、集中管理的交易所、尽职调查提供商、交易商间网络、托管和存储服务提供商，以及存托信托垄断企业。

政府和监管机构

政府在储蓄循环流动中发挥了什么样的角色？在经济理论中，政府干预的普遍作用包括解决市场失灵，或提供企业无法有效提供的服务。这些职能包括提供公共产品，例如市场机制的监督、外部性的定价和合同的执行。在可持续性的背景下，标准经济理论将保护自然资本和人力资本的责任分配给政府。这些职能可以被归入监管者的角色里，广义上来看包括了对金融系统以及更广泛的金融生态系统的监督和控制。

迄今为止，在金融生态系统中，监管机构的明确目标包括确保储蓄通过系统流动并限制反复爆发的金融危机的程度。从理论上讲，监管机构必须设计和执行旨在增加金融生态系统净社会效益的规则。在实践中，成本收益分析（见本书第6章）并没有像许多国家的财政监管那样被明确用于金融监管。

控制论研究的奠基人罗斯·阿什比（Ashby）编写的教科书对于系统中的良好监管的性质给出了这样的定义："但凡良好监管者，都有一个基本特征，就是它阻止了从干扰项到重要可变因素的多样性流动。"让我们将其翻译为当代语言，即阿什比认为好的监管者能够防止由冲击（"干扰"）引起的状态变量的自然波动使一组重要可变因素偏离于其可接受的范围。这意味着良好监管者会阻止信息通过系统传播。例如，阿什比说："在困难时期，技术拙劣的猎人或挣钱者会挨饿，并将迫使他的肝脏和组织（重要可变因素）陷入极端状态，甚至可能是非生理状态。而技术熟练的猎人或挣钱者就算经历同样的困难时期，他的肝脏和组织也从未陷入极端状态。"同样，阿什比认为，一台好的空调应该以这样一种方式运行，即房间里的居住者不知道外面正在变热："好的空调会阻止天气相关信息的向内流动。"

按照阿什比的定义，我们可能会认为良好的监管者不会让外部压力影响内部各方的状况。然而，对于金融生态系统的调节而言，这显然是一种错误的做法。阿什比编写的教科书是为了教攻读生物有机体方向的学生如何设计好的机器。机器和生物有机体的各个部分都没有任何意识，也没有预测调节器的能力。与肝脏和组织不同的是，任何金融中介机构的首席执行官一旦知道政府将试图保护中介机构免受任何波动性冲击的不利影响时，就会立即放弃谨慎态度。阿什比对良好监管者的定义，不与"激励相容"；用机制设计的语言来说，这一定义考虑到道德风险陷阱的控制论的最新典型。机制设计和激励相容性是控制论的创新成果，由里奥尼德·赫维克兹（Leonid Hurwicz）在1960年首次提出。与专注于设计无意识的自动装置的控制论不同，机制设计试图解释由于人类以策略方式行事的巧妙能力而给系统设计挖的坑。

激励相容性意味那些其行为会导致系统内风险变化的代理人（如银行首席执行官和中央银行监管者）必须获得相应的薪酬。换句话说，在阿什比给出的有趣类比中，如果猎人的肝脏是有意识的存在，那么一个调节良好的系统将迫使“肝脏”在不景气的时候经历一些痛苦，以便它会采取必要的行动，避免或降低这样拮据时刻的出现。

金融生态系统中的互动

在第 1 章，我们指出了许多小国家政府的规模和实力与大跨国公司相比，的确相形见绌。因此，认为只有政府才有能力承担起经济理论赋予它们的重大责任——“保护储蓄持续循环流动所依赖的自然资本和人力资本”，是很天真的想法。我们对阿什比的“良好监管者”定义的研究强调了依赖政府作为唯一监管者的另一个局限性：试图消除系统内反馈回路的监管者可能会加剧冲击的不良影响。如果保险做得太过全面，反而会诱发铤而走险的动机。

金融生态系统的特点，即所谓的“一团乱麻似的相互关联”，被认为会增加其脆弱性。在一本经济学家不常阅读的期刊上的一篇或有先见之明的文章里，梅（May）、莱文（Levin）和杉原（Sugihara）（2008）认为，“日益复杂且全球相互关联的金融市场同样对……系统性威胁没有什么免疫力”。他们认为，在生态、工程和相关领域探索金融生态系统与系统思维之间的相似之处是富有成效的。他们强调了美国国家科学院和纽约联邦储备银行共同编写的合作报告（Kambhu、Weidman 和 Krishnan，2007）得出的一个惊人结论。该报告发表在关于激发对系统性风险的新思考的一次会议上，其中指出，分配给系统性风险驱动因素分析的资源仅仅是用于评估个体行为者风险的资源的极少部分。梅等学者认为在渔业管理领域也发生了类似的情况：大量的研究资源被用于单个鱼种的管理，而对不同鱼种之间相互联系的研究相对较少。

对于金融生态系统的观察者来说，这种情况并不奇怪。在第1章，我们在讨论委托代理问题时指出，投资经理因短期表现出色而获得奖励，而至关重要的是，投资经理不会因长期表现不佳而受到惩罚。几乎所有的风险管理人员都是公司的雇员，他们在公司财务业绩的激励下工作。基于他们对系统的有限控制假设，风险管理人员无法影响系统的好坏与否，因此通常不会因为系统表现不佳而受到惩罚。鉴于他们在时间和思维能力上的其他需求，这些风险管理人员只会草率地关注系统性风险来源。只有中央银行和监管机构聘用的风险管理人员的工作说明中才可能涉及系统性风险管理。虽然他们在研究和传播系统性风险的性质和驱动因素方面付出的努力确实值得称赞和珍惜，但他们在应对风险过度暴露时为防止危机所必须采取的严格控制和不懈且多样化的努力却是远远不够的。没有任何研究可以表明监管机构员工的薪酬是与金融生态系统的系统绩效挂钩的。

很少有人尝试将不同类型的金融中介机构与金融生态系统内的储蓄流动联系起来。在2007年至2008年的金融危机后，为了应对危机，美国财政部金融研究办公室（政府机构）应运而生，并对金融体系进行了绘制，以展示风险如何在整个体系中出现和传播［布克斯塔伯（Bookstaber）和科内特（Kenett），2016］。布克斯塔伯和科内特将金融系统视为多层网络，构建了一个有启发意义的分布图，将“典型银行/交易商”的活动分为主要经纪商、融资部门、交易部门、衍生品部门和银行的公司财务活动。他们认为，单层网络不能充分代表金融系统，因为网络中有多种类型的流量。他们指出，许多单一市场参与者，例如危机前的贝尔斯登，在充当大型银行或交易商的同时还运作着对冲基金，它可以代表控制现金资产、抵押品和资金流动的一个节点。节点之间的这些相互联系可能意味着即便资产价值减值只占整体财富的一小部分，也可能会引爆系统性危机，比如美国的次级抵押贷款危机。由重新包装和杠杆系统产生的放大机制将相对无关紧要的资产转化为比基础资产大很多倍的风险敞口。

自然生态系统的变化可能在多大程度上引起具有全局意义的金融资产估值的意外变化？碳价格的广泛采用会降低对化石燃料储备的股权价值和固定收益要求，这会产生什么影响？哪些公司商业模式的可行性最依赖一次性塑料的广泛使用？哪些金融工具与最有可能因生产造成了普遍损害内分泌的干扰物而被指控的公司的活动有关？要回答这些问题，就需要将地球环境安全界限纳入一切金融风险和机遇的分析中。此外，还需要衡量和披露新数据，以便金融分析师作出适当知情的前提下的选择。气候相关财务信息披露工作组（TCFD）代表了鼓励在第一个地球环境安全界限（气候边界）的条件下披露信息的最广泛努力。九大地球环境安全界限中的每一个都需要类似的努力来收集和解释数据，这些数据可以告知任何特定投资选择是否使地球生态系统远离或接近边界。

金融生态系统的集中度

在所列举的金融中介机构的各个职能中，在一定程度上很少有大型银行不具备的，缺的也就是监管职能。这些大银行控制的资本存量和流量是巨大的。例如，在 2018 年 6 月 30 日，摩根大通的资产负债表上所示的总资产为 2.6 万亿美元，而当日未偿付的衍生品合约名义金额为 57.3 万亿美元。后者更准确地反映受摩根大通影响下的资本存量的比例，因为大型银行通常利用衍生品合约来赚取未出现在其资产负债表上的资产的回报。这一数额与全球衍生品合约名义总额 576.4 万亿美元是对应的。衍生品名义风险通常是相关金融资本价值的倍数。例如，2016 年全球私人和公共债务总额估计为 164 万亿美元，这意味着衍生品风险敞口是未偿债务的三倍以上。在美国，前四大银行掌控了所有衍生品的 90%（美国货币监理署，2017）。

衍生品生态系统中的这种集中程度通常引出一个值得关注的事实——例如，任何一家具有系统重要性的银行倒闭都可能造成破坏性影响。然而，即将迈入职场的准可持续金融分析师也可能得出一个充满希望的结论：如果可以设计出一种可行的方法利用银行的资本配置能力来加强生态系统服务维护，那么它可以通过少数决策者来付诸实施。这与2016年制定可持续发展目标所需的共识水平形成鲜明对比（见本书第1章）。在达成共识后，这些共识的实施程度取决于规模最大的金融中介机构的行动，因此协调方面的难度也随之下降。

作为一个群体，最大的金融中介机构控制着全球管理资产的很大一部分。例如，2017年，资产管理公司前五十强（接收存款的中介分类下的一个子集）和资产所有者前五百强（保险提供者分类下的一个子集）控制着超过40万亿美元的管理资产（AOD项目），占所有管理的金融资产（联合国环境规划署）的大约五分之一。整个金融生态系统都将共同努力解决最大资产所有者发起的投资组合构建过程中出现的地球环境安全界限问题，迫使资产管理者考虑将相关风险和机会纳入其投资过程的方式。一旦一些资产管理者开始将此类程序常规化，若此类程序看来确实有助于资产增长，则其他资产管理者很可能也会采用或适用此类程序。

PRI的创始签署人（包括资产所有者和管理者）负责管理大约6000亿美元的资产。这些组织原则的起草者代表了国际投资界的广泛群体，包括守道德的投资管理者（如多米尼社会投资）、受信任的资产所有者（如联合卫理公会）、激进的投资管理者（如英国电信养老基金拥有的Hermes基金管理公司）。这些顶尖投资管理公司与遍布各地的机构投资者一起控制着最大的全球资产组合，包括加州公共雇员退休系统（CalPERS）、纽约市公职人员养老基金、荷兰政府雇员退休金基金、挪威中央银行投资管理公司、韩国大和投资管理公司和泰国政府养老基金。直到PRI启动时，这些顶尖投资管理公司的涵盖面已扩大到

100 个，增加了创始签署国的广度和深度，其中包括拉丁美洲最大的资产所有者 PREVI 及其位于非洲大陆的下属机构——南非政府养老基金，以及世界各地的其他投资经理和养老基金。到 2018 年，PRI 签署人已发展到近两千名投资者，负责管理超过 70 万亿美元的资产。

2006 年责任投资原则组织（PRI）起草签署国（待审核）

英国养老计划

Caisse des Dépôts et Consignments，加拿大

美国加州公共雇员退休系统（CalPERS）

加拿大养老金计划投资委员会，加拿大

美国康涅狄格州退休计划和信托基金

大和投资管理公司，韩国

多米尼社会投资，美国

佛克萨姆，瑞典

Fonds de réserve pour les retraites，法国

韦氏投资管理，联合卫理公会，美国

荷兰国家公务员养老基金，荷兰

泰国政府养老基金

爱马仕养老金管理，英国

慕尼黑再保险公司，德国

纽约市公职人员养老基金，美国

国际金融公司，世界银行集团

PREVI，巴西

PGGM 投资公司，荷兰

公共部门养老金计划，澳大利亚

挪威政府养老基金，挪威

美国教师退休基金会，美国

联合国合办工作人员养恤基金

大学退休金计划，英国

资产所有者确定具有系统重要性的碳排放者的努力

许多资产所有者与碳排放数据提供者 CDP 合作，启动了“气候行动 100 +”计划。这是 2017 年 12 月启动的一项为期五年的倡议，旨在与最大的企业碳排放者合作。截至 2018 年 9 月，约有 300 名管理着 31 万亿美元资产的资产所有者签署了该倡议。该倡议旨在将《全球投资者关于气候变化的声明》中规定的投资者承诺常规化，即“与我们所投资的公司合作，确保其最大限度地减少并披露气候变化和气候政策带来的风险，且最大限度地利用气候变化和气候政策带来的机遇”。

被认定为具有全局重要性的碳排放者的公司是从全球股票市场回报指数 MSCI ACWI 中选出来的。根据 CDP 的估计，最初选出来的 100 家公司直接和间接排放的第 1、2 和 3 类温室气体的总量最高。据 CDP 称，这 100 家公司占到每年工业温室气体排放量的三分之二。

该倡议还确定了资产所有者代表们认为的，可以代表向清洁能源转型的重要推动力量的公司。这些公司共同代表了可能因广泛采用碳定价而遭受最大相对收益或损失的发行人投资组合。

结束语

对金融生态系统及其在地球环境安全界限内的地位的认识，丰富了我们对金融在社会中的传统作用的理解。它能使金融分析师在金融生态系统和社会各方努力实现可持续发展的工作前沿提出问题。目前关于重新设计金融体系以增加其对可持续性的贡献的建议颇多。例如，联合国环境规划署（UNEP）和世界银行联合编写了一份题为《可持续金融体系路线图》的报告。欧盟可持续金融高级别专家组发布了一份题为《为可持续的欧洲经济提供资金》的报告。这两份报告都描述了令人称赞的解决方法，即一个全能的监管机构也许能够对一个大规模、多样化的跨境金融生态系统施加影响。不幸的是，金融生态系统的分散性和决策者受制于不同的管辖区的现实，意味着单一监管机构的规定不会有效。很多机构在编纂可持续金融实践方面作出了宝贵的努力，尤其是中国人民银行［圣德洛（Sandalow），2018］和欧盟专家组［欧盟技术专家组，（2019）］制定的可持续投资活动分类标准。这些可以作为其所在司法管辖区内的有效指引，并且可以作为其他管辖区的榜样，前提是它们能够结合自身优点，说服投资者。

财务决策的本质在于：以分散方式设计有效的解决方案，并针对现金流预期、期限、波动性以及其他金融和生态系统风险来源的细节量身定制。在这种情况下，我们认为一套解决方案路线图或设计一个新的金融生态系统是很狂妄的。路线图或新架构只会对少数也许有能力重塑金融生态系统的全球决策者有用。我们怀疑是否存在如此强力的决策者。在本章的结尾，我们希望对金融生态系统及其与全球环境的相互联系的理解能使金融分析师识别现有金融生态系统中的压力点，并促进风险识别专业领域的发展并寻找解决机会。未来的金融生态系统必须能够发挥其正确设想的作用：将稀缺资本分配到可以实现最高社会价值的地方，将寻求范围广泛的金融、物质、人力和自然回报的投资者与适当的风险调整后的投资机会相匹配，并在地球环境安全界限内释放稀缺性信号。

第3章　公司治理

引言

现代公司无处不在。大公司的规模、建制和对资源的全球控制使得它们的运营对社会具有深远意义。公司既是就业、基本商品与服务和养老基金投资回报的重要来源，也是政府税收的重要贡献者以及研究、创新和创造力的源泉。正如我们在第1章中所指出的，公司的规模和权力使大多数国家政府可用于规范公司活动的社会影响的资源都相形见绌。根据非政府组织 Global Justice Now 编制的全球最大的100个经济实体的排名，按照收入高低排序69个经济实体是公司，只有31个经济实体是国家（Inman，2016）。排名第10位的沃尔玛是收入最高的巨头公司，其收入超过了澳大利亚、韩国和印度的政府收入。苹果公司和英国石油公司的收入也超过了瑞士、挪威和俄罗斯的政府收入。

鉴于公司部门的相对规模，公司的活动可以说无论好坏都将影响自然环境的质量和可持续性。社会在呼吁政府和超国家机构努力实现可持续发展目标（SOGs）的同时，民间也认识到如果没有与公司部门的携手合作和共同应对，这些目标就等于是空中楼阁。面对大公司的实力，绝大多数政府的相对无力使得任何不将公司部门视为推动力量的可持续发展的努力都是徒劳无功的。

在世界上的许多地方，公司为人类福祉的进步作出了非凡的贡献。通过企业的成功，全球在消除极端贫困与改善健康、营养、教育和人类预期寿命方面取得了显著进展。随着各国政府努力调动资源来资助发展事业，公司将有望发挥越来越重要的作用。仅可持续发展目标一项，就需要 70 万亿美元的投资，这一数额远远超过所有政府的弹性预算，但大致等于上市公司股权的当前市值。

经济合作与发展组织（OECD）作为一个致力于富裕国家合作的国际组织，也是最早认识到私营部门对发展优先事项的重要性的国际组织之一。1998 年，经济合作与发展组织召集了一个工作组来制定全球原则，以指导政策制定者在公司治理方面的最佳实践。由此产生的公司治理原则认可了公司对社会和经济福祉的重要性：

> 在过去十年中，世界见证了私营部门在经济发展和创造就业方面的作用发生了重大转变。随着越来越多的国家采用市场导向的经济政策，人们愈发意识到私营公司对个人社会福利的重要性。
>
> 公司创造就业机会，产生税收收入，以合理的价格提供各种商品和服务，并越来越多地管理我们的储蓄并保障我们的退休收入（经济合作与发展组织，1999）。

然而，许多观察者吐露了这样的担忧，即公司活动超出了地球环境安全界限、让自然环境变得脆弱，耗尽了稀缺的公共资源、高管坐拥飙升的薪酬而员工加班加点却仅获微薄报酬使不平等加剧，导致了被外包的供应链上令人震惊的恶劣工作条件，其他还包括私营部门霸占诸如供水等社会必需品，生产对人类生育能力产生不利影响的内分泌干扰物、对昆虫授粉造成压力的杀虫剂和阿片类药物等成瘾药物，以及销售容易诱发肥胖、心脏病和糖尿病的高糖分、高脂肪和高盐分的零食等有害健康的食品。

乔治·斯蒂格勒（George Stigler）提出了商业对监管影响的政治经济学理论，他认为国家对税收、补贴和监管的巨大权力体现了对有影响力的公司的利益而言具有无法避免的诱惑（斯蒂格勒，1971）。最近，

“监管俘获”的概念描述了公司特殊利益如何塑造国家对行业的监管方式（Dal Bo，2006）。在美国，公司政治活动的社会影响是一个备受争议的话题，尤其是在2010年美国最高法院对《联合公民组织诉联邦选举委员会案》作出裁决之后，放宽了对公司政治献金的限制。研究表明，企业游说在降低税率和促进避税方面是有效的（Minnick和Noga，2017）。公司资助似乎会影响关于气候变化的辩论的措辞和主题内容（Farrell，2016）。有人担心企业政治活动的意图可能会阻挠解决空气污染问题的立法，或者通过不受监管的、企业所控制的社交媒体传播“假新闻”，以破坏民主话语权。

公司是对社会的诅咒，还是良方？答案是两者兼而有之。公司治理研究了企业所有权和控制方式，对于任何希望增强社会和自然生态系统可持续性的投资者来说，它都是一个重要工具。投资者为公司提供了大部分资金，因此有能力直接影响公司的经营行为。在现代公司中，这种影响受到其他利益相关者的制约，其中最强大的利益相关者是国家。公司形式的历史表明，大公司一直与国家目标密切相关。

公司的创立：简史

现代公司的无所不在可能使其现有的形式和功能看起来是自然而然的产物。但真相并非如此。公司的角色、管理层和股东的责任，以及劳动分工、权利和义务，都是在政治色彩浓厚的环境下精心协商的结果。

“公司”一词源于拉丁语单词corpus，意思是团体，或者是以整体行事的许多人组成的社团。早期的公司有两个明确的特征：法人资格和集中管理。法人资格意味着公司有权拥有财产、接受赠与、签订合同、递交诉状或被起诉。在商业环境下，法人资格促进了公司资产与其成员资产的划分，这是商业信用正常运作的一个关键创新。特别是，“资产隔离”（Mahoney，2000）或“实体保护”（Hansmann、Kraakman 和 Squire，2006）的概念，即保护实体资产免受债权人索赔的规则。集中管理意味着公司必须有明确的决策权。必须有一个或多个人有在不事先咨询所有成员意见的情况下，让公司签订合同或作出某些日常决策。集中管理降低了持续集体决策所产生的交易成本，但同时也催生了公司治理的核心问题，即如何确保所有者和管理者之间的利益一致。从公元前 9 世纪开始，具有这两个属性的各种公司形式在印度出现。这方面的例子包括艺术家和手工艺者行会（同业公会），以及作为独立的法人从事贸易，遵循详细的会计惯例，将公司实体及其成员的资产严格分开的被称为 sreni 的市政和政治团体（Khanna，2005）。自公元前 2 世纪以来，罗马法承认致力于非商业目的的类似公司形式（具有法人资格和集中管理），其中包括市政当局（municipia）、协会和行会（collegia），以及慈善团体（piae causae）。在罗马法下，事实上的商业实体具有有效的资产分割和没有法人资格的有限责任形式，以共同拥有的奴隶来管理的企业的形式存在，协商为群体服务（negotiatio per serves communes）［阿巴蒂诺（Abatino）、达利—马蒂亚奇（Dari – Mattiacci）和佩洛蒂（Perotti），2011］。

在欧洲的中世纪，教堂和地方政府等公共机构纷纷成立公司，包括天主教会和伦敦金融城（二者都延续至今）。商业企业的常见实体形式是合伙企业，这是个人之间为了营利活动达成的一种法律协议。Stora Kopparberg Bergslags Aktiebolag 被认为是世界上最古老的实业公司，它最初是瑞典法伦的一个铜矿，并在 1347 年从马格努斯·埃里克森（Magnus Eriksson）国王那里获得了成立公司的皇家特许权。此前，该公司作为非公司机构，已经运营了数十年甚至数百年（Time，1963）。作为中世纪欧洲最大的铜供应商，在古斯塔夫·阿道夫（Gustavus Adolphus）国王参加欧洲“三十年战争”（1618—1648）时，Stora Kopparberg 帮助瑞典一跃成为欧洲新兴大国。

荷兰东印度公司（VOC）和永久资本的出现

随着欧洲商业时代的大幕拉开，公司作为组织经济活动的主要形式迅速崛起。全球贸易，乃至帝国的商业，都是通过公司进行的。现代公司在法人资格和集中管理的基础上增加了三项创新：永久资本、易于转让的所有权、有限责任。永久资本奠定了公司经营的连续一贯性，使其存在时间远远超出创始人的寿命，这一点与合伙企业不同。永久资本使公司能够在根据需要或准许的情况下改变其业务范围。

1602 年获特许成立的荷兰东印度公司 Vereenigde Oost – Indische Compagnie（VOC）是最早的永久资本公司。1602 年，荷兰东印度公司获得了非同寻常的长达十年的特许权，并于 1612 年获得永久特许权。永久资本意味着公司不一定要在未来某个固定时间进行清算，股东也没有单方面要求返还资本的权利。若无这一属性，公司就无法投资于其所有者无法企及的长期基础设施。在荷兰东印度公司出现之前，当地股东可开展的长期基础设施投资就已经存在，Stora Kopperbarg 就是这样一个例子。另一个例子是 14 世纪法国图卢兹的小麦磨坊（Bris、Goetzmann 和 Pouget，2015）。以前的商业航行由普通合伙企业融资，每次融资仅限于特定航行。筹集的资金投资于船舶和存货，并在每次航行完成后，进行清算和结算。永久资本推动了荷兰东印度公司对遥远的印度尼西亚的城堡要塞和仓库的投资（达利—马蒂亚奇、Gelderblom、Jonker 和佩洛蒂，2017）。达利—马蒂亚奇等人的研究成果证明，永久资本是现代公司相对于其前身大幅增强实力的关键创新。作为荷兰东印度公司的竞争对手，英国东印度公司比荷兰东印度公司早两年获得特许经营权，但在 1657 年以前，仍继续采用传统的清算和再融资循环来开展经营。荷兰东印度公司的商业野心是借助好望角来掌控亚洲贸易大局，因此有必要采取军事行动来赶走竞争对手葡萄牙人。它在战斗中击败了葡萄牙人，从而能与印度尼西亚摩鹿加群岛进行贸易，并将香料带回欧洲。达利—马蒂亚奇等人认为，荷兰东印度公司在占用资本方面的领先地位，使其相对于葡萄牙和英国拥有决定性优势，从而能够在亚洲投资规模更大的船队和长期基础设施，有利于发动持续战争来保护其贸易。

作为现代公司特征的另外两项创新（易于转让的股份和有限责任）发展较早，但成为了荷兰东印度公司永久资本的重要附属品。永久资本通过锁定股东的资金，大大增加了由于管理不慎而导致股东损失的可能性。虽然在荷兰东印度公司之前，可转让股份业已存在，但实际转让相对罕见，仅限于合伙人死亡或需要撤资的情况。荷兰东印度公司向其股东颁发纸质证明，并做好明晰的股份登记册，以便在阿姆斯特丹证券交易所进行交易。荷兰东印度公司非同寻常的长久股权投资使得股票交易成为激发出已占用资本的活力的重要工具。这些股东也被赋予有限责任，也就是说，如果公司倒闭，他们对公司债权人的潜在责任仅限于其投资额，而不是他们的全部资产。有限责任违反了罗马法的一项根本原则：cuius commoda eius et incommoda（“利之所在，损之所归”），意思是从某个活动中获利的人也必须承担其相应的损失（行为人在追求经济利益过程中造成他人损失的，应当承担赔偿责任）。有限责任制的历史源远流长，是罗马时代奴隶管理企业的特征，同样的还有拜占庭的 chreokoinonia（商人为金融产品投资过剩基金）、犹太的 isqa、伊斯兰的 qirad（借贷）和 11 世纪意大利的 commenda（康曼达契约，劳资合伙经营的一种商事契约）（Hillman，1997）。阿巴蒂诺等人认为，罗马时代奴隶管理企业的有限责任从未演变为现代公司形式，这是由于罗马人禁止损失外部化的做法是根深蒂固的，如同在 cuius commoda 原则中（“利之所在”）所述。直至今日，关于有限责任的概念仍然争议不休。它被称赞为一项巧妙的发明，为人类的进步作出的贡献不亚于蒸汽机。

荷兰东印度公司对资本的占用导致股东滥用职权。正如戴维斯

（Davis）、卢孔尼克（Lukomnik）和皮特—沃森（Pitt - Watson）（2006）所指出的那样，该公司最初不让少数股东查看账本，拒绝支付股息，或干脆以多余肉豆蔻的形式支付股息。戴维斯等人指出，荷兰东印度公司见证了第一个记录在案的投资者抗议事件：该公司联合创始人以撒·勒梅尔（Isaac Le Maire）在1609年质疑该公司的管理是“荒谬无礼的”，还会挥霍股东资本。勒梅尔呼吁保护股东利益的抗议活动对荷兰东印度公司影响甚微，因为荷兰东印度公司由这个新独立国家的立法机构和最高政治权力机构——荷兰三级议会（Dutch Estates General）一手把持（Gelderblom、de Jong和Jonker，2011）。

荷兰三级议会为何在1612年允许荷兰东印度公司拥有永久资本？Gelderblom、de Jong和Jonker（2013）指出，荷兰东印度公司请求享有这种不寻常的特权，是因为到了1609年，它的财源已因发动战争而耗尽，如果它按照最初的章程的规定在1612年关门大吉，就不可能保持偿付能力。荷兰东印度公司按照羽翼未丰的荷兰政府的要求，将大部分股东资本投入到军事资源，使其利益免受西班牙人染指。反过来，国家也接受不了让这家公司倒闭的后果：如果荷兰东印度公司在亚洲的军事基础设施旁落另一个大国之手，那可太危险了。因此，迄今为止，为公共目的保留的永久性创新，被延伸到了一个商业企业，它承担着培育一个寻求从西班牙独立出来的新生国家的公共目的。从这个意义上来说，荷兰东印度公司应该更多地被视为一种公私合作企业，而不是仅仅作为一个追求利润最大化的商业公司。

英国东印度公司（EIC）和帝国公司

公共和私人目的的交融一直是贯穿于这些规模最大的公司历史的特征之一。荷兰东印度公司的例子证明了斯蒂格勒所述观点的另一面：跨国公司广泛的资源和网络背后的强大力量代表着对国家收买和征用的不可避免的诱惑。虽然荷兰东印度公司代表荷兰政府采取军事行动以保护和扩大其贸易，但英国东印度公司最终停止了所有商业活动，并成为了地区霸主。与荷兰东印度公司一样，它最初只是一个香料贸易商，其雇员托马斯·罗爵士（同时也是英格兰斯图亚特王朝第一代国王詹姆斯一世派遣的大使）于 1618 年与印度莫卧儿帝国皇帝贾汉吉尔（或更可能与帝国皇后努尔·贾汉）缔结了贸易协议。与荷兰东印度公司不同的是，在最初的几十年里，英国东印度公司几乎没有常设军事投资，1639 年才在马德拉斯建立了第一座城堡要塞。在 17 世纪，英国东印度公司军事力量较弱，在南亚的战斗中屡战屡败（Roy，2011）。在一个多世纪后的 1757 年，英国东印度公司的雇员罗伯特·克莱夫（Robert Clive）在与莫卧儿帝国孟加拉省（最富有的省份）省长的决战中获胜，从而使该公司在 1765 年取得了该省的税收包征权。事实证明，这些权利比其以前的商业运营更有利可图，从而引发了尼克·罗宾斯（Nick Robins）所说的“孟加拉泡沫”（Robins，2012），即公司股价在 1757 年至 1769 年间翻了一番。英国东印度公司的领导层兼具管理帝国和收入最大化的双重角色。斯特恩（Stern，2011）认为，即使在 17 世纪，英国东印度公司也认为“它们在亚洲的据点不仅仅是贸易工厂，还是殖民地种植园，以及它们在亚洲发挥政府的作用……公司寻求在内部推出法律、司法管辖和健全的公民生活，从而确保有一群积极的、服从的和有道德的臣民，从某种意义上说，就是公民”。莫卧儿帝国对人口的管理是有限度的。根据莫卧儿帝国的惯例，公司的税收包征权使其需承担对孟加拉省福利的责任。这尤其意味着对水和粮食供应的管理，以及在必要时提供饥荒救济物资。然而，当 1770 年发生饥荒时，公司是一味追求利润，救济工作不堪一提。尽管荒地占比极大，公司仍拒绝减轻税收负担，使其在 1770—1771 年从孟加拉省获得的收入并未减少（Sur，1976）。造成的死亡人数在 300 万至 1000 万之间，约占孟加拉省人口的三分之一。

英国东印度公司在这次饥荒期间的过分行为招致了英国当代观察

家的口诛笔伐，埃德蒙·伯克（Edmund Burke）在1785年弹劾案中起诉了印度总督沃伦·黑斯廷斯（Warren Hastings）。亚当·斯密在《国富论》中指出，东印度公司的垄断控制和税金榨取导致普通民众工资下降，食物短缺恶化成了饥荒。饥荒导致英国政府更严格地监督公司的活动，并扩大了公司的运营范围，包括管理粮仓、路堤和水箱（Jonsson，2010）。尽管如此，不断上演的饥荒仍然是英属印度的一个特征（在公司垄断经营期间和英国政府统治下），直到1947年印度独立后才宣告结束。阿马蒂亚·森（Amartya Sen）已经证明，防止饥荒的关键治理手段是民主问责制，但在公司垄断经营期间和英国政府统治下，这一特征付之阙如（Sen，1983）。

投机和公司中止经营

在18世纪初，法国和英国政府构思了类似的计划，即利用公司将现有政府债务证券化。1711年在伦敦成立的南海公司（SSC）被授予在西班牙控制下的南美洲的贸易垄断权，附带条件是承担政府在西班牙王位继承战（1701—1714年）期间产生的债务。由于西班牙正在与英国交战，除非战争结束且西班牙承认英国公司的垄断权，否则该垄断权并不具备任何经济价值。原始股票发行给了许多政客和朝臣，且由附属银行Hollow Sword Blade Company负担资金，没有进行现款支付。通过内部人士、报纸和宣传册等舆论造势，以及股票经纪人和泡在新咖啡馆的文人们之间有意而为的对话，公众被鼓励去投资公司股票（Dale，2004）。英国王室将为南海公司承担的债务支付利息，这反过来又为股票分红提供资金。南海公司于1720年6月11日推动了特殊利益立法，即日后的《泡沫法案》（译注：禁止“在未经议会或国王授权的情况下，成立像公司实体那样的联合体，并使其份额可转移和让渡”）。该法案旨在取缔除1718年6月24日之前获颁特许状的公司（其中包括英国东印度公司、英格兰银行和南海公司）以外的所有公司（Harris，

1994)。该法案的目的是防止其他较小的(可能带有是欺诈性质性的)公司向公众发行股票。在6月初讨论该法案时,南海公司的股价达到了750英镑,是1月股价的五倍。在《泡沫法案》出台之后,股价在6月和7月进一步上涨飙升至1000英镑以上,当时许多消息灵通的投资者纷纷抛售,(Kindleberger,1996)。股价崩盘始于8月,一直持续到秋季,股价在年底收于200英镑。南海公司的主权债务证券化计划受到法国人约翰·劳(John Law)构想的类似计划的启发。约翰·劳创立了西方公司(Compagnie de l' Occident),随后又创立了印度公司(Compagnie des Indes),并通过旗下法国兴业银行(Banque Generale)提供的信贷出售股票。约翰·劳的计划将奥尔良公爵(法国摄政王)从路易十四的战争和宫廷奢侈造成的金融危机中解救出来。股票发行所得用于抵销和重组法国政府的债务。这两次投机泡沫都使早早进场的购买者变得富有,并使晚了一拍的投资者破产,尤其是构成新兴中产阶级的那些小商人。在这两种情况下,国家仍然获得了可观收益,政府债务和偿债义务大幅减少。彼得·加伯(Peter Garber)发现,债务转换使南海公司获得了公众持有的政府债务的80%~85%(Garber,2000)。南海公司倒闭之后,议会把南海公司拥有的大部分政府债务转让给了英格兰银行。所谓的《泡沫法案》要求未来成立的所有公司都拥有皇家特许状,巩固了王室对经济的控制,并在一个世纪内大幅压缩了新股份公司成立的空间。在法国,1721年,政府重组了印度公司股东的债权,最终使27%的原始主权债务被消除(Velde,2016)。因此,人们难免会产生这样的印象,即法国和英国王室都从投机泡沫中获益良多,而小投资者被"割韭菜"。虽然荷兰东印度公司和英国东印度公司可以被视为具有商业和政府目的的半公有企业,但南海公司和印度公司的商业价值令人怀疑。回过头来看,将它们视为利用公司形式对政府债务进行重组和证券化的尝试最为恰当。两国的投资者只得舔舐伤口,自行疗伤,在近一个世纪的时间里,其金融投资的风险承受能力大幅降低。

19 世纪英美公司激增

在 19 世纪，公司形式从在商业贸易和帝国建设中的核心角色，转变为平民经济的一个普遍特征。公司通过为投资者引入成本低廉、便捷的登记方式和有限责任来适应大众市场。美国革命和英国工业革命的余波引发了商业活动井喷，与此同时，公司注册变得便利，有限责任特权普遍放开，公司数量随即激增。

美国广泛采用公司形式

1720 年投机泡沫引发的后果加深了人们对英国公司的看法，即只有少数贵族精英才能获得与国家密切相关的特权垄断。从 18 世纪 90 年代开始，在美国，注册公司的特权面向大众广泛普及。当时没有君主的新生合众国没有合法的方式将公司特许权限制在少数人手中：它不得不将公司特权扩展到任何需要它的白人男性。在 1790 年至 1860 年间，全美各州特许成立了大约 2.6 万家公司（Wright 和 Sylla，2011）。据估计，到 1830 年，美国的人均公司数量是英国的 15 倍。赖特（Wright）和西拉（Sylla）认为，美国公司在如此长时期内的井喷式增长表明，公司治理必须充分保护股东利益，才会使如此分散的公司集资规模增长到如此之大。他们认为，公司形式的普及是推动美国经济快速增长和在一个世纪内从一个弱小和边缘化的新生国家蜕变为全球大国的特征之一。这一时期出现的一个有趣现象是政府对管理人员渎职的监管并不存在：没有证券交易委员会（SEC）之类的证券监管机构。在当时的美国，许多公司治理创新屡见不鲜，其中包括公司章程中的制衡机制、广泛的股票交易和股息预期、股东监督和积极性，以及报道股票交易的言论出版自由。此外，五分之一的早期公司采用了亚历山大·汉密尔顿（Alexander Hamilton）首先提出的所谓审慎的平均式投票规则。审慎的平均式投票规则给予股东前两股每股一票，后八股每两股一票，后二十股每四股一票，依此类推，大股东每股的边际投票权减少。这种非线性投票规则有助于平衡最小股东和最大股东的利益。

英国的股份制公司

19世纪，在政治和经济影响的双重作用下，公司形式在苏格兰和英格兰日益普及。1776年，亚当·斯密以及随后的大卫·李嘉图和詹姆斯·穆勒（James Mill）批评授予英国东印度公司垄断权。实业家和私人贸易商希望直接与印度和中国进行贸易，这与支持自由贸易的政治经济学家的观点不谋而合。也许美洲殖民地的丢失给了英国政府一记警告，即持续支持海外贸易、海上保险和银行业的僵化垄断可能导致潜在损失。英国议会开始关注扩大金融资本，以满足日益增长的帝国扩张需求。议会还敏锐地观察到了欧洲的革命剧变：随着工业革命期间工人阶级在城市中心的聚集，迫切需要对公共工程进行投资，例如供水、卫生设施和住房，以避免无产阶级暴动。

从1807年到1825年，有600多家股份制公司在伦敦成立。其中一些是国内铁路和码头公司，其他众多公司的成立目的是在新独立的、原属西班牙势力范围的拉丁美洲殖民地投资矿山和种植园。在1720年《泡沫法案》的约束下，股份公司的法人资格是不成立的。1825年，《泡沫法案》被废除，允许王室为没有具体议会法案的新公司授予特许状。这次废除简化了获得国家批准的法人资格的过程，但并没有授予公司有限责任。1826年，海上保险和银行业的垄断被取消（Harris，2000）。1844年的《股份公司法》允许以简易方式登记和转让股份。从1826年至1844年，英国放宽了对拥有广泛所有权的股份制银行的设立规定，结果120家银行相继成立，其中一些银行甚至拥有1000多名股东。这些银行有利于成立于1826年之前的私人银行，当时每家银行最多拥有六名股东。私人银行被认为只面向已经致富的精英阶层提供服务，而股份制银行则可能会接收存款，并向更广泛的中产阶级社会提供贷款服务（Alborn，1998年）。到19世纪中叶，股份制银行在很大程度上取代了私人银行。

有限责任是针对共产主义的对策

在整个19世纪上半叶，关于将有限责任拓展到大量新设股份公司给社会造成的利弊的争论一直没有停止过。亚当·斯密和早期的政治经济学家将有限责任看成坏事一桩，因为它降低了所有者管理企业效率的热情。1853年，来自曼彻斯特的一位银行家和货币学派的支持者塞缪尔·琼斯—劳埃德（Samuel Jones - Lloyd）在回应商法委员会征询他本人对该话题的看法时，这样写道：

> 任何放宽“无限责任”的做法势必会削弱对经营活动的谨慎心理、对所做事情的忧虑警觉，以及遇到困难和克服困难之时的坚定努力，如果这样做，我们应该比现在更容易受到不顾他人利益的企业和不计后果的投机活动的危害［引自亨特（Hunt，1936）］。

另外，在革命浪潮席卷欧洲大陆的时候，有限责任公司也被视为扩大财富惠及面并将商业活动成果扩展到狭隘的精英阶层之外的一种方式。有人认为，如果能够说服劳动人民将他们的积蓄投资于公司，他们就会因此将自己的未来福祉寄希望于资本主义，并忠于自由企业（译注：指允许自由经营，政府较少管制的私有企业），而不是响应1850年出版的《共产党宣言》的号召。同年，议会任命了一个针对中产阶级和工人阶级储蓄投资的特别委员会。在过去的几十年里，新的立法保护和鼓励设立储蓄银行、互济会、社会福利团体、人寿保险和延期年金。特别委员会的报告认为：“由于社会的和平与良好秩序对收入的持久性和安全性至关重要，因此将部分收入投资于证券的人将成为一名安分守己的、保守的公民……存了钱并安全地投资，就成为了资本家；脱离了无产者的范畴，并转头告别了生活凄惨的大批一无所有者，而与那些拥有财产的人建立更为稳妥的、值得信赖的伙伴关系”（Greg，1853）。

特别委员会的报告列举了许多地方项目作为中产阶级储蓄的良好投资范例——自来水厂、工人宿舍、浴室和洗衣房。约翰·斯图尔特·

穆勒（John Stuart Mill）在 1850 年向委员会提供了支持有限责任的证据：

> 工人阶级没有办法利用其积蓄给他们自己和社会同时带来这么大的好处，因此他们组建了社团来开展他们所熟悉的职业工作……与工人阶级有关的有限责任的巨大价值不在于促进他们的储蓄投资，也不在于让穷人借钱给富人，而在于让富人借钱给穷人［引自亨特（Hunt，1936）］。

穆勒认为，有限责任允许富人与工人阶级一起投资，而不必担心将他们的全部财产全部用于对社会有益的基础设施。曼彻斯特制造商理查德·科布登（Richard Cobden）曾为自由贸易而反对小麦进口税，他认为有限责任将促进技能和资本的结合，这已经为法国和美国带来了商业繁荣。特别委员会还认为，未来应该以更合理的成本提供特许权（工人住房项目的成本超过 1000 英镑），建议效仿美国和加拿大将向所有申请人授予特许权的制度作为一项公共权利。随后 1851 年成立的委员会重申了其前任的观点，即应取消中等收入者“与更富裕的邻居共同投资的限制，从而维护他们的自尊，激发他们的实干精神和智慧，产生维护秩序和尊重财产法的额外动力”。

随着 1855 年《有限责任法案》的通过，有限责任的支持者赢得了胜利，该法案将有限责任的特权扩展到拥有 25 名以上成员的股份公司。在新法案的推波助澜之下，有限责任公司数量大幅增加至 2500 家，实收资本高达 3000 万英镑（相当于现在的 900 亿英镑）。

分散的所有权问题与共同所有者的出现

从分散的股东处筹集资金的公司数量激增，导致了现代英美公司内部所有权和控制权的分离。在他们的经典学术著作中，阿道夫·波利（Adolf Berle）和格迪纳·米恩斯（Gardiner Means）将放弃对劳动产品的控制权以换取固定工资的工人与放弃对公司控制权而仅仅成为“资本雇佣下的工资的接受者”的股东进行了比较（波利和米恩斯，1932）。名义上为股东所有的公司控制权被移交给了职业经理人，产生了“无主公司”和代理理论的核心问题：如何协调所有者与管理者的激励机制？

当所有者也控制他的企业时，他可能从自身利益出发来经营企业，而围绕私有财产制度的一套思想体系已经假设他会这样做。这一假设被沿用至目前的情况，仍然预计企业会为所有者的利益来开展经营。但是，我们是否有理由假设现代公司的控制者也会选择为了所有者的利益而经营公司？这个问题的答案将取决于控制者的自身利益与所有权利益之间权衡的程度，并且在两种利益相互冲突的情况下，取决于政治、经济或社会条件对权力使用的制约（波利和米恩斯，1932）。

波利和米恩斯质疑了这样一种假设，即以公司股份形式拥有私有财产的人会为了自身利益而有效地管理这些财产，而不在意整个社会的利益。分散的所有权造成了集体行动问题，这是一种公地悲剧。每个理性的股东都少有动机去监督小股民，这使得公司的经理们不受限制地各行其道：

在所有权被彻底细分的情况下，即使其份额少得微不足道，管理层也因此可以成为一个自我延续的机构。这种控制形式可以恰当地称为“管理控制”。这种管理控制虽然没有法律基础，但在股权分散时似乎比较安全（波利和米恩斯，1932）。

股票市场的流动性有助于对错误管理层的保护，因为个人股东清算其名下特定股票的投资总是比推动管理层变革的成本更低。

20 世纪后期，英美市场将储蓄集中到机构，这在一定程度上缓解了集体行动带来的挑战。规模最大的上市公司的持股已集中在少部分信托机构的手中。对于这些机构所有者而言，鉴于其在市场上的相对规模，个股买卖是行不通的：大型机构投资者需要在一段时间里，谨慎地执行退市或入市，以防止市场参与者抢先交易。由于清算对于大型机构来说是一种成本高昂的策略，因此它们不得不长期持有大量股票。由于无法灵活地转向另类投资，大型机构所有者实际上是“共同所有者”（Hawley 和 Williams，2000）。共同所有者必须关注整个市场的治理，而不仅仅是个别公司的治理，因为他们的回报主要是由市场回报而不是单个持股来驱动的。下面的内容列举了一些例子，来说明共同所有者为克服分散所有权所带来的集体行动挑战所做的努力。

跨越集体行动障碍的共同所有者

在过去的30年中，投资者在试图克服分散所有权带来的集体行动挑战方面取得了重大进展。许多国家和地区投资者团体已经认识到有必要在公司参与、投票表决以及与监管机构一起倡导改革方面集中资源、交换意见，并协调各自的治理活动。这些例子包括国际公司治理网络、美国机构投资者委员会、亚洲公司治理协会、澳大利亚养老金投资者委员会、巴西公司治理研究所及其附属的资本市场投资者协会（AMEC）。在英国，公共部门养老基金创立了咨询公司 Pensions 和 Investment Research Consultants（PIRC）。责任投资原则组织（PRI）的成立对股东承担起其作为公司所有者的相应责任的运动起到了推动作用（如第2章所述）。

这些成员群体反映了资本市场从个人持股转向机构持股——养老基金、保险公司、共同基金和主权财富基金。将储蓄集中到机构持股中可以缓和集体行动带来的挑战，这是因为机构所有者认识到，鉴于他们在市场上的相对规模，个股买卖是行不通的。由于被迫拥有大量可用股票，并且无法转向另类投资，大型机构所有者实际上是“共同所有者”。

其他的企业所有权模式

在美国、英国、荷兰、澳大利亚和加拿大，这种所有权和控制权的分离是一个相对不太寻常的现象。在大多数其他市场，所有权和控制权并没有那么分离，它仍然体现在家族控制的企业集团（欧洲大陆、拉丁美洲和南亚）、国家所有制（中国、俄罗斯和法国）、银行通过代理投票来控制（德国），以及在日本 keiretsu（日本通过互持股份形成的企业联盟）和 chaebol（韩国财阀）等公司间网络的交叉持股中。

英美国家以外地区规模最大的上市公司的所有权往往更加集中，通常集中掌握在少数富裕家庭或国家手中（La Porta、Lopez - de - Silanes 和 Shleifer，1999）。在德国最大的 100 家公司中，约有一半的公司由大股东掌控（Fohlin，2005）。在法国，公司通过留存收益自筹资金是比股票发行和银行借款更受青睐的投资资本来源（Murphy，2005）。在 19 世纪末的荷兰，也是如此（de Jong 和 Roell，2005）。这种类型的融资往往会提升少数大公司和富裕家庭的所有权集中度，而不是将所有权分散到广大公众手中。在欧洲大陆，金字塔式机构是确保内部控制权大于股权的常用方法。在日本和韩国，keiretsu（日本通过互持股份形成的企业联盟）和 chaebol（韩国财阀）体系分别由相关公司的交叉持股组成，这样一群彼此相关的管理人员可以在必要时进行全体投票表决。在中国，尽管腾讯和阿里巴巴等大型科技公司在私营部门崛起，但国家仍然拥有并控制着许多大的公司，包括按收入排名世界第二的大公司——中国国家电网公司。

英美国家以外的许多司法管辖区都以大陆法系为特征。这个法系起源于罗马法律的编纂，辅之以对自然法的讨论和法国旧制度解体之后的拿破仑一世时期关于权利和责任的法典编纂。而英国的普通法体系是由司法判决和成文法的司法解释决定的。英联邦国家以外的大多数司法管辖区普遍采用大陆法系。拉丁美洲接受了西班牙和葡萄牙殖民统治下的大陆法系。在 19 世纪和 20 世纪，当俄罗斯、中国、韩国和日本制定现代法律框架时，采纳了明晰性优于普通法的大陆法系。在所有权和控制权没有分离的市场（主要是大陆法系国家），为少数股东制定了一系列保护措施，承认随着大股东的所有权和控制权更加紧密，需要保护的群体是少数投资者。有人已经提出了公司治理系统的分类法，它避开了大陆法/普通法之分，而是采用了其他角度，例如公司的普遍概念、董事会制度、主要利益相关者的身份，以及股票市场在国民经济的重要性（Weimer 和 Pape，1999）。魏默（Weimer）和佩普（Pape）认为，在他们主张的分类中，出现了四种治理体系：盎格鲁—撒克逊体系、日耳曼体系、拉丁体系、日本体系。其中，奉行股东至上的普通法是一个例外，仅限于在盎格鲁—撒克逊体系内。

对少数股东提供法定保护的例子包括，瑞典规定少数股东组建提名委员会来选择董事会成员、俄罗斯的累积投票规则、意大利的 vota lista（允许少数投资者任命董事会董事）和巴西的财政委员会（允许少数投资者有效地组建审计委员会，在问题存疑时，审查公司账目）。在欧洲大陆，所有权的集中与管理层和有组织的劳工之间明确的伙伴关系相结合。彼得·霍格菲尔德（Peter Hogfeldt）在著作中提到瑞典时指出，“以前资本和劳工之间的针锋相对已经让位于一个公司制社会，在这个社会中，最大的上市公司根深蒂固的私有制与为成员提供强有力的雇员保障的工会合作共存，并且工会成员在董事会有代表席位”（Hogfeldt，2005）。在德国，自 1870 年《公司法》实施以来，公司被要求拥有双重董事会（一个监董会和一个管理委员会），以保护少数股东和公众的利益免受自私自利的内部人士的侵害。

公司宗旨

自公司成立以来，其宗旨和社会角色一直是公众辩论和私人评论的焦点。我们已经看到，公司始终得在私人目标和公共目标间取得平衡。公司形式的历史展示了政治权力、帝国扩张、阶级冲突和公司活动之间的联系。17 世纪公司通过获得法人资格、集中管理、永久资本、可转让股份和有限责任促进了长期的全球影响力，使两个地处欧洲边缘的国家（荷兰和英国）能够凌驾于当时的区域霸主（西班牙和法国）之上。1720 年出现的投机性股份公司、19 世纪有限责任公司的激增、欧洲大陆的集中式所有权、公司制经济是对政府过多债务、城市基础设施需求和阶级冲突等具体挑战的回应。公司对社会影响的性质不是由公司结构中的任何内在特性决定的。在不同的环境中，公司的宗旨被定义和重新定义。这体现了“公司是成文法的产物，而不是自然的产物”的箴言（Charkham 和 Simpson，1999）。

一个鲜为人知的例子是，在“二战”前被德意志第三帝国引入德国的公司，其意图发生了变化，以便纳粹政权控制德国的工业基础，而不会产生必须将所有权国有化的成本。纳粹政权通过 1937 年颁布的《德国股份法》，引入了公司宗旨的新定义，解除了公司为其股东服务的任何义务，而是引入了“元首原则”（Führerprinzip），实际上要求把效忠于元首阿道夫·希特勒作为工业领域全新的企业宗旨。纳粹废除了股东投票权，并通过银行代理投票权，推出了新形式的治理控制。通过控制银行，德意志第三帝国即可全盘控制德国工业（Morck，2006）。

来自芝加哥的著名经济学家米尔顿·弗里德曼（Milton Friedman）制定的股东宣言提出了与“元首原则”相反的观点。他支持通过利润来定义公司宗旨。1970 年《纽约时报》杂志上发表的一篇题为“企业的社会责任是增加其利润”的文章，阐明了弗里德曼的看法：

在自由企业和私有财产制度中，公司高管是企业所有者的雇员。他对雇主负有直接责任。这种责任就是按照他们的意愿开展业务，通常是在法律层面和道德惯例上遵循社会基本规则的同时，尽可能多地赚钱（弗里德曼，1970）。

弗里德曼的观点通常被解释为以牺牲道德原则为代价，来支撑利润最大化。然而，在承认追求企业利润需要在法律上和在道德惯例上遵守社会的基本规则时，即使弗里德曼的文章也可以被解释为认可企业社会责任作为可持续利润的先决条件。科林·迈耶（Colin Mayer）提出了一个有说服力的案例，来推翻弗里德曼关于“公司是追逐利润最大化的实体”的狭隘概念。迈耶指出，“与弗里德曼给出的公司概念形成鲜明对比的是，社会和公共考量因素不仅从一开始就被纳入公司宗旨，而且它们以单一的公司形式交织在商业和社区的融合中”（迈耶，2018）。他指出，在英语和意大利语中，“公司”一词的词源是拉丁语单词 cum panis 或“一起分享面包”，这是一种明显的社会行为。

英国和美国的某些社会型企业已经选择组建为社区利益公司或共益性公司（Cho，2017）。这些公司形式是最近出现的创新，在公司的成立文件中明确载明了社会使命。共益性公司保留的法定权利是履行对员工、社区和客户的责任优先于履行对其名义所有者、股东的责任。美国30多个州已采纳这一自愿条款，超过5000家私营公司已组建为共益性公司。

公司法的两大主体——英美法系和大陆法系——对公司宗旨也有影响。一般来说，普通法系国家将股东利益放在首位，而大陆法系国家则赋予公司更多责任以服务于更广泛的利益，其中可能包括员工或更广大的社会利益。尽管英美法系和大陆法系的侧重点有所不同，但公司治理实践在全球范围内出现了趋同。为股东利益服务的压力被认为创造了一种辩证的需要，以兼顾其他利益相关者的利益。同样，以利益相关者为中心的司法管辖区认识到，它们必须满足股东的期望，才能获得增长所需的金融资本。经济合作与发展组织制定关于公司治理的全球原则，并被国际金融公司在新兴市场推广就是这种趋同的一个例子（见下文）。

公司宗旨受到法律框架、政府、投资者和公司本身的影响，公司通过管理文件明确对股东和利益相关者担负的使命。

金融生态系统中的公司治理

在第 1 章和第 2 章中，我们看到了金融生态系统在社会中发挥着至关重要的作用：确保资源的有效配置、为储蓄者匹配投资机会并提供准确的稀缺性信号。高效的公司治理对这三个作用都至关重要。

资源配置

投资者是金融资本的最终配置者。他们必须选择投资于有效利用资本的公司，并从可能耗尽资本的公司撤出投资。如果投资者不愿意或无法根据他们的长期利益来管理他们的公司投资，就不能保证他们的资本会继续增加。良好的公司治理制度可降低监控和管理其对公司投资的成本，从而促进有效的资源配置。

匹配

良好的公司治理制度确保储蓄者能够安全地投资于主权债务以外的一系列资产，公司出现之前主权债务是首选的主要资产类别。即使在对公司的投资变得司空见惯时，最初规模最大的投资也是以债务的形式进行的。我们在第 2 章中指出，股票作为一种广泛持有的资产类别是最近才出现的现象，发展历程前后不到一百年的时间。如今，储蓄者通过公共和私人市场的股权和债务投资直接投资于公司，并间接通过有限合伙关系为公司体系提供资金。一个良好的公司治理制度允许储蓄者在范围更广泛的发行人、到期日、风险状况和地域内进行投资，若不能相信公司会按照投资者的预期来投资金融资本，这是无法做到的。这种多样化的投资选择令储蓄者受益，因为它实现了储蓄期限和可投资机会之间更紧密的一致性。

稀缺性信号

可靠的公司治理框架减少了公司观察到的稀缺性信号与投资者在公共市场上看到的信号之间的分歧。如果铜相对于需求变得稀缺，我们预计铜价将会上涨。人们可能还预计铜矿商的股价将同步上涨。然而，只有当投资者能够合理地预期铜矿开采公司的管理层将有效利用其从高铜价中获得的暴利时，这种情况才会发生。如果管理层追求低效的收购或以巨额奖金奖励自己，则没有理由去预期流向股东的现金流会增加。良好的公司治理制度可以确保少数内部人员观察到的稀缺性信号可以迅速传达给更广泛的公众。

因此，公司治理对金融生态系统十分重要，因为它决定了这种组织经济活动的高效方法将如何有效地在生态系统内传递现金流和信息。不仅对投资者，而且对更广大的社会而言，公司的治理方式都是一个重要议题。经济合作与发展组织制定的公司治理原则指出：

> 良好的公司治理制度有助于确保公司有效地使用其资本。良好的公司治理也有助于确保公司考虑到广泛的利益相关者及其经营所在社区的利益，并确保其董事会对公司和股东负责。这反过来也有助于确保公司的运营从整个社会的利益出发（经济合作与发展组织，1999）。

在《世界银行2000年公司治理报告》的序言中，阿德里安·吉百利爵士（Adrian Cadbury）描述了一个开放式定义："公司治理关注的是在经济目标和社会目标之间以及个人目标和公共目标之间保持平衡……其目的是尽可能地协调个人、公司和社会的利益"（Iskander 和 Chamlou，2000）。近期关于公司治理改革的监管建议则更加明确地表明需要将社会的广泛利益纳入公司治理框架。2018 年，欧盟委员会明确承认公司具有更广泛的社会影响和经济影响，并提出了一系列广泛的改革建议，包括承认公司的社会宗旨、所有者确保公司“不造成伤害”的责任，以及制定标准和报告要求，使监管机构和利益相关者能够确保公司和社会之间的利益一致。大西洋彼岸的参议员伊丽莎白·沃伦（Elizabeth Warren）提出的《负责任的资本主义法案》与欧洲提出的这一关切议题遥相呼应。她在法案中写道，短期关注公司利润最大化正在削弱美国经济投资于生产性增长和确保工人得到适当回报的能力。该法案提议，年营业额在 10 亿美元以上的大型企业需要从联邦政府而不是所在州政府那里获得企业许可证，在董事会中必须预留 40% 的席位给工人代表，以及对公司政治捐款的批准引入新的限制条件（Warren，2018）。

哪些是我们必须考虑到的社会的具体组成部分？除股东外，公司治理还影响到流动性提供者，例如债券持有人、员工、监管者、客户和公司经营所在社区。

股东

正如我们在第 2 章金融生态系统的分类中所指出的那样，股东为公司垫付现金，以换取对公司资产的剩余索取权。他们在公司中的股份份额被称为“股权”。这个名词源于这样一种观点，即他们所获得的代表公司控制权的投票权通常是按照他们的投资比例来分配的。股权投资者对其投资的任何回报没有特定的合同权利，但他们有权获得管理层在及时满足对公司资产的其他要求后可能宣布的任何剩余股息。通常情况下，股东有权停止公司的运营，修订公司治理文件，并在公司解散时，分配剩余资产。鉴于不同市场的差异，股东还拥有一系列附加权利，其中包括在规定的年度股东大会间隔期间召开特别会议、通过书面协议作出公司决策、提交提案供其他股东投票的能力，这些对于指导董事会采取特定行动、修改公司章程和批准某些交易方面可能具有约束力或建议性。这方面的例子包括批准发行新股（可能会稀释现有股东的持股），资本发行，以及在某些情况下的重大并购，董事会和高级管理人员薪酬政策，甚至在某些司法管辖区超过一定门槛的政治献金（例如在英国，门槛是超过 200 英镑）。

公司董事会

股东将公司的监督权委托给董事会。这些董事对投资者负责。作为股东的投资者拥有投票权，因此可以投票让董事上任，或根据需要更换人选。在美国、英国和其他实行普通法框架的国家（包括英联邦国家：加拿大、澳大利亚、位于亚洲和非洲的前英国殖民地），一家公司只有一个董事会。在其他市场，则设有双重董事会：一个是监督委员会，由公司的投资者和员工组成，另一个是从属的管理委员会，发挥执行职责而不是监督职责。这种两级制度在大陆法系国家很常见，例如位于欧洲大陆的国家。

流动性提供者

公司治理制度为债务持有人制定了规则，债务持有人的权利由合同规定（例如在特定时间段内收取利息）并在某些情况下转化为治理控制权，例如在破产时具有留置权，或拥有作为其贷款抵押品的某些资产的权利。

监管者

从理论上讲，监管者必须设计和管理有望增加公司治理制度产生的社会净收益的规则。证券监管者规定了披露要求和关于证券发行和交易的规则。对于银行业，监管者更倾向于干预，要求银行董事达到资本充足要求，接受“合适性与适当性”测试。在欧盟，对金融机构的奖金安排设置上限，密切关注过度冒险的苗头。认识到需要对构成“系统性风险”的公司进行特殊监管，这为考虑公司逼近和威胁到地球环境安全边界的其他问题奠定了基础。气候变化就是一个例子，代表全球各大央行行长发声的金融稳定委员会成立了一个工作组来考虑披露气候变化所致风险的必要性，以便在资产组合中管理和缓解这些风险。披露制度催生了气候财务相关披露工作组提出的建议，第7章将对此展开讨论。

员工和其他利益相关者

英美法系国家的公司治理制度在一般法律框架内设定的义务外，对公司的员工和其他利益相关者几乎不设置义务。施行大陆法的司法管辖区确实规定了员工参与董事会的要求，承认员工是对公司长期存续感兴趣的选民代表。我们对英国东印度公司历史的回顾表明，大型跨国公司所在的社区通常对该公司的治理没有太大影响。公司财务业绩和利益相关者关系之间的关联，将在第8章中进一步讨论。

储蓄循环流动中的公司治理

如第1章所述，如今，世界上规模最大的公司多数都由公民投资者拥有，以养老基金、保险公司、共同基金和主权财富基金为代表。对于投资者来说，这是一个近来才出现的投资组合趋势。在19世纪60年代之前，股票还没有被机构投资者广泛持有。养老基金和保险公司最初依赖主权债券，其次是公司债券，然后才投资股票。养老基金是最大的资金来源之一，并在寻求投资回报时，投资于公司。投资回报通常是养老金支付的最大财源，例如美国最大的固定收益基金——加州公共雇员退休系统（CalPERS），依靠投资回报支付三分之二的养老金。这说明了第2章所述的储蓄循环流程：养老金代表员工的储蓄，然后被垫付给了公司，为其他员工创造工资，并为养老基金带来投资回报。认识到储蓄的循环有助于我们理解公司治理制度有效运作对金融生态系统的重要性：公司治理对坐拥巨额资本的财力雄厚的提供者而言价值不大，但对正在把赖以生活的积蓄投入进去的员工和小企业家而言，就意义颇大了。如果这些储蓄者由于公司治理不善而无法投资于公司，那么他们的选择面就会变得狭窄，被迫接受政府债务或银行存款带来的微薄回报。财力雄厚的资本家可以不把良好的公司治理放在眼里——他们可以选择投资于自己的公司，因为那里不存在治理问题。

对公司治理制度刚性的自然限制

过程中的另一个利益相关者是公司本身，或者更准确地说是直接的决策者——公司管理层。公司治理和投资者激进主义的严格标准给管理层带来了巨大的管理和披露成本。如果从公开市场募集资金的成本超过其收益，管理层将考虑其他融资渠道。事实上，全球上市公司的数量在急剧下降。特别需要指出的是，选择以首次公开募股的形式进入公共股票市场的小型公司、成长型公司的数量显著减少。私募市场上充裕的资本、较少的监管以及代理成本的缺失，使其成为对公司更具吸引力的选择。此外，许多公开市场投资者对短期回报的关注迫使管理层以牺牲长期发展战略为代价，一味专注于季度经营目标，从而损害了管理层和长期投资者的利益。公开市场上统一的公司治理规则使小公司的负担更加沉重（经济合作与发展组织，2015）。这种现象应该作为对上市公司的公司治理要求的明智约束：准市场设计者必须考虑每项额外的监控和披露要求的成本和收益。经济合作与发展组织的报告指出，证券交易所从上市费中获得的收入比例也在显著下降——这一现象表明我们不能将首次公开募股规模的下降归咎于更高的上市费用。因此，股东或任何其他利益相关者可能期待的有效监督的程度，自然是有限度的。在任何生态系统中，双边关系的稳定性取决于退出选项的可用性。正如股东可以通过在流动性强的公开市场上出售股票来轻松退出一样，管理层也可以选择利用其他可替代的融资来源将公司私有化。然而，有些公司比其他公司更难私有化。规模最大的公司以及现金流量相对于市场价值较低或不稳定的公司最不可能成为私人融资的潜在对象。令人高兴的是，正是在这些公司中，良好的公司治理能够产生最大的社会价值。

限制股东对管理层权力的另一个理由来自与公司宗旨相关的本质特征。例如，财经新闻提供商路透社已向一家私营公司发行了具有重要投票权的创始人股票，以确保任何可能寻求收购路透社以影响其报道的各方都无法进行收购。许多创始人主导的公司采用类似的股权类别歧视来保留创始人对公司的控制权，而这一控制权远远超过其对公司的经济所有权（例如谷歌、脸书和亚马逊）。当然，捍卫公司已确立的使命与保护创始人的特殊利益是截然不同的，忠于前者是有操守的做法，而维护后者则是专横的做法。旨在维护公司确切的社会宗旨的创始人股票增强了公司生态系统的多样性，即使受到集中经济力量的挑战，也允许有原则的公司行为持续存在。旨在保护个人狭隘利益的创始人股份，无论这些创始人对该公司从无到有是有多么的重要，这都只是延续优先权的专制行为。

公司治理的全球趋同

资本需求和资本供应的地理分布通常不一致：拥有大量可供调用的财富的经济体并不一定是急需资本的经济体。因此，迫切需要消弭跨境投资的文化障碍。跨国公司治理标准的差异体现了一种文化壁垒，阻碍了资本的流动，也不利于资本的有效配置。

经济合作与发展组织在调整全球公司治理标准和平衡所有利益相关者利益方面发起了一项重要倡议，该倡议早于并影响了其部长级建议。1997 年，经济合作与发展组织委托由来自美国、英国、法国、德国和日本的代表组成的一个商业部门咨询小组来思考工业化市场是否存在共同原则——无论是大陆法系国家还是英美法系国家，无论是拥有分散的还是集中的所有权。咨询小组集思广益，并经过数月的努力，得出了结论：事实上，所有的治理体系都可能反映特定的法律、经济和文化环境。然而，综观整个市场，指导公司治理的四项原则是：透明度、问责制、公平和责任。由此产生的报告是全球公司治理的开创性文件，为协调不同市场的预期奠定了基础。报告的核心部分对公司宗旨进行了如下讨论：

在商品和服务的生产中，公司是一切所需资源的提供者（例如资本、劳动力、知识产权和各种专业技能的提供者）之间开展合作的有效工具。

通过建立相对持久的关系，公司也形成了社交网络。所有者、经理、雇员、供应商、消费者、当地社区等之间的长期合作和由此产生的相互依赖，产生了超越纯粹市场互动的忠诚度、期望和理解［引自查克汉姆（Charkham）和辛普森（Simpson）（1999）］。

经济合作与发展组织原则（见下文）的具体措辞经过精心设计，包含经济合作与发展组织英美法系国家成员（尤其是美国和英国）的股东至上模式，以及大陆法系国家（比如德国、法国和日本）的利益相关者模式。在 1998 年亚洲金融危机之后，这些原则引起了广泛关注，挑战了世界银行和国际货币基金组织奉行的“华盛顿共识”（译注：1989 年所出现的、一整套针对拉美国家和东欧转轨国家的、新自由主义的政治经济理论），即新兴市场的经济和社会发展最好是通过国有企业私有化和跨国金融资本流动自由化来实现。基于这种模式的快速经济增长被称为“亚洲奇迹”，在世界银行发布的一份同名报告中有所提及。颇具讽刺意义的是，在 1998 年夏天，“亚洲奇迹”沦为了亚洲危机。在反思亚洲危机对区域经济、货币乃至纽约对冲基金的影响时，时任世界银行行长的詹姆斯·沃尔芬森（James Wolfensohn）评论说：“如今，公司治理对世界经济的重要性不亚于国家治理”（《经济学人》，1998）。

平衡股东和利益相关者的利益

经济合作与发展组织以商业部门咨询小组的报告为依据，制定并颁布了《公司治理原则》。经济合作与发展组织为成员国提供指导，以平衡股东和利益相关者的利益，确保及时准确披露，并要求董事会积极监督，具体如下：

一、股东权利：公司治理框架应该保护和促进股东权利的行使。

二、公平对待股东：公司治理框架应确保包括小股东、外国股东在内的所有股东获得公平的待遇。任何股东皆有权就损害他们权利的行为获得有效的赔偿。

三、利益相关者在公司治理中的作用：公司治理框架应承认法律规定的利益相关者在公司治理中的权利，并鼓励公司与利益相关者在创造财富和工作岗位以及促进企业财务的持续稳健性等方面开展积极合作。

四、信息披露和透明度：公司治理框架应确保及时、准确地披露公司所有重大事件的信息，包括财务状况、业绩、所有权及公司的治理情况。

五、董事会的职责：公司治理框架应确保董事会对公司的战略指导和对管理层的有效监督，确保董事会对公司和股东的责任和忠诚。

为了应对这种情况，世界银行以全球公司治理论坛的形式（后来并入了国际金融公司），建立了一种新的伙伴关系，并召开了圆桌会议来制定和调整经济合作与发展组织准则，以适应当地市场条件，并编写改革白皮书，以此解决治理赤字问题。继经济合作与发展组织《公司治理原则》出版发表之后，全世界都在努力制定在公司治理方面的各国标准。欧洲公司治理研究所维护着一个各国准则和更新资料库（欧洲公司治理研究所，2019）。有证据表明，在此期间，大多数发达国家和新兴经济体的公司治理标准出现了改善和趋同（De Nicolo、Laeven

和 Ueda，2008；Claessens 和 Yurtoglu，2013）。

结束语

公司活动的规模和影响力使公司成为在推动全球生态系统可持续性发展的过程中不可或缺的合作伙伴。通过对公司历史的回顾，我们发现公司形式的特权源于公共目的和公司活动之间的联系。20 世纪屡试不爽的解决方案是，公司的首要目的是为其股东赚取利润，如有必要，需以牺牲其他利益相关者为代价是一个相对较新的概念。从承认以利益相关者为中心的公司治理制度的价值、共益者公司的出现，到投资者衡量公司活动对环境影响和社会影响的尝试，公司满足更广泛的社会需求的压力越来越大。可持续金融的一个关键挑战在于塑造公司治理文化，以及在财务分析、环境定价、工具结构、可持续性意识安全选择和风险管理方面取得进步，以监测和管理企业对环境和社会的影响。

公司治理框架的一个重要方面是公司报告，借助这个渠道，公司所有者和其他利益相关者可以检查管理层是不是公司资本的“好管家”。披露框架以会计和核查标准以及透明度规范为准绳，确保投资者和社会对财务状况有真实和公平的了解。下一章将分析现有财务会计系统在资源配置中纳入人力和自然资本管理的重要价值和局限性。虽然有大量关于公司对自然和人力资本依赖的信息可供工作态度认真的会计信息分析师使用，但也有必要用非财务信息来补充从会计报表中获得的观点。此外，关于报告框架的内容、可靠性、最佳时机和时间跨度等问题仍然存在，这些问题将在下一章中进行讨论。

第4章　可持续性会计：财务和非财务指标的整合框架

正如我们在第3章中指出的那样，准确和及时的信息披露是公司治理的重要支柱，使投资者能够检查管理层是否有效地管理了投资于公司的资本。以财务会计标准为参照的公司披露确保了投资者和社会对公司财务活动有真实和公平的了解。财务会计用于记录、汇总和报告企业或组织在任何特定时期内的货币交易，是公司管理层和所有者之间的一种沟通形式。财务交易的大体影响体现在损益表或资产负债表等财务报表中。这些报表通常由注册会计师编制，基于旨在全面描绘公司财务状况的既定原则。从理论上讲，这些报表应该允许投资者准确估计他们在既定实体中的权益的财务价值。除了投资者外，其他外部利益相关者，比如雇员、供应商、消费者、监管机构和更广泛的公民社会，通常依赖财务报表来对公司财务健康状况形成至少是部分了解。

迄今为止，企业活动的更广泛的环境和社会影响尚未成为财务报告实践的主题。正如我们在第1章中指出的那样，责任投资原则阐明了在财务决策中整合环境、社会和治理等考量事项的价值信念。长期投资者正在将碳排放强度、能源效率、雇员流动率和品牌忠诚度等非财务指标纳入公司价值、创新能力、与公共利益的一致性的评估中。此外，具有环保意识的消费者数量正在增加，消费者对特定品牌的忠诚度通常取决于该品牌的社会意识和环境意识。在公司内部，公司雇员（尤其是千禧一代）要求对环境和社会友好的企业文化。人们对更广泛的商业成功衡量标准（例如三重底线）的讨论越来越多，以及将可持续性融入机构日常运营的努力强化了将有益的社会影响作为重要企业目标的特点。最后，在分析气候变化和极端天气对企业资产负债表的风险方面，一些监管机构施加了适度压力，这导致投资者希望看到更多关于全球气候趋势对当地企业资产和供应链产生的影响的披露。因此，人们普遍关注修订会计和披露框架，以跟踪非财务绩效的量化指标，并纳入对气候相关风险和机遇的地理空间特定分析。通过发布企业可持续发展报告和披露在企业责任方面付出的努力，无论规模大小，公司都大幅加大了非财务业绩的报告力度。

收益和回报率的衡量

上溯到最早有明文记载的历史时期，会计是从政府、富裕家庭和其他利益相关者的利益出发来记录和总结经济活动而发展起来的一种社会实践。事实上，已知最早的书面文本可以追溯到公元前 3200 年，由会计记录组成（Provasi 和 Farag，2013）。在现代伊拉克乌鲁克城出土的泥板上发现的一系列象形文字已被破译，上面写的是拿出并用于分发给工人的物品的清单和数量。随着农业的发展，人类第一次能够积累商品储备。贸易应运而生，产生了保存记录的需要。公元前 4000 年前后，美索不达米亚首次出现有记录的存货清单，它们以特定对象的“具体计数”形式，对物品进行计数。例如，一个字符或物品可以用来表示五个苹果，另一个字符表示五个梨。由于需要计算的物品种类繁多，例如食物、衣服、住所和劳动力，这种方法随着时间的推移，变得繁琐起来，缺乏抽象数字成为了一个现实问题。

随着许多不同文明的文字发展，抽象的数字系统逐渐发展起来，然后随着贸易和商业的繁荣而迅速传播。大型农业社会成长为以税收为财源的帝国。大约在公元前 3000 年，古埃及的记账员开始使用骨头标签来记录王室的库存。很快，其他社会的富裕家庭也开始保存库存记录，以反映他们拥有和所欠的财产。用绳子打结是一种原始的记录保存技术，它后来演变成在泥板上刻铭文。

直到15世纪末，我们今天所知道的复式簿记才得以发展。意大利修道士卢卡·帕乔利（Luca Pacioli）于1494年出版了一本教科书（译注：《算术·几何·比与比例概要》一书），展示了复式簿记如何有效地将一个实体的资源与其他实体对这些资源的债权区分开来。他大体上设计了一个资产负债表，其中包含“贷方”和“借方”的单独账目，这就构成了现代财务会计系统的基础。帕乔利被尊为“现代会计学之父”，尽管他的系统只专注于记录，而不是周期性利润的计算、回报分析或资产估值。帕乔利设计的体系是为威尼斯商人和小企业开发的，因为企业主为了解其企业当前的财务健康状况，付出了大量努力。

复式簿记本身不足以计算投入资本的回报率。资本回报率的计算还要求会计系统必须定期评估资产（尤其是库存），记录中期净利润，并记录资产折旧费用。英国东印度公司（EIC）的会计记录有助于计算中期回报率，而荷兰东印度公司维护的复式记账系统就做不到这一点（Robertson和Funnell，2012）。投资资本回报率的计算被描述为资本主义的必要条件，因为如果没有它，谈论以资本为生产要素并获得回报的系统是毫无意义的。资本主义可以被描述为一种实践，通过寻求我们称之为“资本”的无形生产要素的最大回报率，来努力不断扩大财富存量。只有能够计算定期净收入并持续记录所用资本的系统才能促进这种实践。

如第3章所述，随着19世纪公司经济的兴起和大型商业企业所有权的分散，向缺席的股东和债权人提供财务报表成为常态。在19世纪末和20世纪初，会计行业、会计标准以及审计师的聘用有所发展。为满足所有者考察管理绩效的需要，审计专业得以发展壮大。所有权和控制权的分离也导致会计被分为财务会计和管理会计。所有者和为公司工作的人不仅需要可靠的内部会计系统来跟踪制造过程各个阶段的综合库存成本，而且还需要以简明的方式，定期将公司活动对财务的影响总结告知股东和债券持有人等外部投资者。审计不是必需的，但所有者自愿支付审计费用，以防管理欺诈。

商业和金融活动日益复杂，需要有标准化的会计原则以及专门的会计专业人员。19 世纪下半叶出现了会计专业团体：格拉斯哥会计师协会（1854）、英格兰和威尔士特许会计师协会（1880）、法国会计研究院（Société Académique de Comptabilité）（1881）、美国注册公共会计师协会（1887）。这些会计机构通常为准会计进入该行业设立和管理认证测试。

在 1934 年之前的美国，会计披露要求是由证券交易所制定的，并且各交易所之间的会计披露要求可能存在显著差异。1917 年，美国会计师协会与联邦贸易委员会联合制定了《会计和审计程序指南》，但没有规定各公司遵循这些指南的监管要求（Moonitz，1970）。在 1929 年股灾和随后的经济大萧条之后，美国国会于 1934 年成立了美国证券交易委员会（SEC），以恢复公众对金融市场的信任。美国证券交易委员会有权确定所需的会计方法和公司财务披露的最低限度。1939 年，在证券交易委员会总会计师的施压下，美国会计师协会旗下的会计程序委员会（CAP）开始发布《会计研究公报》，该公报随后构成了今日的"一般公认会计准则"（GAAP）的基础（Zeff，2005）。这个会计程序委员会就是 1973 年成立的美国财务会计准则委员会（FASB）的前身。GAAP 把美国财务会计实践规范化和标准化，其不同版本在世界各国的司法管辖区发挥作用。GAAP 的主要重点是提高报告收益及其组成部分的质量（Ely 和 Waymire，1999）。会计收益预测通常由投资分析师编制，市盈率是最常被引用的估值倍数。管理层薪酬通常取决于会计收益。GAAP、财务观察者和激励薪酬计划一味关注收益，使得这一特定指标成为一种具有高风险的绩效衡量标准。在委托代理理论的术语中，收益是高能激励的基础。高能激励是基于绩效的薪酬计划，其中随着对绩效的衡量（在本例中主要为收入提高），代理人的薪酬也急剧增加。

聚焦会计收益的局限性

基于这些原则的现代会计实践要求公司编制四种类型的对外财务报表：收益表、资产负债表、现金流量表和股东权益表。收益表也称为损益表，它通过报告收入、销售成本和运营费用（如雇员薪金、水电费和租金），来概括公司在特定时期内的盈利能力。资产负债表反映了公司在某个时间点的财务状况，列出了其资产、负债和股东权益，其本质上是公司有多少钱（即资产）和欠多少钱（即债务）。资产负债表也称为财务状况表。现金流量表总结了公司在特定时期内经历的，通常由于经营、投资和融资活动而产生的现金流入和流出的主要类别。股东权益表描述了与收益表和现金流量表处于同一报告时期内的公司股东权益状况变化。

复式簿记系统要求每一项交易按相等金额在两个或两个以上有关账户同时进行对应登记，并通过将存货账户和流量账户联系起来，以硬性手段打消任何夸大资产或收益的欺诈企图。如果要保持收支平衡，虚假的收益增加必须伴随资产的相应增加或负债的减少。资产和负债账户的余额可在任何时间点进行核实。资产夸大相对容易被发现，因为审计师原则上可以验证被列为资产的所有项目的存在和估值。少报负债更难被查实，因为审计师必须设想可能未在账面上列明的负债，并检查它们是否已纳入账目。前一个任务从资产的自定义列表开始，后一个任务要从无限的可能性开始。而从无限的可能性开始来验证负债未被少报，意味着最终不可能完全保证任何资产负债表的完整性。这些结论与艾伦·图灵（Alan Turing）定理的内涵相同，该定理指出：可以确保每对可能的计算机程序和程序输入会防止执行欺诈的通用算法是不存在的（图灵，1937，1938）。该定理的另一个相关含义是，不可能设计出能够识别任何潜在病毒的病毒检测程序。同样，没有一套规则可以确保杜绝会计欺诈问题。

收益管理的激励措施

可以预见的是，一般公认会计原则的建立和随后的改进并没有消除各种财务会计丑闻和危机。公司管理层往往有动机进行盈余管理，并延迟或隐瞒坏消息。大多数企业管理层的现金和股票激励薪酬计划取决于会计结果，这可能会怂恿管理层以牺牲未来会计期间收益为代价或少报负债，来夸大当前会计期间的财务盈利能力，这反过来为促进这种粉饰账面数据行为的金融产品创新创造了市场（Imhoff Jr.，2003）。更普遍地说，高能激励会导致会计数据失真，甚至在某些情况下是彻头彻尾的会计欺诈（Admati，2017）。在这种情况下，审计师几乎没有给投资者带来什么安慰。一位观察家表示："审计师理应是监督者，但是……他们有时看起来像是走狗——更热衷于为他们所审计的公司服务，而不是确保向投资者提供准确的信息流"（Ronen，2010）。

例如，臭名昭著的安然公司破产案就是由常年粉饰会计数据导致的。这家总部位于德克萨斯州的天然气和电力巨头曾经是全美第七大公司，并被《财富》杂志连续六年评为美国最具创新力的公司（Dobson，2006）。2001 年底，它却爆出了丑闻：安然公司管理层与其审计机构安达信会计师事务所勾结，利用错综复杂的财务交易、会计漏洞、空壳公司和特殊目的实体的虚假交易，进行财务欺诈，所有这些行为都旨在隐藏公司不断激增的负债，夸大当前的盈利能力，并将融资得来的现金流转化为运营现金流（Smith，2011）。

扇贝跑路，奇事一桩

2018 年初，中国最大的海产品生产商之一——大连獐子岛渔业集团宣布，其 2017 年全年净亏损额达到 6.29 亿元人民币（约 9600 万美元）。这一公告出人意料，因为该公司在当年前三季度还在盈利。该公司声称它们的扇贝出现"异常库存"，因此记录 5.78 亿元人民币的存货减值。该公司在一份声明中解释说，黄海北部不定期的温度变化加上生物饲料水平不足，导致扇贝库存减少。该事件被媒体称为“扇贝跑路”，引起了广泛关注，公众和一些投资者指责该公司存在财务欺诈。中国证券监督管理委员会对其展开调查，并最终决定罚款时任獐子岛董事长的吴厚刚30万元，终身市场禁入；并因2016年度审计报告中存在的虚假记载、未勤勉尽责，罚没负责獐子岛会计师事务所大华会计师事务所367.92万元。

2002年，美国证券交易委员会指控Waste Management Inc.（北美最大的废物处理和环境服务公司）及其审计人（安达信）在1992年至1997年之间进行了会计欺诈，这似乎是一起相对平淡无奇的会计欺诈。从1971年到1991年的二十年间，Waste Management Inc. 业绩呈指数级增长，其收入增长了近470倍，由1600万美元猛增到超过75亿美元（美国证券交易委员会，2002）。然而，为了虚构当前利润，该公司高级管理层开始通过延长卡车、垃圾填埋场和其他设备的使用寿命，来虚增其资产残值。此外，公司高管人员还故意漏记失败项目的关联费用，并贿赂审计师，以欺诈方式虚增公司的股权价值。

另一个著名的金融欺诈案例则是雷曼兄弟公司，该公司于2008年9月破产。这是历史上规模最大的破产案，并引发了全球次贷金融危机和随后的大萧条。所有这些案件都牵涉公然操纵公司财务报表，往往暴露出公司审计人员内外勾结的恶劣情形。在雷曼兄弟破产案中，该投资银行操纵其资产负债表，将大量回购协议（译注：回购本是欧美公司为了在每季度末平衡资产负债表而普遍采用的一种短期融资行为，以证券为质押，从银行借得现金，并承诺连本带息返还这些资金。在正常操作中，公司出售资产融资的同时必须确保在几天内将所售资产购回，这一过程中，其资产仍然存在于资产负债表上）作为“销售”来处理，从而使该公司可以从资产负债表中暂时抹去相关负债，并将“销售”

所得用于清偿其他被抵押的债务证券（Markham，2015；Valukas，2010）。这一欺诈行为显著降低了雷曼兄弟的杠杆率，并误导投资者认为其财务状况比实际情况要好。

整合环境、社会和治理（ESG）信息的决策论基础

以上案例表明，多报当前收益和相应的多报资产或少报未来负债是一种常见的会计欺诈类型。毫不奇怪，当会计收益是迄今为止衡量经营成功与否最重要的指标时，不遵守道德原则的管理层可能会试图通过管理或操纵会计收益，来扭曲这个关键指标。高能激励会增加欺诈的可能性，这是委托代理理论的一个公认原则（Jacob 和 Levitt，2003）。由于对管理层努力水平存在信息不对称，委托人可以尽可能多地根据不同的经营成功指标来调节代理人报酬，以提升自己的福利。决策论中的相应原则指出，结合多个（通过不同的分析师、专家或模型生成的）预测，可以显著提高预测准确性（Clemen，1989）。对许多不同的预测求平均值以产生更准确估计结果的原理构成了气候和气象预测、实时宏观经济预测、电力需求预测和精神病诊断中运用的众多预测算法的基础。因此，投资者应该期望通过将标准会计信息与各种其他经营成功指标相结合，来改进他们对公司管理层的监管。这些“其他”指标被称为非财务信息，或环境、社会和治理（ESG）指标以及可持续性指标。原则上，其他指标的透明度可以通过增加被操纵指标与披露的其他指标之间不协调的可能性，来阻止对单个衡量经营成功的高风险指标的操纵。正如美国最高法院大法官路易斯·布兰德斯（Louis Brandeis）所说，“阳光是最好的消毒剂，灯光是最好的警察”（布兰德斯，1914）。

外部性的衡量

迄今为止，财务报表被设计用于阐明公司的财务状况，并为投资者

提供衡量公司当前货币收益的方法。财务会计起源于一种监控公司所有者私人利益的体系，使该学科只关注货币与私人成本以及收益。利润的会计概念和经济概念之间的差异就证明了这一点。会计利润的组成公式是用实体赚取的收入的货币价值减去实体发生的货币费用。会计利润的测量忽略了资本机会成本的任何概念——财务资本、人力资本或自然资本的替代用途的价值。相反，经济利润的概念则考虑到财务资本和人力资本的机会成本（尽管自然资本不包括在内）。此外，传统的财务会计不承认“外部性”这个经济概念，即无关的第三方因交易两方的副作用而产生的成本和收益。外部性会计处理是衡量企业活动社会影响的核心。会计科学中有一个称为社会和环境会计的细分领域，旨在扩大会计原则的重点，以涵盖机会成本和外部性（Bebbington 和 Larrinaga，2014）。该细分领域的一个重要部分是全成本会计的研究，它试图将企业活动所致污染的预计货币价值纳入衡量企业维护环境资源的账户中（Atkinson，2000）。在现实中，公司维护真实成本账户的例子很少。一个值得注意的案例是欧洲奢侈品巨头开云集团（Kering Corporation）发布的环境损益表，它估算了由空气污染、固体废弃物生成、耗水量及其奢侈品牌供应链上其他形式的自然资本消耗所造成的社会损失的货币价值。这是个非常直率的分析，因为计算和揭示其供应链对社会施加的外部成本显然不符合开云集团的短期经济利益。开云集团持续恪守对这种透明度的承诺可能表明一些公司决策者愿意超越股东价值的层面，转向实现社会价值和考虑系统界限等问题。我们将在第 7 章详细描述开云集团外部性会计的构建和影响。

投资者和其他利益相关者拓展绩效指标

正如我们在第 1 章所述，企业活动的规模和力量意味着如果要在提升自然资本和人力资本可持续性方面下任何功夫，都必须包括对企业活动与更广泛生态系统之间联系的评估。一系列利益相关者，包括消费者、雇员、供应商、公民社会和监管机构等，都需要获得有关公司活动非财务影响的信息。作为资本提供者，投资者可以发挥特殊的作用，因为他们可以将资本分配给能够最大限度地减少不利影响或促进推动地球环境安全边界的各种创新的企业活动。近年来，整合环境、社会和治理（ESG）因素的投资策略急剧增加。环境、社会和治理（ESG）整合是责任投资原则组织（PRI）的驱动目标（见本书第 1 章），其签署者数量快速增长。特别是投资期更长的投资者，比如养老金和主权财富基金、保险公司、基金会和捐赠基金，在致力于将环境、社会和治理（ESG）信息整合到证券选择中的资产所有者中，有着重要的地位。日本政府养老金投资基金（世界上最大的退休金储蓄池）、挪威未来基金（最大的主权财富基金）和 CalPERS（美国最大的资产所有者）等大型机构投资者都积极地将环境、社会和治理（ESG）策略纳入其投资组合。根据社会责任原则来投资的资产金额比例，上升到接受专业管理的总资产的四分之一以上（全球可持续投资联盟，2019）。2017 年，在收入最丰厚的 250 家公司中，93% 的公司发布了包含非财务数据的企业责任报告，这一比例高于 1999 年的 35%（毕马威，2017）。欧盟要求雇员超过 500 人的大型公共利益公司披露有关公司活动对环境和社会影响的某些非财务信息。《欧盟非财务报告指令》（指令编号：2014/95/EU）的适用对象大约为 6000 家公司，其中包括上市公司、银行和保险公司（欧盟，2014）。

可持续性测量

对企业经济活动的定量非财务指标进行监测和评估的需求与全球对可持续发展的呼吁并行不悖。如第 1 章所述，对可持续性的一种合理解释体现在它是识别和保护可重复收益流的来源。在金融背景下，对现金流可持续性驱动因素的整体理解意味着把促进长期回报的自然资本和人力资本水平的报告整合起来。在广泛的层面上，民间社会对可持续发展的呼吁（即在经济增长与环境和社会目标之间取得平衡）与企业投资者热衷于回避那些从自然和人力资本的不可持续清算中产生短期回报的公司之间存在共同点。此外，我们对公民投资者和分散所有权的出现（在第 1 章和第 3 章所述）的认识表明，将投资者视为公司的主要所有者和贷款人是一个非常不完整的描述。与过去几个世纪相比，现在的投资者群体与消费者、雇员和社区群体的交集范围要广得多。在本节中，我们将发现在企业活动和股东，以及可持续发展和更广泛的利益相关者的背景下描述所创建的可持续性衡量框架是富有成效的。

可持续发展框架和标准

各种组织和研究人员都曾经提出和开发了无数框架和标准，这些框架和标准是对可持续性组成部分的定性分类，用于对相关定量指标进行区分组合。受可持续发展概念启发的“三重底线”（埃尔金顿，1998）是将非财务绩效指标纳入企业活动评估的最早且仍然极具影响力的框架之一。英国学者约翰·埃尔金顿（John Elkington）认为，公司应该从以下三条“底线”来衡量其净绩效：财务“损益”账户、社会“人”账户、环境“地球”账户。基于这三个类别来衡量可持续性并不意味着公司在所有三个维度上都实现了回报最大化，而是用一套选定的指标概括了单个实体的社会绩效、环境绩效和经济绩效。“三重底线”代表了评估机构在可持续发展方面表现的被最广泛接受的框架之一。

全球报告倡议组织（GRI）：利益相关者报告

对非财务信息进行三重底线分类最常见的例子可能是由全球报告

倡议组织（GRI）制定的报告标准。全球报告倡议组织（GRI）成立于1997年，是由美国的非政府组织"对环境负责的经济体联盟"（Coalition for Environmentally Responsible Economies，CERES）、联合国环境规划署（UNEP）、泰勒斯研究所（Tellus Institute）共同发起的。2016年，在2013年发布的第四版报告指南的基础上，全球报告倡议组织（GRI）发布了全球可持续发展报告标准。这个标准包括6项经济绩效报告标准、8项环境绩效报告标准和19项社会绩效报告标准（见表4.1）。

表4.1　全球报告倡议组织（GRI）全球特定主题标准

经济标准：	社会标准：
经济表现	就业和劳资关系
市场份额	职业健康与安全
间接经济影响	培训和教育
采购实践	多样性和平等机会
反腐败	非歧视
反竞争行为	结社自由和集体谈判
	童工
环境标准：	强迫或强制劳动
材料	安全实践
能源	原住民的权利
水和废水	人权评估
生物多样性	当地社区
排放	供应商社会评估
废弃物	公共政策
环境合规	消费者健康与安全
供应商环境评估	营销和标签
	消费者隐私
	社会经济合规

资料来源：根据 www. globalreporting. org/standards 调整。

全球报告倡议组织（GRI）标准旨在指导可持续发展报告的自愿编制。这些报告通常每年发布一次，与证券监管机构要求的季度、半年度和年度监管性备案分开发布。全球报告倡议组织（GRI）指南是迄今为止被最广泛采用的可持续发展报告框架。其数据库列出了2016年发布的近6988份可持续发展报告，其中4534份（65%）是根据全球报告倡议组织（GRI）指南编写的。全球报告倡议组织（GRI）的目标受众由广大利益相关者组成，包括投资者、消费者、雇员和公民社会。全球报告倡议组织（GRI）的使命是“给决策赋能，为每个人创造社会效益、环境效益和经济效益”（全球报告倡议组织，2019）。全球报告倡议组织（GRI）对一系列利益相关者的关注源自于联合国关于可持续发展的对话。在这些对话中，投资者不再是享受特别优待的利益相关者。

表明全球报告倡议组织（GRI）关注广泛利益相关者问题的一个例子是其当前关于向政府披露税收和支付的标准草案。韦德霍德（Wiederhold，2014）详细介绍了评估智力资本并将其分配给税收优惠司法管辖区的可用方法，展示了跨国公司如何能够大幅度合法地减轻其税收负担。戴维斯（Davies）、马丁（Martin）、佩伦蒂（Parenti）和托巴尔（Toubal）（2018）在对法国公司关于公平交易价格和公司内部出口价格的数据的一项研究中表明，通过同一跨国集团的附属公司之间的转让定价来避税，具有重要的经济意义。这些学者指出，企业内部的差异化产品（其市场价格更难核实）出口到避税天堂目的地的价格非常低，而这些目的地不影响公平交易的出口价格。如果跨国公司以人为低价向避税天堂的附属公司出口产品，它可能会压缩出口（高税收）国家的利润，并使进口的避税天堂管辖区的利润上涨。这些学者的研究成果表明，操纵内部转让定价在很大程度上是大公司的常见现象。他们发现，大约有450家常驻法国或法国集团旗下的跨国公司向10个避税天堂司法管辖区出口，导致了法国政府的大部分税收流失。全球报告倡议组织（GRI）的标准草案于2019年底公布，要求跨国公司逐国公布纳税情况。这种披露将大大提高税收管辖区的透明度，并有可能阻止激进的避税行为。从理论上讲，避税有利于股东和某些会计与税务咨询专业人士，但是会对可用于公共基础设施和社会福利的资金产生不利影响，损害了几乎其他所有利益相关者的利益。可以说，一般所有者（见本书第3章）有将激进避税的不利影响降到最低限度的集体动机，因为他们承担了由于政府融资不确定性而无法改善的外部性负担的很大一部分。值得注意的是，下文讨论的以股东为中心的会计框架（国际综合报告理事会IIRC和可持续发展会计准则委员会SASB）迄今未能提出任何税收透明度标准。

国际综合报告理事会（IIRC）：投资者综合报告

由国际综合报告理事会（IIRC）开发的综合报告框架旨在“提高金融资本提供者可获得的信息质量，以实现效率更高、富有成效的资本配置”。与全球报告倡议组织（GRI）不同，国际综合报告理事会（IIRC）明确把金融资本提供者作为目标，同时认识到有多种形式的资本。它旨在“加强对广泛的资本基础（金融资本、制造资本、知识资本、人力资本、社会关系和资本，以及自然资本）的问责和管理，并促进对资本之间相互依存关系的理解”（IIRC，2013）。国际综合报告理事会（IIRC）最初由威尔士亲王慈善机构的可持续发展会计项目（A4S）和全球报告倡议组织（GRI）在2010年共同发起，并借鉴了A4S的早期项目工作成果和关于南非公司治理的《金报告》。

国际综合报告理事会（IIRC）框架比全球报告倡议组织标准难以运用得多，因为它需要依据原则重新评估组织的“商业模式”，以及其如何使用框架中的六种资本来创造价值。该框架对六种不同类型资本重要性的阐述是独特的，并承诺辨别出不同利益相关者在价值创造过程中的重要性。然而，2013年的IIRC标准因其对金融资本的特别优待、对上市公司金融资本提供者的关注以及对基于情境的可持续性考虑的排斥，而受到批评（McElroy和Thomas，2017）。在南非以外的地区，IIRC被采用的情况远不及GRI框架。根据作者对Corporate Register

（译注：全球企业责任在线目录提供商）可用信息的分析，采用国际综合报告理事会（IIRC）框架编写可持续发展报告的组织数量约为采用全球报告倡议组织（GRI）标准的组织数量的15%。根据Corporate Register的数据，南非是唯一的IIRC框架比GRI标准采用范围更广的国家，这可能是因为约翰内斯堡证券交易所自2009年起就一直要求上市公司使用IIRC框架进行综合报告。值得注意的是，GRI标准和IIRC框架不是相互排斥的选择，而是相互补充的工具。公司既可以采用IIRC框架来选择关键绩效指标，也可以同时使用GRI标准来指导所选指标的计算。即使在南非，需要使用IIRC框架的公司也经常采用GRI标准来计算其非财务指标。根据Corporate Register提供的数据，无法确定同时采用IIRC框架和GRI标准的报告公司的占比。

可持续发展会计准则委员会（SASB）：关注重要性原则

区别于全球报告倡议组织（GRI）而与国际综合报告理事会（IIRC）一样，位于美国的可持续发展会计准则委员会（SASB）把投资者作为主要关注对象。2011年，在纽约市前市长、彭博资讯服务公司创始人迈克尔·布隆伯格（Michael Bloomberg）的赞助下，珍·罗杰斯（Jean Rogers）成立了SASB基金会。可持续发展会计准则委员会（SASB）的使命是“确立可持续性问题的披露标准，以促进公司向投资者传达对决策有用的信息”（SASB，2018）。2018年11月，可持续发展会计准则委员会（SASB）发布了77项不同的标准，涵盖11个不同行业的最低可持续发展报告要求。

SASB强调了“财务重要性”的概念，这意味着其标准侧重于“按理可能对财务业绩或状况产生重大影响”的可持续性问题。SASB选择通过其多方利益相关者制定标准的过程，来确定对已发布标准的11个行业中的任一行业都很重要的特定可持续性问题。SASB绘制了重要性地图，以便按行业和可持续性问题，编纂其对重要性的评估。按行业区分重要性是合理的：例如，比起金融行业，燃料燃烧产生的碳排放可能对于交通行业来说更重要。在这方面，根据重要性地图，对于金融和医疗行业中超过50%的公司来说，商业道德可能是一个重大问题。而商业道德仅对采掘和矿物加工、基础设施、资源转化、服务和运输行业中不到50%的业界公司可能是一个重大问题。至于在消费品、食品和饮料、可再生资源和替代能源以及技术和通信领域，商业道德可能就算不上是一个重大问题。这种事前确定哪些问题可能对哪些行业很重要的做法，旨在减轻公司和投资者的分析负担。重要性地图减少了投资分析师的工作量，他们现在可以放下心来，只需将尽职调查范围限制在针对任何特定行业的缩减后的问题集上。这与全球报告倡议组织（GRI）形成鲜明对比，后者完全没有就重要性发表任何声明，将重大问题的识别任务留给公司报告发布者或其他利益相关者来完成。

重要性的编纂也可能有点过头了。在许多行业都在发生颠覆性变化的当下世界，希望通过繁琐且随机的标准制定过程来认定某些问题可以忽略是不现实的。正如重要性地图中所述，SASB 确信，对于技术和通信行业而言，商业道德问题可能不太重要。SASB 将“商业道德”定义为“公司管理商业道德行为相关风险的方法，包括欺诈、腐败、贿赂和疏通费、信托责任以及其他可能具有道德成分的行为”。2019 年1 月，在互联网上对“科技行业欺诈”的一次搜索中，前五个搜索结果里返回了两个相关链接。第一个链接显示了安永会计师事务所关于印度 IT 行业欺诈风险增加的行业报告。第二个链接是《西雅图时报》上的一篇文章，提到了在美国雷德蒙德市的一位首席执行官被指控为分包给各种科技公司的雇员获取欺诈性签证（Lerman，2018）。也许对于科技领域可疑商业道德的潜在风险而言，重要性地图显得有点过于乐观。

SASB 标准出现时间相对较短，这意味着现在判断它们是否会像全球报告倡议组织（GRI）框架一样被广泛采用还为时过早。它们以投资者为中心的宗旨无疑会限制获得像 GRI 这样以利益相关者为中心的倡议能追求的普遍合法性的可能性。

影响力报告和投资标准（IRIS）：影响力的简化指标

影响力报告和投资标准（IRIS）是许多影响力投资者用来衡量社会绩效、环境绩效和财务绩效的绩效指标目录，由洛克菲勒基金会于 2009 年召集的“全球影响力投资网络”（GIIN）开发。2011 年，29 位影响力投资者联名签署了支持影响力报告和投资标准（IRIS）框架的信函，承诺采用该框架对自己管理的资金进行绩效衡量。影响力投资群体的规模明显小于全球上市股票市场的规模（见本书第 11 章），因此在该群体中的 29 个组织支持的倡议，相较在上市股票市场中有着明显更高的权重。根据 IRIS 编制的关于影响力数据的数据库 ImpactBase 囊括了作为影响力投资基金受益者的 5000 个组织的社会绩效指标、环境绩效指标和财务绩效指标。

共益影响力和未来契合度：针对中小企业的评估

前述的 GRI、IIRC 和 SASB 框架都是针对大型公司的。IRIS 专为影响力投资基金的接受者而设计，往往是一些小型企业和社区组织。另外两个框架被称为共益影响力和未来契合度基准，也专为中小型企业量身定制。共益影响力框架被 B Labs 当作共益公司认证的基础。全球影响力投资评级系统（GIIRS）给投资于根据共益影响力框架评级的公司的影响力基金进行评级。未来契合度基准是一个公开指引，旨在让公司自我评估其使命和运营是否契合于系统性的可持续未来。

与气候相关的框架

关于气候的相关指标，有许多展示框架，例如气候信息披露标准委员会（CDSB）、《碳信息披露议定书》（CDP）、气候相关财务信息披露工作组（TCFD）的建议，以及《自然资本议定书》。这些与气候相关的框架将在第 7 章中予以详细描述。旨在衡量公司活动对环境影响的工作［例如《碳信息披露议定书》（CDP）的早期版本］和旨在衡量环境和气候变化对公司资产负债表和财务业绩的影响的工作［例如气候相关财务信息披露工作组（TCFD）］应当加以重点区分。

其他框架

还有许多其他框架也是值得一提的，即使它们不是专门为金融生态系统而设计。到目前为止，我们所描述的大多数框架都包含一系列指标或原则，而没有试图对世界上的社会系统和自然系统中不同状态变量之间的关系进行建模。经济合作与发展组织（OECD）开发的压力—状态—响应（PSR）框架是一个包含指标之间联系的可持续发展指标的早期框架。PSR 框架通过描述人类活动对社会和自然环境造成特殊压力，从而引发社会、经济和环境因素响应的过程，为许多后续的可持续性测量模型奠定了基础（Singh、Murty、Gupta 和 Dikshit，2009）。PSR 模型描述了人们如何影响他们的周围环境，以及环境作出何等响应。各个组织能够使用该模型来衡量其行为对环境的影响，并评估不同管理响应选择的影响。PSR 模型后来被修正为更全面的驱动力—压力—状态—影响—响应（DPSIR）模型。对 DPSIR 框架的探索在评估缓解和适应对气候引起的财务绩效变化的相对影响上是卓有成效的。

为了提供对综合环境指标、社会指标和经济指标的定性评估，机构和研究人员也开发了各种框架。例如，可持续发展晴雨表（Prescott - Allen，1995）旨在同时评估可持续发展的环境和社会方面。生态足迹（Wackernagel 和 Rees，1998）计算了生产足够的食物、水和能源以及处理个人、产品或城市所需的废弃物所需的假定土地面积。最初由史密德海尼（Schmidheiny）和索拉金（Zorraquin）（1996）提出，并由世界可持续发展工商理事会（WBCSD）开发的生态效率框架，旨在帮助在发展中国家投资的大公司最大限度地提高环境资源的使用效率。

绩效指标的社会扩展：从联合国千禧年发展目标到联合国可持续发展目标

在投资者提倡扩大公司绩效指标的同时，联合国也在努力扩大社会绩效和环境绩效的量化衡量标准，最终在 2015 年制定了可持续发展目标（SDGs）。在联合国的领导下，来自 196 个成员国的代表共同为政府、私营部门和民间社会创建了一个框架，以推动和促进可持续发展。联合国可持续发展目标是对早前在 2000 年制定的千禧年发展目标（MDGs）的拓展。这个大目标细分为八个分目标，具体指标计划在 2015 年得以实现（见表 4. 2）。富裕国家将通过世界银行和国际货币基金组织等国际组织提供资金，帮助贫穷国家实现这些目标。千禧年发展目标的进展有限。其中减贫目标（将极端贫困人口从 1990 年的水平减半）的实现主要归功于南亚和东亚国家，特别是中国和印度在减贫方面取得的进展，而在撒哈拉以南非洲国家进展不顺。而中国和印度都不是国际发展基金的主要受助国。另外，尼泊尔和孟加拉国的儿童死亡率得到显著改善。

2015 年，联合国以可持续发展目标取代了千禧年发展目标。可持续发展目标范围更广、更具普遍性也更加艰巨。也许最重要的是，可持续发展目标特别强调涵盖更广泛绩效类别的发展目标。可持续发展目标鼓励国家和私人主体将人、利润和地球的三重底线概念化，并努力实现在社会和经济发展与环境可持续性之前取得平衡的经济增长。如表 4. 3 所示，可持续发展目标增加了千禧年发展目标中没有包含的经济目标。虽然千禧年发展目标主要侧重于社会发展，但可持续发展目标包括许多与环境可持续性相关的目标。

表 4.2　**截至 2015 年千禧年发展目标的实现情况**

	目标	到 2015 年的主要成就
千禧年发展目标一	消灭极端贫穷和饥饿	在全球范围内，生活在极端贫困线下的人数减少了一半
千禧年发展目标二	普及初等教育	全球失学儿童人数减少了一半
千禧年发展目标三	促进两性平等和赋予妇女权利	90% 的国家议会中有更多女性议员
千禧年发展目标四	降低儿童死亡率	全球儿童死亡率下降一半
千禧年发展目标五	改善孕产妇保健	全球孕产妇死亡率减少 45%
千禧年发展目标六	与艾滋病毒/艾滋病、疟疾和其他疾病作斗争	从 2003 年到 2014 年，全球接受抗逆转录病毒疗法治疗的人数扩大了 17 倍
千禧年发展目标七	确保环境的可持续性	91% 的全球人口获得饮用水的情况有所改善
千禧年发展目标八	建立促进发展的全球伙伴关系	发达国家提供的财政援助增加 66%

资料来源：根据联合国资料调整（2015 年）。

鉴于可持续发展的复杂性，可持续发展目标在 8 项千禧年发展目标的基础上有所拓展，现在包括了 17 项综合目标，增加了清洁饮水、创新和基础设施、可持续城市、气候行动与和平等独特内容。千禧年发展目标要求富裕国家协助贫穷国家发展。而承认许多发展问题超越国界并同样影响所有国家的可持续发展目标更具有普遍性，因此呼吁所有国家努力在本地实现相同目标。这消除了千禧年发展目标听起来南北半球二分法的傲慢基调。与旨在刺激政府行动的千禧年发展目标不同，可持续发展目标框架预设企业、政府和民间社会都应对目标的进展负责。与千禧年发展目标相比，商业部门更多地参与了可持续发展目标的制定，许多观察家认为，私营部门可以为实现目标带来创新、响应能力、效率和针对性技能（Scheyvens、Banks 和 Hughes，2016）。例如，可持续发展目标强烈建议私营部门参与制定有效的能效计划、生产绿色产品和技术以及推动绿色供应链的发展。至关重要的是，制定可持续发展目标的过程侧重于各国民间社会各个组成部分的广泛参与。在为期两年的创立过程中，联合国努力在征询民意时，向社会上最贫困和最脆弱的群体征求新想法，邀请来自民间社会的多方利益相关者参与，为其制定的最终目标赋予了前所未有的普遍合理性（Carpentier，2018）。

表 4.3　千禧年发展目标和可持续发展目标对比

	千禧年发展目标（2000—2015 年）	可持续发展目标（2016—2030 年）
目标数	8	17
对象	21	169
指标	60	230
起因	2000 年千禧年首脑会议	2012 年"里约 +20"峰会
创建单位	联合国秘书处	联合国成员国
范围	发展中国家	国际社会
主题	反贫困	可持续发展
经济目标		可持续发展目标八：体面工作和经济增长 可持续发展目标九：工业、创新和基础设施
社会目标	千禧年发展目标一：消除极端贫困和饥饿	可持续发展目标一：消除贫困 可持续发展目标二：消除饥饿
	千禧年发展目标四：降低儿童死亡率	可持续发展目标三：良好健康与福祉
	千禧年发展目标五：改善孕产妇保健	
	千禧年发展目标六：与艾滋病毒/艾滋病、疟疾和其他疾病作斗争	
	千禧年发展目标二：普及初等教育	可持续发展目标四：优质教育
	千禧年发展目标三：促进两性平等和赋予妇女权利	可持续发展目标五：性别平等 可持续发展目标十：缩小差距
环境目标	千禧年发展目标七：确保环境的可持续性	可持续发展目标六：清洁饮水和卫生设施 可持续发展目标七：廉价和清洁能源 可持续发展目标十一：可持续城市和社区 可持续发展目标十二：负责任的消费和生产 可持续发展目标十三：气候行动 可持续发展目标十四：水下生物 可持续发展目标十五：陆地生物
治理目标	千禧年发展目标八：建立促进发展的全球伙伴关系	可持续发展目标十六：和平、正义与强大机构 可持续发展目标十七：促进目标实现的伙伴关系

注：作者将这些目标大致分为经济、社会、环境和治理发展领域，这是为了便于比较两组目标。一些目标可能属于多个类别。

资料来源：根据联合国资料调整（2015）。

可持续发展目标（SDG）指标

如第 1 章和第 3 章中所述，世界最大的公司在规模和实力上比许多国家还要强。如果私营公司真正努力使其经营活动与可持续发展目标保持一致，那么把公司部分实力投入到实现可持续发展目标可能会产生重大影响。理论上，私营部门可以不局限于创造就业和推动经济增长，而为促进国际社会的可持续发展承担更多的责任。为此，全球报告倡议组织（GRI）、联合国全球契约组织和世界可持续发展工商理事会（WBCSD）联合制定了《联合国可持续发展目标企业行动指南》（SDG Compass）。指南规定了将商业战略与联合国可持续发展目标保持一致的五步法：（1）了解联合国可持续发展目标；（2）确定优先事项；（3）设定目标；（4）整合；（5）报告和沟通。尽管这份指南主要面向跨国公司，但它也鼓励小公司制定自己的可持续发展目标计划。上述第三方机构提供的业务工具包、标准和评估框架可以帮助公司实现所有 17 个具体目标。《联合国可持续发展目标企业行动指南》官方网站在 2019 年 2 月列出了 58 个此类工具，其中包括输水管道水风险地图集、企业人权基准、《减少粮食损失和浪费议定书》《全球包装可持续性议定书》、ISO 14000 环境责任系列标准和世界各国行贿指数。虽然可持续发展目标所涵盖的议题类别范围似乎很宽泛，但通过纳入全面的跨部门支持者的关注事项，它们的普遍合理性得到了强化。

联合国经济和社会事务部统计司维护了一份衡量可持续发展目标进展情况的包含 232 项官方指标的清单。此外，《联合国可持续发展目标企业行动指南》还保留了其他组织（比如全球报告倡议组织或世界银行）制定的指标清单，这些指标都对应于特定的可持续发展目标。该清单有助于将特定指标的绩效分类与可持续发展目标中的某一个对应起来。理论上，公司可以采用这些指标，将指标的进展与可持续发展目标进行比较。一些组织（比如全球报告倡议组织、《碳信息披露议定书》和乐施会）都发布了各自的指南，指导公司如何将可持续目标和指标纳入其业务运营，以及如何使用与可持续发展目标一致的指标来评估绩效。

在国家层面，可持续发展目标提供了一个内部一致且被广泛认可的框架，用于衡量多维度发展情况。原则上，各种利益相关者也可以询问公司在与国家目标一致的特定可持续发展目标和相关指标方面的表现。通过为政府和企业创建一套通用的衡量标准，可持续发展目标使得就绩效衡量（其中包括政府、企业和民间社会）进行内部一致的对话成为可能。例如，关于衡量单个公司的经济活动对社会和自然生态系统作出的单独贡献的环境、社会和治理绩效评估，现在可以放在国家或地区的广泛进展的背景下来看，这是相当大的成就。促进国际发展领域和具有社会责任感的投资者之间就可量化的绩效衡量开展有意义的对话，是政府、企业和民间社会之间开展任何真正意义上的、负责任的合作的重要前提。投资者和国际发展组织同时扩展显著的绩效指标及其一致性有可能促进建设性对话和跨部门评价。

对可持续发展目标的负面声音

可持续发展目标呈现了共同的愿景、可操作的目标、可衡量的指标和广泛的合理性。然而，它们却受到了许多批评。联合国决议不具有法律约束力——如果许多司法管辖区通过了包含决议部分内容的本国立法，那么联合国决议可能会演变成一种“软”法律。可持续发展目标不具备成文法的意义；鼓励私营部门主体自愿参与，不要求对业绩进行独立核查。《联合国可持续发展目标企业行动指南》的目的是让公司更容易采用该框架，但没有任何国家政府出台任何法规来管理公司在实现可持续发展目标方面的声明。

有人认为，这些目标和指标是以单独的、有时相互矛盾的方式制定的。例如，可持续发展目标八（体面工作和经济增长）和可持续发展目标十二（负责任的生产和消费）可能会发生冲突，尤其是当前者相对较容易衡量，而后者的界定不甚明了的时候（Koehler，2015 ）。还有一种批评声音强调，尽管指标列表很全面，但没有一个综合指标得到特别对待，也没有就共同的加权方案达成任何共识，从而为重点事项的变化留下了太多的空间（Sachs，2015）。公司可以灵活地设定自己的优先事项并将其与可持续发展目标相匹配。然而，多样性使得公司之间的绩效难以标准化和比较，也难以让公司承担责任。

此外，指标可能不够具体。例如，可持续发展目标七（二）“廉价和清洁能源”指出，到 2030 年，可再生能源在全球能源结构中的比例必须“大幅增加”，但没有具体的量化目标。鼓励参与者实现尽可能多的目标，但目标众多会弱化责任心，因为没有一个参与者能够为多个目标的进展负责。如果所有目标都同等重要，则公司预计可能会选择最方便、最容易实现的指标或目标，这样一来，难度最大的目标几乎不会有何进展。

结束语

财务会计系统作为帮助公司所有者确定管理层是否有效保管资本的一种工具，其起源将财务会计的重点限制在投资者相对狭隘的关注点上。虽然发行人层面的可持续性指标有可能改进投资者的资本配置选择，但对于关注普遍的可持续发展的、范围更广的利益相关者而言，它们也是衡量商业成功和中期进展的重要指标。可持续性的定量指标能够将关于我们所处复杂环境的大量信息转化为简明的、适用于政策的、与决策相关的信息。我们已经描述了许多对指标范围进行限制和分类的结构化框架，以及那些包含系统驱动因素和响应指标之间相互关系的框架。尽管以投资者为中心和以利益相关者为中心的方法的愿景不同，但在不久的将来，框架之间的结合存在一定的可能性。

金融生态系统中的决策者可以将框架和指标的多重性视为障碍抑或机遇。许多人对可持续性定义缺乏标准化以及由此产生衡量上的灵活性感到遗憾。围绕金融市场和稀缺性信号的第 5 章概述了捕获和响应可持续绩效衡量标准的各种方法的重要特点。可持续性框架和综合指数的适应性和演变至关重要，原因在于人群对于可持续性的理解仍在不断变化。这一演变要求在指标选择方面具有灵活性，在指数构建、标准化、加权和聚合方法方面采用深思熟虑的方法。综合指标选择的变化也会影响其与财务绩效的关系，我们将在下一章继续进行深入探讨。

第5章　稀缺性信号和财务绩效

引言

在第1章里，我们提到了哈耶克的观点：市场价格扮演了一个重要的角色，就是把一些分散信息，包括稀缺性和丰富度，整合成为能够广泛使用的信号（哈耶克，1945）。从系统思维的角度来看，一系列彼此联动和相关的市场，其价格会根据相对稀缺性的变化而变化，这代表了金融生态系统中最重要的技术。让哈耶克惊叹的是金属锡等商品的市场可以促进协调地球上不同地区的人们的计划。如果人们发现锡有了新用途，或者如果以前可靠的供应来源中断了，那么随之而来的锡价上涨将是一个充分的信息，将促使许多零散的锡消费者节约其使用。哈耶克关注的是强调“人的知识面总有不足的地方，这是不可避免的，以及由此产生的对不断交流和获取知识的需求”。市场价格体系正是将特定知识聚合成一般信号的过程，然后使分散的决策者制订计划并从事经济活动，这往往会抑制相对稀缺性和丰富度。在系统思维下，这个过程被描述为一个“负反馈循环”。价格系统的信息聚合功能的实现，主要靠两个不同的过程：彼此未经协调的决策者分散的单个计划的过程、对分散规划普遍适用的信息输出和输入的过程（我们将这些信息称为“市场价格”）。

在下文中，我们探讨了一个简单的案例——电网中的需求响应管理。在这个例子中，相互关联的价格系统借助分散行动，来有效解决稀缺性的问题。

电力需求响应

我们发的电是最基础的易耗品。在电池和水电解池中储存电力的方法的相对花费仍然很高，而且在一些地区还受制于当地地理特征。为了满足需求，同时避免过度发电，电网需要尽量持续地平衡电力需求和供应。当电力需求在短时间内急剧上升时，例如在纽约市炎热的八月的下午，电网运营商需要能够实时要求增加电力供应和（或）减少电力需求。如果要求增加电力供应的话，只需要询问几家具备发电能力的运营商即可。遗憾的是，大多数电力来源需要超过几个小时才能得以调度(或并网上电)，或要受到间歇性供电的制约。可以快速调度的主要电力来源（称为“峰值载荷发电厂”）通常是天然气涡轮机。峰值载荷发电厂提供了实时满足需求的一个选项。由于峰值载荷发电厂每单位发电的成本要比基底载荷发电厂高，因此它们并不是一直都在使用着的。只有电力需求上升，接近于供不应求，才会使用它们。峰值载荷发电厂的利用率不高，意味着运营峰值载荷发电厂的固定成本回报率也低。由于峰值载荷发电厂是资本密集型的，它们的利用率又不高，意味着如果峰值载荷发电厂只能在为电网发电的几天内赚到钱，那么投资峰值载荷发电厂就很难营利。此类工厂为了营利，不得不收取额外的费用来维持发电能力，所有用户承担的总体电力成本也就相应增加。

需求响应是一种哈耶克式的解决方案，可以减少或消除对峰值载荷发电厂的需求。需求响应计划设想的前提是峰值载荷期间的大部分电力利用对用户而言价值较低：消费者可能会因为相对较低的金钱激励愿意关闭某些电器用具，或减少电力使用。需求响应计划提供了一系列给电力用户更大激励的组合方案，以在电网总需求接近装机容量时，减少用电量。众多用户分散式的节约用电比维护一两个利用率不高的峰值载荷发电厂的成本更低。用户面临与即时交付电力的社会成本相关的价格变化，从而产生了分散式节约用电行为的动机。需求响应使得每个消费者确定是否值得减少施加在电网上的载荷，而不是将选择权留给中央电网运营商。如果没有需求响应，电网运营商可以不加选择地关闭部分电网的供电（称为减载），而无视不同类型的电力消耗产生的瞬时经济价值的变化。为了使需求响应有效，价格变化或相关激励措施必须对预期的需求变化保持敏感，这和市场价格的情况是一样的。需求响应是哈耶克式的，因为在系统容量受限时，避免了电网运营商要弄清楚哪些客户是将电力用于低价值活动的需要。在本书第 9 章，布拉德福德（Bradford，2018）对需求响应和相关机制给出了更全面的解释。

针对哈耶克关于价格机制功能的见解，上述电力需求响应的例子就是一个非常简单明了的应用案例：临时的稀缺性可以通过由激励系统（如价格机制）协调的分布式节约措施来缓解，而不必由中央决策者来收集分散信息。在峰值期之外提前或推迟经济价值低的高载荷活动的电力消费者确实有先见之明，享受了这种机制带来的奖励。这种奖励系统激发出最大限度缓解社会用电稀缺的行为。如此分散化套利的努力是有回报的，因为它降低了电力成本，提高了系统整体可用性。我们可否期望金融生态系统能够发展出一套机制，在地球环境安全边界存在被突破的危险时，最大限度地减少随之而来的稀缺性？比起电力需求的昼夜高峰问题，与地球环境安全边界（见本书第 2 章）相关的稀缺性问题维度更大。涉及地球环境安全边界的一些稀缺性现象可能与某些单一衡量指标有关（例如未回收塑料的数量），而另一些稀缺性现象是与有待确认的基础物理环境有关（例如授粉昆虫群落的瓦解）。在经济学教科书中，针对大多数此类问题的解决方案就是征收庇古税（译注：英国经济学家庇古提出的一种环境税），或将财产权分配给稀缺的公共资源。在信息完整的状态下，这些机制在理论上是有效和高效的，但在实践中几乎从不适用。哈耶克对知识重要性及其片面性和主观性的研究表明，监管性的解决方案实际上是不完整的。此外，我们对规模最大的公司和政府的相对权力的审查（见本书第 1 章和第 3 章）表明，“游说和规制俘虏不能削弱各种监管措施在限制企业活动的权力”的这个假设是非常天真的。在早期阐述这一观点时，史密德海尼和索拉金（1996）写道：“市场是比政府更强硬的主宰，可以游说和影响政府。”他们指出：“许多公司董事虽然很少承认这一点，但实际上更倾向于政府监管而不是市场工具。因为他们学会了如何应付政府监管，而不是市场工具。”

分析单一化的问题

在地球环境安全边界的背景下，什么样的市场工具可以对抑制稀缺性现象带来回报？在本书第 4 章中，我们描述了将相关指标范围扩大到单纯财务指标范围以外的决策理论原理。我们从中吸取的教训是，单一的指标不足以作为有望推动可持续发展的决策的驱动因素。可持续性是多维度的，其在不同维度上可以转化为货币价值的价格仍然是不确定的。显示性偏好方法可以向潜在的套利者发出非市场价值信号，套利者可能会考虑寻找可能变得稀缺或可能被视为稀缺的生物群落。如果有理由预期非市场价值最终可能会转化为市场价值，那么只关心财务回报而忽略更广泛的生态系统的投资者就会被激励去寻找和保存那些资产，作为接收容纳日益增加的污染物的“深坑”，即使这些资产目前可能被看成是没有价值的。这是企业家探索的过程，伊斯雷尔·科兹纳（Israel Kirzner）称这个过程是“对可能的机会（或可能发生灾难的危险）的天生敏感，这是人类的特征”（科兹纳，1997）。正如我们在前面第 1 章中简要提到的那样，此类投资者必须依赖的框架、信息来源和尽职调查过程可能在很大程度上不同于更广泛市场采用的估值模型的输入信息。这造成了一个风险：投资者需要等待非常长的时间，才能让其他市场参与者认识到这种稀缺的生物群落的内在价值。在重新评估哈耶克关于价格知识的观点时，理查德·布隆克（Richard Bronk）指出，金融市场倾向于发展“同质的参考框架、普遍认可的传统观点和单一化分析”（布隆克，2013）。凡顿·欧克里韦（Fenton－O’Creevy）、尼可尔逊（Nicolson）、斯洛恩（Sloane）和威尔曼（Willman）（2005）在对伦敦四大金融机构的118名金融交易员进行为期三年的跨学科研究后，得出了这样一个结论：在交易员中，“总是存在这样的危险：群体趋同思维和共谋关系会对结论提供支持，而非批判性的分析”。凡顿·欧克里韦等人提议，利用经验、知识和方法的制度化多样性以及交易者之间公开对话的文化，来应对这种危险。在面向纽约金融服务部门从业人员的人类学研究中，荷（Ho，2009）对比了美国电话电报公司（AT&T）等公司股价大涨所带来的短暂喜悦，和当时该公司宣布它们在开展大量业务的新泽西州裁员给数万名员工带来的精神创伤。如果金融生态系统要演变成一种可以给跨期套利带来回报的机制，以保护由于地球环境安全边界而变得稀缺的资产，那么，绩效的分析方法和通用的指标就必须扩展。

金融生态系统通过什么方式才可以拓宽其参考框架，或把分析方面的单一操作变得多样化？将哈耶克的见解制度化是否可行，即本地的、特定的知识是否可以在全球化的，并以单一的成功衡量标准来衡量的金融部门创造系统价值；在地质学的时间尺度上，财务回报的评估周期只要纳秒。众所周知，很难将参考框架立法。监管可以促进行动，但只对改变内心和思想的任务感兴趣的政府而言，唯一可用的工具是宣传。而宣传一旦被意识到就会变得无效，甚至适得其反。参考框架必须在一个迭代过程中形成，该过程包含分散的实验、观点的多样性和系统范围的消息传递机制，有助于对此类实验的结果进行广泛和多样化的评估。詹姆斯·索罗斯基（James Surowiecki）在他的一本畅销书中写道：“如果分散经济的一个优点是它在整个系统中分散决策权（至少在小范围内），那么如果所有拥有权力的人都是相似的……或者他们通过模仿变得相似，那么这个优点将毫无意义”（索罗斯基，2004）。在这里，索罗斯基引用了心理学家欧文·贾尼斯（Irving Janis）的研究成果。欧文·贾尼斯认为，同质群体更有可能成为群体趋同思维的牺牲品，因为他们天生比多元化群体更具凝聚力，使他们更有可能不被不同观点所左右。在金融生态系统的背景下，哪些不同观点需要在传统参考框架中表达？在本书第4章中指出，公司的广泛利益相关者可以被看成是一个我们用来搜索不同观点的群体。我们指出，不能指望最终使股东享有特权的、以投资者为中心的框架可以服务利益相关者为中心的框架，因为它不具有广泛的合法性。合法性是广泛代表性的自然回报——决策过程中的认知多样性加大了接受决策合理的利益相关者的可能范围。原则上，利益相关者感兴趣的、范围广泛的可持续性指标可以作为搜索额外的绩效指标的领域。只要分析方面的单一化操作持续存在，这些指标可能不会立即影响股东回报，但机敏的投资者有必要在其资本配置过程中考虑这些指标。

以股东价值和财务会计的主流叙述为依据的反对观点强调了股东的有限作用，即令股东价值最大化的作用。这种叙述认为，拥有多元化持股的无辜股东对其拥有的公司几乎没有任何影响力，当然也无法负责消除企业活动对最初消费者群体、员工、供应商、社区和环境的外部影响。这一逻辑表明，政府行为是外部性不利影响的唯一正当的调节因素。遗憾的是，这个领域的监管行动一直迟滞不前，并且可能会继续落后于其他利益相关者（特别是投资者、消费者和员工）的行动。在这方面需要内化的一个重要概念是：认为社会和环境问题必须由公司或国家解决的观点在思维上是站不住脚的。这种观点否认了其他形式的约束系统的权力和作用，而这些约束系统通常的监管效果会更好。这一论点一直是埃莉诺·奥斯特罗姆（Elinor Ostrom）等人研究的主题。在她的诺贝尔奖获奖感言中，奥斯特罗姆列举了一个证据，证明中央集权国家的不力和无效监管会导致分散的监测活动被排挤掉（奥斯特罗姆，

2010)。所有权不集中，以及构成实证金融中回报和风险的基础的因素模型的核心原则，阻碍了通过严格评估个别证券从而获得可观回报的可能性。构成因素模型基础的资本资产定价模型的忠实拥趸预测，市场中的超额回报不会给特质风险的假设带来回报。出于这种看法，许多投资分析师不再习惯于审视其投资组合中影响个别发行人的环境、社会风险、治理风险和机会。认为风险完全归因于投资组合层面的风险因素(如市场风险、公司规模风险或波段风险）的看法会让人不再有动力考察任何单一发行人的当地和特定情况。此外，这种方法否认了分散的所有者以外的利益相关者可能拥有对公司在更广泛的生态系统中运作的有用信息和观点的可能性，这种排挤效应与奥斯特罗姆描述的排挤效应是同质的。

扩大投资者关注的指标范围，有可能打破这个僵局，并将利益相关者和股东的关注联系起来。也许可以在更广泛的可持续发展议程、国家在监管市场方面发挥的作用以及表示关注环境、社会和治理（ESG）绩效的负责任股东的目标之间，发现一个连续统一的整体。这种连续统一体可能是各派联合的基础，从而囊括更广泛的绩效衡量标准，有效地成为可以融合到整个社会中的多样化观点。为了使这一扩大战略产生效果，投资者和其他利益相关者需要加强和针对性地披露企业活动的可持续性影响。在下文中，就电动汽车可持续性和相关投资者行动排名的度量，举例说明了使用具有细微差别和有针对性的指标确有必要。

按照错误指标行事

电动汽车（EV）被广泛视为传统汽油动力汽车的清洁交通替代品，因为它们不排放尾气。尽管汽车电池的生产可能会影响环境，但这种影响仍然主要在使用阶段产生（Meinrenken 和 Lackner，2015)。寄希望于电动汽车使用阶段的影响能够小于内燃机汽车（ICEV）的许多国家鼓励电动汽车的使用。中国、欧洲和英国已宣布到 2030 年禁用新的内燃机汽车的计划。

生命周期分析（LCA）旨在计算产品在制造、使用和回收阶段产生的排放量和对环境造成的潜在毒性。在制造阶段，电动汽车通常比内燃机汽车对环境的影响更密集。在对尺寸相当的通用电动汽车和内燃机汽车进行的生命周期分析（获奖的研究成果）中，研究人员估计，在生产阶段，内燃机汽车具有更低的全球变暖可能性、更低的人体毒性可能性、更低的淡水生态毒性可能性、更低的矿物质消耗和更低的淡水富营养化水平［霍金斯（Hawkins）、辛格（Singh）、马乔·贝特兹（Majeau－Bettez）和斯特罗曼（Strootmman），2013］。在使用阶段，如果为电动汽车的电池充电所产生的电力主要来自于煤炭，那么电动汽车实际上会产生比内燃机汽车更高的碳排放量。车辆的大小和电力来源对于确定电动汽车是否真的比某些内燃机汽车更清洁，是至关重要的。《金融时报》上的一篇广为传阅的文章指出，如果在美国中西部（该地区的煤炭发电量大）行驶，需要更大电池容量的特斯拉 Model S P100D 等续航里程更长的大型电动汽车比三菱幻影等小型内燃机汽车的生命周期碳排放量更高。在该地区行驶，特斯拉在其生命周期内每行驶一公里，将排放 226 克二氧化碳当量。相比之下，同等尺寸的宝马汽车（配置 BMW 750i xDrive 系统的内燃机汽车）的二氧化碳当量为 385 克，紧凑型的三菱汽车的二氧化碳当量为 192 克［麦基（McGee），2017］。文章还指出，电动汽车电池需要耗用大量的钴，其中大部分的钴是根据宽松的环境和伦理标准，从刚果民主共和国采购而来的。

这些分析表明，每辆车通过排气管排放的碳排放量并不是给汽车可持续性进行排名的合适指标。在研究将越来越多的电动汽车引入全系统车队时，迈恩兰肯和拉克纳（2015）发现，如果电池容量很小，则每行驶一英里对环境的影响小于内燃机汽车，但在这种情况下，汽车的利用率并不高，因此其系统性好处可以忽略不计。如果电池容量非常大，那么大多数行程都可以在电动汽车上完成，但每行驶一英里的影响实际上比内燃机汽车更大。因此，最佳续航里程取决于一系列因素，例如电网电力来源、前后充电之间的平均行程距离、电池的能量密度和汽车重量等。在一项评估汽车减重好处的研究中，塞雷尼奥（Serrenho）、诺尔曼（Norman）和奥尔伍德（Allwood）（2017）估计，与鼓励快速过渡到电传动系统所带来的减排效果相比，促进车辆减重可能使英国到 2050 年实现更大规模的累积减排量，除非发电设备组合极度脱碳。汽车重量给那些出于节俭或留意环境足迹的用户的努力带来的回报，令这些用户被体型较小的电动汽车或内燃机汽车所吸引。除了碳排放之外，还需要评估电动汽车相对于内燃机汽车的非碳影响。了解和密切关注当前电动汽车不可或缺的钴、锂和稀土金属的提取和处置过程中的潜在毒性和道德违规行为的用户和投资者需要更多信息，以便在减少使用稀缺的环境资源的各种方法之间，作出正确选择。

电动汽车代表了一种前景光明的颠覆性技术，连同显著脱碳的发电系统一起，能够减少许多当地和全球污染物的总体排放。负责任的采购、钴回收以及电池阴极替代材料的研发正是应当鼓励的分散性活动，以确保这种碳减排战略不会带来其他可持续性挑战。只有选择和奖励正确的绩效指标的政策才能向后推动地球环境边界。与政府政策相比，金融生态系统中的基层投资者行动有可能以更灵活、更有针对性的方式作出反应。作为特斯拉公司的股东，Trilllium Asset Management Corporation 牵头提交了一份代理决议，该决议指出，特斯拉公司避实就虚地报告了一系列环境健康和安全问题，包括“其产品的生命周期效益”。该决议要求特斯拉公司发布全面的年度可持续发展报告，而不是发表零星的博客文章来解决这些问题（ICCR，2019）。由英格兰教会投资机构和英国环境署养老基金建立并得到众多主要资产所有者支持的“转型途径倡议”对特斯拉公司在“温室气体排放和风险的管理、与低碳转型相关的机遇”方面，给出了最低评分（转型路径倡议，2017 ）。

只有在以财务回报为重的股东们不受将非财务指标整合到资本配置过程中的影响时，投资者结合稀缺性信号作出的有针对性的投资和证券选择的承诺才是可以实现的。由于这一限制性条件，我们在本章后面回顾了有关公司可持续发展绩效（CSP）和公司财务绩效（CFP）之间关系的已知信息。在我们讨论财务绩效之前，我们先简要地考察了要求公司披露可持续发展绩效的监管现状。

监管举措的现状

从全球范围来看，过去25年来，针对非财务披露的要求数量猛增。“报告交流中心”（The Reporting Exchange）是世界可持续发展工商理事会（WBCSD）发起的一项倡议，开发了一个免费的在线工具，用于整理世界各地与企业可持续性披露相关的法规。2019年2月，这个工具列出了近70个国家/地区的1100多项报告要求，而在1992年，这个数字还不到100个（WBCSD，2018a）。这个列表并不全面，因为它是一项依靠民间社会倾力完成的非营利性工作，由报告交流中心（The Reporting Exchange）的工作人员审核。美洲、欧洲、东亚和南亚以及大洋洲的法规覆盖面很广。除了南非、尼日利亚和以色列外，非洲和中东国家的法规覆盖面更加零散。尽管如此，报告交流中心（The Reporting Exchange）是对可在一处获得的可持续发展报告方面的报告法规的最全面整理，该数据库列出了730项环境方面、555项社会方面、346项公司治理方面和208项经济方面的报告要求，其中包括强制性、遵守性或解释性的，以及自愿报告的要求。这个数据库列出了政府监管机构的要求以及证券交易所的上市要求。报告交流中心（The Reporting Exchange）指出，发达国家和发展中国家都有重要的报告要求，与发展中经济体相比，发达国家相对更重视公司治理。发达经济体和发展中经济体在工作重点方面的一个显著差异是：在发展中经济体，证券交易所不太可能要求披露。此外，它们不太可能在向公众提供的报告中披露，更有可能直接向监管机构报告（WBCSD，2018b）。这两个特征使得新兴市场的投资者更难获得关于企业可持续发展方面的信息披露内容。

环境、社会和治理（ESG）研究提供商 Datamaran 使用自然语言处理（NLP）来识别电子文本（包括各种年度报告和法规）中的可持续发展风险和机遇。该公司发布了一份报告，详细分析了英国、加拿大和美国 ESG 法规增加的情况（Datamaran，2018）。自然语言处理（NLP）的优势体现在劳动密集程度低于民间社会志愿者投入的人力，但使用这种技术更难跨越语言障碍。其他自然语言处理数据提供商还有 RepRisk 和 TruValue Labs，而且这两家公司都将搜索范围扩大到英语以外的若干个语种。采用自然语言处理（NLP）来跟踪以中文、日语、韩语和阿拉伯语进行的可持续发展披露仍然是一个重大机遇，因为许多以这些语种进行主要披露的公司通常不会将其报告翻译成已嵌入大量的 NLP 搜索算法的英语、法语和西班牙语。

在经济合作与发展组织（OECD）成员国中，《欧盟非财务信息披露指令》（2014/95/EU）具有适用性最广的报告要求，该指令要求大型公立公司披露其在一系列社会和环境事项上的管理和绩效。该指令已转化为欧盟成员国的法律要求。因此，大约有 6000 家公司需要公开披露有关环境保护、多样性和人权方面的信息。自 2010 年以来，中国还大幅增加了有关环境问题的企业报告要求，尤其是对空气和水污染物的排放。美国拥有世界上最大的资本市场，但其对非财务报告的披露要求相对不多。不过，在今年美国证券交易委员会也开始要求上市公司披露气候风险及碳排放。

联合国于 2009 年发起的“可持续证券交易所倡议”有助于扩大对上市公司（尤其是在发展中经济体的上市公司）制定可持续性披露要求的交易所的范围。2019 年 6 月，“可持续证券交易所倡议”拥有 88 家合作证券交易所，囊括 5.1 万余家上市公司，市值达 86 万亿美元。

其中，拥有15000家上市公司、市值16万亿美元的16家证券交易所将提供环境、社会和治理（ESG）报告作为上市规则之一。此外，36家证券交易所还运作着与可持续发展相关的指数（SSEI，2019）。

公司可持续发展的财务绩效

针对非财务披露的新报告要求的出现提高了公司可持续发展绩效（CSP）和公司财务绩效（CFP）之间的关系的重要性。公司可持续发展绩效（CSP）的一系列测量值与公司财务绩效（CFP）测量值之间的关系已成为超过1000篇不同学术论文的研究主题，最早可以追溯到1972年。尽管有压倒性证据表明二者存在广泛的正相关性，但也有特定的其他测算指标表明二者没有关联，少数特定的其他测算指标表明二者存在负相关性。

元分析和全面考察

已经有数量足够多的研究考察了公司可持续发展绩效（CSP）和公司财务绩效（CFP）之间的关系，学者们能够对这些研究进行统计学上有效的元分析，即计算不同研究估算的关系的平均强度。比如，布施（Busch）和弗里德（Friede）（2018）进行了二阶元分析，对其他元分析结果进行了汇总。布施和弗里德发现，公司环境绩效和社会绩效的不同衡量标准与公司财务绩效之间存在高度显著、正向、稳健和双向的关系。有趣的是，他们的结果对公司社会声誉的影响要强于对公司社会披露的影响。这是令人欣慰的，因为这表明披露不足以与更好的财务业绩相关联——其他研究人员证实，公司声誉的实际改善与财务业绩的改善有关。布施和弗里德的研究结果对财务运营业绩的影响要强于市场业绩。这或许在意料之中，因为财务估值中采用的分析框架尚未完全整合环境、社会和治理（ESG）因素。在投资者信任发行人的此类投资之前，公司可能需要在一段时间内从可持续发展投资中获得账目盈利。最弱的 CSP - CFP 关系发生在因被包含在社会责任共同基金中被认定为可持续性的公司。这表明被纳入社会责任共同基金是公司财务业绩的弱信号。这与其他研究结果一致，这些研究发现许多打上了“对社会承担责任”标签的共同基金运作的投资组合通常与其他未被标记为可持续的基金无法区分（Utz 和 Wimmer，2014）。

令人惊讶的是，布施和弗里德的研究结果显示，比起发表在一般管理期刊上的研究成果，发表在关注社会问题的期刊上的论文揭示的公司可持续发展绩效（CSP）和公司财务绩效（CFP）之间的关系更弱。这意味着关注环境、社会和治理（ESG）问题的期刊不会扭曲二者关系的强度。这很重要，因为布施和弗里德的分析证实了早期元分析的结果，该结果得出的结论是：社会责任（还有一定程度上的环境责任）可能会在经济上得到回报（Orlitzky、Schmidt 和 Rynes，2003）。另一项元研究同样发现，企业碳绩效与财务绩效呈正相关（Busch 和 Lewandowski，2017）。

除了定量衡量方面发表的公司可持续发展绩效（CSP）和公司财务绩效（CFP）之间的关系平均强度的元分析之外，还有许多调查类论文根据其他特定的测算指标，载明了公司可持续发展绩效（CSP）或公司财务绩效（CFP）之间的关系。研究人员经常引用的一项调查是克拉克（Clark）、费纳（Feiner）和威斯（Viehs）（2015）的成果。克拉克等人汇编了 200 篇文章（包括学术论文、行业文章和报纸报道）的结果，并将研究文章分类为“E”级、“S”级和“G”级。他们指出，90% 的研究文章表明可持续发展实践的改进降低了公司的资本成本，88% 的研究文章表明环境、社会和治理（ESG）绩效的改进与运营绩效的改进有关，80% 的研究结果表明更高的股价回报与良好的可持续发展实践相关。

其他的个别研究

与较低资本成本的联系是一把双刃剑：金融估值中的资本资产定价模型的主要分析框架表明，资本成本较低的股票应获得较低的回报。基于这种逻辑，一些研究人员认为，从事成人娱乐、酒精、赌博、核能、烟草和武器等被视为“灰色行业”的公司的股票（通常被称为“罪恶”股票）应该比具有社会责任感的公司股票创造更高的回报。在对1965年至2006年美国股票的研究中，洪（Hong）和卡茨佩尔克（Kacperczyk）（2009）发现，罪恶股票被机构投资者持有的可能性较小，不太可能吸引分析师的关注，并且更有可能跑赢大盘基准回报率。然而，在对经匹配的罪恶股票和有社会责任感的公司的股票投资组合间的一项近期研究中，洛贝（Lobe）和沃克肖尔（Walkshäusl）（2016）没有找到令人信服的证据表明这两类股票的市场表现优于或逊于彼此。正如布施和弗里德所述，对社会责任共同基金的研究结果表明其与财务业绩的关系很弱。克雷亚恩德（Kreander）、格雷（Gray）、鲍尔（Power）和辛克莱（Sinclair）（2005）在对经匹配的符合道德标准和不符合道德标准的欧洲基金的一项研究中发现，两种类型的基金在市场表现上没有明显差异。在比较社会责任投资（SRI）指数与相匹配的非社会责任投资（SRI）指数的表现时，施罗德（Schröder，2007）发现尽管社会责任投资（SRI）指数的风险更大（因此回报更高），风险调整后的表现没有差异。其他研究成果表明，在10年期间和16年期间内，采用可持续发展政策的公司在销售增长、资产回报率和股票市场价格方面的表现明显优于其他公司（Jong、Paulraj和Blome，2014；Eccles、Ioannou和Serafeim，2014）。其他研究成果也表述了与企业社会责任相关的股票回报表现更好，包括博格斯（Borgers）、德瓦尔（Derwall）、库代克（Koedijk）和霍斯特（ter Horst）（2013）、Cai和He（2014）、Jiao（2010）、肯普夫（Kempf）和奥斯多夫（Osthoff）

(2007)，以及特鲁德尔（Trudel）和科特（Cotte，2009）。在本书第 8 章，我们将讨论与利益相关者关系相关的、经过精心选择的这些研究成果的各种结论。

另外，关于可持续发展驱动创新的公司案例研究并未展示出短期的财务回报（Marcus，2015），并且，其他许多研究成果表明公司社会绩效与公司财务绩效之间存在不一致的关系（Barnett，2014；Flammer，2015；Kitzmueller 和 Shimshack，2012）。鉴于公司社会绩效指标的多样性和混杂因素，这或许不足为奇。如果没有充分的控制变量，我们无法知道上述关系是由可持续性因素驱动的，还是由治理结构、利益相关者参与策略和（或）透明度水平的差异造成的（Esty 和 Cort，2017）。

很重要的是要了解，关于环境、社会和治理（ESG）与财务绩效之间联系的研究成果通常衡量的是不同的事物。也许可以合理地假设一下，可持续性的某些要素与财务回报有关，而其他要素则与财务回报无关。例如，专注于降低或“清理”不合需要的过程输出（而不是重新设计产生这些输出的系统）的“终端治理”实践被证明与经济绩效呈负相关。基于投入的实践（涉及在投入系统之前，对所用材料进行的更改）与经济绩效没有显著关系（Wagner，2005）。然而，专注于流程创新的可持续发展管理更为环保，并且显示出对财务绩效指标具有显著的积极影响（Wong、Lai、Shang、Lu 和 Leung，2012）。最有可能对公司绩效产生积极、显著影响的环境指标是回收利用、减少废弃物、再制造、环境设计和针对环境问题的市场监测（Montabon、Sroufe 和 Narasimhan，2007）。

通过降低成本，投入效率可以带来财务效益，而“绿色”产品则通过提高消费者忠诚度在更高的销售增长中产生财务效益。此类产品的血统必须为客户所熟知，这样公司才能充分利用需求上的优势。在一项相关研究中，由于公司“绿色声誉”而提高的客户满意度被证明对经济绩效的影响程度大于公司的整体企业声誉（Tang、Lai 和 Cheng，2012）。这也表明了对可持续活动的市场认知的重要性，因为作为整体声誉的一部分，“绿色声誉”必须得以积极推动，以便与整个公司的声誉区分开来。研究成果表明，环境战略整合与提升企业形象和市场绩效的关系最为密切，从而进一步证实了“绿色声誉”对企业绩效重要性的论点（Wagner，2007）。

此外，研究成果还揭示了市场倾向于惩罚没有制订企业社会责任（CSR）计划的大型盈利公司，同时支持实施企业社会责任（CSR）计划的类似大公司（Lourenço、Branco、Curto 和 Eugénio，2012）。这些结果与公司声誉和股东沟通密切相关，因为市场惩罚可能源于利益相关者惩罚显然有能力实施企业社会责任却拒绝这样做的公司。事实上，成为一家拥有被高度评价的企业社会责任（CSR）计划的公司并不能获得短期利益，但从长远来看，这样的公司在财务上的表现更好（Lin、Yang 和 Liou，2009）。这强化了“企业社会责任对公司绩效有间接影响，而不是产生直接的、可量化的收益”的论点。

最后，大多数评估可持续性/财务绩效关系的研究成果都围绕着短期的时间框架，而这可能会错失可持续计划的更大好处。环境可持续性本质上与长期时间框架相关，弱化了短期时间框架的重要性。同样，许多投资策略都侧重于季度报告——一种“短期主义”的表现——它提出的时间框架太短，而无法解释可持续发展计划带来的多种形式的收益。可持续发展计划有时会因为实施成本而被放弃，尽管短期内的感知成本可能会发展为长期效益，因为这些效益只可能随着时间的推移逐渐积累起来（Claver、López、Molina 和 Tarí，2007；Mollet、von Arx 和 Ilic，2013）。如果不充分考虑研究可持续发展计划影响所需的全部时间框架，则可能造成计划价值的评估不准确，或过度赞誉短期项目，增大了这些项目只是为了“漂绿”的风险。[“漂绿”（greenwashing）是由“漂白”（whitewash）一词演化而来，指绿色公关或市场营销团队用作欺骗性宣传报道的一种形式，以此向大众宣称某个组织的目标和政策都是环境友好型的。]

公司内部可持续发展的财务案例

本节介绍了各种财务论点。在某些情况下，这些论点在理论上将可持续性整合到公司内部的组织运营中。我们将这些论点分为三大部分，即与成本效率、创收和对无形因素的影响的三方面论点。

成本效率

降低成本是公司内部支持可持续发展的最合情合理的理由之一，尤其是在资源成本上升的框架内。博塞（Bose）和斯普林斯特尔（Springsteel）（2017）对多项将投入效率与财务绩效关联起来的研究成果进行了考察。研究发现，能源效率投资与制造业的更高生产力有关（Bergmann、Rotzek、Wetzel 和 Guenther，2017 ）。正如所料，与其他投入相比，能源价格上涨对农产品成本和相关劳动力需求的影响更大（Moss、Livanis 和 Schmitz，2010）。可持续性的一个关键原则是更高效地利用投入。无论是哪个行业部门，同等产出所需的投入越少，越有利于公司维持盈亏底线。

也许能源效率是涉及这一概念最常见的例子，因为一个人使用的能源越少，所需购买的能源就越少。同样，提高材料的使用效率可以减少购买的材料数量。然而，能源减少导致的实际成本下降已被证明因能源价格和反弹效应的强度（价格下降导致使用量增加）等因素而异（Chu 和 Sappington，2013），而某些公司的部分管理人员认为能源成本在整体业务成本中所占的比例不足以支撑效率升级（Pellegrini - Masini 和 Leishman，2011）。在确定特定效率计划的最终成本或收益时，应计节余的这种变化使得依部门而定的考虑因素非常重要。

与减少能源或材料使用的成本降低相比，与可持续发展计划相关的许多成本降低对财务绩效的直接影响较小。这种间接成本降低的例子包括降低供应链风险、避免罚款，以及通过提高公司声誉来降低资本和劳动力成本。

此外，可以通过制订提高公司吸引力的可持续发展计划，来降低与人力资源相关的成本。在 Net Impact（Net Impact 是一个非营利性国际组织，旨在激励、教育和帮助人们依靠商业，创造一个社会和环境都可持续的世界）2012 年进行的一项研究中，45% 的受访学生回应说，他们接受减薪 15%，以便为产生社会或环境影响的公司工作。同一项研究表明，能够在工作中产生社会或环境影响的员工对工作的满意度比其他员工高一倍（Zukin 和 Szeltner，2012）。同样，多项研究详细说明了“绿色”建筑对员工生产效率的有益影响。一份 2003 年提交给“加利福尼亚州可持续建筑工作组”的报告估计，LEED 银级认证公司的生产力收益超过每平方英尺 36 美元，而 LEED 黄金级和铂金级认证公司的生产力收益超过每平方英尺 55 美元（Kats、Alevantis、Berman、Mills 和 Perlman，2003）。[①]

环境意识的提高已经促使政府酝酿和制定了越来越多的与私营企业相关的法规。可能遭受惩罚性政府措施是可持续运营增长的主要原因，例如生态系统服务核算。私营公司可能不再污染或滥用公共资源以免受到不良影响。然而，这种“规避监管”通常与保守的措施和最低限度的可持续绩效联系起来，因为公司通过合规来缓解风险，在很大程度上受到外部动机的影响。为了与消费者和（或）投资者需求相关的长期利润战略，抱着内在动机的公司更有可能将可持续发展计划整合到战略实践中（Moore、De Silva 和 Hartmann，2012）。

财务风险和环境风险缓解是许多可持续发展计划起作用的结果。事实证明，通过提高公司获取资本的能力以及降低运营风险和管理负债，环境、社会和治理（ESG）考量使公司受益（Bancilhon，2012 ）。

---

① 译注：LEED 是美国绿建筑协会在 2000 年设立的一项绿建筑评分认证系统，用以评估建筑绩效是否能符合永续性。

可持续性与财务风险缓解之间的联系可能更适合关于公司声誉的讨论（如下所述），因为获得资本的能力提升与公司声誉的提高有关，这与环境、社会和治理（ESG）或企业社会责任（CSR）方面的表现挂钩，但并非后者直接造成。

创收

可持续发展计划产生了各种各样的效果，从有形的到无形的，从环境的到社会关注的。每一个效果都以不同的方式影响财务绩效，并导致不同的结果。可持续实践可能会产生经济上取得成功的驱动因素，例如竞争优势、声誉日隆、互利伙伴关系的发展（Mollet 等，2013），与提高客户或员工满意度和整体公司声誉相关的好处也被经常提到（Wagner 和 Schaltegger，2004）。其中许多绩效指标属于同一公司属性，可以更清楚地描述与可持续性相关的具体结果如何产生财务收益。

实施可持续发展计划的公司通常会在相关领域被认定为领导地位并被看作是具有环境和社会意识的企业。消费者/投资者对这种意识以及商业实践透明度的需求日益增加，已经强化了声誉作为经济绩效的间接驱动力的作用。由于各种研究之间的方法各异以及所分析的企业和部门的多样性，声誉和经济绩效之间的明确联系尚未得到证实，尽管有多种概述似乎足够普遍以致我们认为是值得考虑的。

在污染相对较重的行业中，亮眼的环境绩效不会导致企业差异化，即使它与成本竞争优势有关（Lucas 和 Noordwier，2016）。在低污染水平的公司中则相反，它们不会因减少污染而获得成本优势，但确实实现了与竞争对手的差异化（López - Gamero、Molina - Azorín 和 Claver - Cortés，2009）。这一研究发现意味着，当被认为很容易避免时，污染会对公司的声誉产生强烈的负面影响；但当污染被认为是企业经营不可避免的结局时，利益相关者的判断往往会更加宽容。

可持续发展实践的市场认知是对公司声誉的一个很容易辨别的影

响因素，因为行动必须为公众所知才能影响声誉。研究发现，这种市场检验对于“产品管理”（重新设计产品以使其更高效或更环保）与经济利益之间关系的影响特别大（Wong 等，2012）。这是合乎逻辑的，因为“绿色”产品借助消费者需求，带来经济利益。如前所述，绿色声誉对公司经济绩效的影响可能比对公司整体声誉的影响更大。“绿色声誉”的发展很可能是可持续实践体现出来的一个好处，它比其他更容易量化的结果在经济上获利更大。例如，品牌价值和竞争差异化被认为是给从事生态系统服务的公司带来的主要好处，而不是那些由更负责任地维护生态系统所产生的好处。然而，这些研究发现也反映了短期利益考量的影响，可能生态系统服务核算的直接益处在长期利益考量中更加突出。

创新是可持续发展计划中经常被提到的一个好处。开发新生产工艺或设计新产品是有必要的，可通过促使公司发展带来长期好处。对制造业公司的研究发现，供应链中可持续性的发展与利用宝贵的新市场机会的能力有关（Rao 和 Holt，2005）。企业社会责任项目的推广也被证明对公司的研发产生积极影响，这被认为可以和未来的财务收益画等号（Lioui 和 Sharma，2012）。创新和研发使得公司为未来的市场变化做好了准备，并允许公司为掌握未来机遇而采取行动，从而能够更好地通过承担可持续性相关的短期成本，获得长期效益。

无形因素

关于企业社会责任项目，研究人员分析最多的影响之一是它们对利益相关者和监管者积极互动的影响（Epstein 和 Roy，2001）。现已证明，在企业社会责任计划中投入大量精力的公司可以提升其股东对话的质量和一致性（Moore 等，2012）。其他关于企业社会责任的研究结果表明，对环境、社会和治理（ESG）考量甚多的公司可以通过向投资者传达其良好表现而受益，因为这有助于提高公司声誉（Roy 和 Gitman，2012）。股东声誉提高的重要意义进一步得以体现，根据报告发现，在一组公司实施的所有环境、社会和治理（ESG）相关计划中，只有那些基于社区因素的计划对公司盈利能力增强存在显著影响（Mollet、von Arx 和 Ilic，2013）。

除了投资者之外，有限合伙人和消费者等其他利益相关者越来越强烈要求各个公司考虑环境、社会和治理（ESG）因素。例如，消费者越来越意识到环境问题，对可持续商品和服务不断增长的需求正是推动许多私营企业开发可持续产品的强大动力。使用对环境友好的材料对客户的吸引力的间接好处完美展现了可持续发展计划为公司带来间接价值的趋势。这种间接价值源于“无形”好处的产生，这些好处虽说不易衡量，但会影响公司绩效。

员工满意度对财务绩效的影响就是这种间接影响的一个例子。当客户满意度被用作居间变量时，有一项研究表明，员工满意度与财务绩效之间存在显著的间接关系（Chi 和 Gursoy，2009）。另一项研究假设，员工满意度会增加公司价值，但前提是在它表现为有形成果之后（Edmans，2011）。其他研究也同意这样的说法，提倡了这一概念：可持续发展计划的个别特征与财务绩效之间很少存在直接关系，反倒是公司的无形资源调节了这些因素之间的关系（Surroca、Tribó 和 Waddock，2010）。然而，这一假设可能有赖于用于财务考量的时间框架。其他研究成果更清楚地描述了可持续发展计划所带来的积极的有形利益，包括经改进的研发等要素（Lioui 和 Sharma，2012）。除了创新之外，有形利益还经常与技术、人力资本和声誉方面的可持续发展计划挂钩，尽管可持续发展计划的无形成果通常不能直接与财务业绩挂钩，但它们帮助创造的有形益处被证明可以提高公司绩效（Surroca 等，2010）。

结束语

扩大财务指标以外的指标范围可能会改善资本配置。有压倒性的证据表明，可持续性绩效的许多衡量标准都与财务绩效（尤其是经营绩效）的改善有关。高效的能源和资源利用构成了融入可持续性的资本配置的“唾手可得的果实（即可轻松实现的目标）”。许多可持续性衡量指标仅与长期表现有关，并没有重要的证据表明企业的社会绩效会损害企业的财务绩效。反之，大量的理论研究和实证研究表明，环境、社会和治理（ESG）的许多方面对公司价值都有积极的影响。

此外，目前的研究指出了可持续发展的多种间接影响，这些影响可以提高财务绩效。在此，可以合理地假设，随着进一步的研究分析更长的时间线和日益增长的环境限制，对这些影响的支持只会变得更加清晰。消费者和投资者对社会和环境责任的要求正在增加，对公司声誉的外部审查可以说处于历史最高水平。现在实施环境、社会和治理（ESG）计划的公司正在降低当前风险，同时为不确定的未来未雨绸缪。鉴于公司可持续发展绩效和财务回报之间的关系已得到证实，投资者非常有可能将衡量对“地球环境边界”影响的非财务指标纳入证券选择过程。在下一章中，我们将深入研究一些工具。这些工具将帮助我们在长期和短期之间进行利弊权衡，并为某些环境领域内稀缺的资源构建货币价值。

第 6 章　成本效益分析和贴现

引言

在第 5 章中，我们对公司社会绩效与公司财务绩效之间关系的回顾引出了两个相关问题。第一个问题是：如果社会绩效和环境绩效的市场价值不是立竿见影的，我们应该如何看待它们的重要性？如果投资者认为公司改善生物多样性的努力对短期财务回报的影响可以被忽略不计，但可能对品牌估值、利益相关者关系、经营许可等无形因素产生长期影响，那么公司应该如何看待这些潜在的、难以量化的好处？第二个问题是：在确定了非财务效益的适当权重或价值后，应该如何解释这种可能性：仅仅可能在遥远的将来，才会获得非财务效益？本章将重点分析解答这两个相关问题可能用到的方法。

从本质上来看，有两种方法可以回答第一个问题。我们要么可以尝试为社会绩效和环境绩效分配一定程度的财务价值，然后通过投资的估算财务价值来衡量成功程度；要么我们可以认定，社会绩效标准和环境绩效标准是针对可持续投资的非强制性，并尝试根据多个成功衡量标准，来评估投资。成本效益分析是一种工具，用于在项目评估的背景下，为一系列社会影响和环境影响分配货币价值。因此，成本效益分析可以给可持续发展努力提供估算财务价值的方法。当最低的社会绩效和环境绩效标准毫无妥协余地时，成本效益分析必须由多标准分析或规范判断来补充或替代。

虽然我们为可持续性影响估算了货币价值，评估跨期均衡的问题仍然存在。对于那些可能在遥远的将来给我们带来显著利益，但当前并不明显稀缺的那些资产，今天应该赋予它们怎么样的价值？我们所依赖但没有明码标价的一系列生态服务肯定是有限的。就其本身而言，这些生态系统服务的价值可能会在未来上升，因为它们的使用开始接近生态边界。所有的投资决策都会随着时间的推移而产生后果。我们可以使用什么方法来平衡在资源要求上的今天所需与未来所求？或者，换个说法，我们是否会以牺牲未来的需求为代价，来满足今天的需求？跨时间分配消费和财富储蓄（按广义上的定义）的过程，被称为“跨期决策问题”。贴现是用于跨期均衡的常用分析工具。

成本效益分析

成本效益分析（CBA）或效益成本分析是项目评估中采用的一种决策支持工具。这种方法基于可归因于决策或项目的成本和收益流估算货币价值，对备选方案进行排名。例如，美国新墨西哥州利用成本效益分析，对纳税人出资的监狱教育计划所产生的货币净收益进行排名。根据对长期成本和收益的评估，新墨西哥州立法财政委员会估计，为被监禁的囚犯提供基础教育或高等教育的收益成本比远远高于为家庭暴力犯罪者提供治疗方案的收益成本比（皮尤慈善信托基金和麦克阿瑟基金会，2014）。在一个更宏观的备选方案排名示例中，哥本哈根共识中心（Lomborg，2018）执行的一系列简化的成本效益分析证明，在选定的可持续发展目标中优先顺序的合理性，这在一定程度上引起了争议。

美国陆军工程兵团在20世纪20年代就开发了成本效益分析的现代实践和术语（Persky，2001），尽管类似的计算结果至少可以上溯到大革命前夕的法国工程师们在市政工程领域的工作成果和法国工程师朱尔斯·迪皮（Jules Dupuit）（Ekelund Jr. 和 Hebert，1999）在19世纪发表的著作。美国陆军工程兵团计算了花费颇巨的公共物品建设（比如大坝或运河）给相关各方带来的潜在价值。成本效益分析的过程引发了以下问题：受某个项目影响的所有个人获得的总收益是否大于总成本？在回答这个问题时，目前的成本效益分析实践试图将所有重要的成本和收益换算为货币金额。请注意，这里强调的是固定数量的公共物品带来的个人收益总和，而不是每个个人的需求数量总和。这被称为公共物品需求的横向总和。成本效益分析优先考虑的是那些静态效率最大化的各个项目，也就是说，它识别出满足卡尔多—希克斯（Kaldor - Hicks）补偿标准的那些项目。卡尔多—希克斯补偿标准要求从项目中获利的各方（"赢家"）获得的盈利必须超过输家（"输家"）承担的损失。原则上，如果要实施一个符合标准的项目，赢家可以补偿输家的损失，但仍会留下净收益（Stavis，2000）。没有要求赢家按实际情况补偿输家，只是原则上允许它们这样做。卡尔多—希克斯标准则是一个相对宽松的要求：它只要求收益的总和超过损失的总和，而不对收益的分配施加任何条件。它并不要求大多数相关方从项目中受益——如果少数赢家获得很多盈利，而许多输家损失一点点，仍可能会满足卡尔多—希克斯标准的条件。正是在这方面，卡尔多—希克斯标准不同于民主的选择规则：多数表决法需要在涉及的选民中，多数人期望从提案中获得净收益。

支付意愿

将成本和收益转化为货币价值是以支付意愿（WTP）的概念为依据的。收益是人们愿意为某个项目结果支付的最大金额的总和，成本是项目所需资源的机会成本的总和。一方面，许多必需品的特点是对此类商品的支付意愿明显高于其价格。例如，对水的支付意愿通常远高于大多数拥有自来水的家庭所支付的价格。另一方面，对奢侈品的支付意愿往往更接近奢侈品价格。

在商业环境中创造价值

在成本效益分析背景下的“支付意愿”和“机会成本”这两个概念起源于社会决策的背景，它们是在社会层面上计算得出的：支付意愿是所有相关个人的支付意愿之和，机会成本是每个人发生的成本，无论他们是否参与经济交易。从这个意义上来说，成本效益分析概念下的成本和收益将所有外部性内部化。“支付意愿”和“机会成本”的概念在私人企业的背景下存在天然的对应，它们不一定着重于外部性。布兰登勃格（Brandenburger）和小斯图亚特（Stuart Jr.）（1996）思考了一个案例，其中，企业向客户销售产品，并利用供应商的材料来制造该产品。客户在购买产品和不购买产品之间保持中立态度的销售价格代表了客户的支付意愿。支付意愿尤其取决于客户的收入以及产品替代品和互补品的价格。制造产品的机会成本等于所有供应商的机会成本的总和。布兰登勃格和小斯图亚特指出，支付意愿和机会成本之间的差额显示了针对公司所创造的价值的准确定义。所创造的价值的分配（见图6.1）取决于客户支付的价格（决定消费者盈余或买方份额）和公司支付给供应商的价格（决定公司利润和供应商利润）。

明确说明公共项目的净收益有助于提高所有相关方的社会接受度，这正是开展成本效益分析的主要目的之一。同样，阐明企业创造的价值以及该价值在利益相关者之间的潜在分配可以确保客户、员工和供应商组成的生态系统赞成支持企业投资。威尔斯（Wells，1975）最早认识到了社会成本效益分析和公司经营许可之间的联系，他认为跨国公司试图说服发展中国家政府理解其在当地投资创造的社会价值时，通过使用社会成本效益分析的语言和概念阐明投资回报将大有裨益。最近，科德斯（Cordes，2017）和尼科尔斯（Nicholls，2017）将开展成本效益分析的做法与计算社会投资回报率（SROI）的做法进行了比较。社会投资回报率（SROI）是20世纪90年代从成本效益分析发展而来

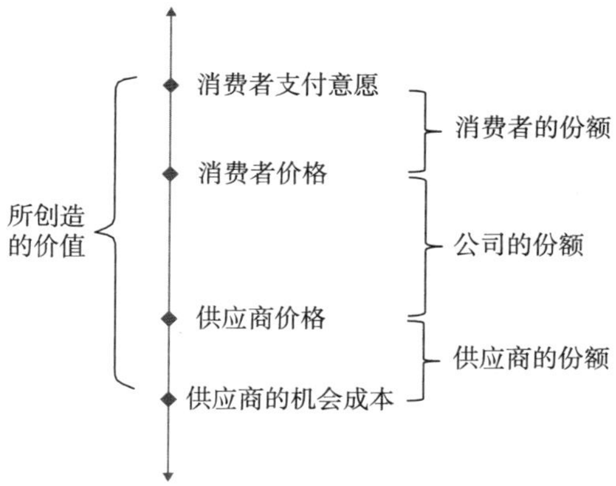

图 6.1　所创造价值的分配

［资料来源：在布兰登勃格和小斯图亚特（1996）的研究成果基础上进行调整］

的一种常用方法，用来评估社会企业的影响力。社会投资回报率（SROI）框架旨在扩大成本效益分析的计算范围和吸引力，这些成本效益分析过去仅限于政府机构负责，并且通常由为数不多的经济学家执行。早先的成本效益分析也倾向于避开社会福利和成本的量化和货币化，这是社会投资回报率想要填补的空白。由于存在共同的理论依据，社会投资回报率和成本效益分析在概念上几乎没有区别，无非在实施方面存在差异，但这些更多是由背景而非基本原则所致（Dufour，2019）。

抗生素耐药性：关于成本效益分析的一个示例

举例来说，来说明成本效益分析可能会研究某个监管计划的社会、环境和财务方面的成本和收益，该计划旨在监控医生开具的抗生素处方情况。此类管理计划的目的是减少抗生素的滥用和不当使用。致病菌的耐药菌株的增加和全球抗生素药效的下降就被归咎于这些原因（Laxminarayan，2014）。这样的监管计划将给出易于列举的财务成本和收益的清单、具有合理广泛的货币价值范围的许多可量化影响，以及一些可能无法量化的影响。成本效益分析实践包括对成本和收益进行系统编目，尽可能将这些成本和收益转化为货币价值，并以货币形式计算所有相关方的净收益。易于列举的成本将包括监管机构监督和执法时的人员成本、医疗专业人员为确保合规而花费的时间机会成本，以及给可能不得不花费时间和金钱来证明对抗生素的真正需求的患者带来不便的成本。该计划的好处可能包括抗生素耐药性有所下降而削减了未来治疗的成本，减少了未来抗生素耐药性感染所造成的死亡风险，以及因引入更具毒性的抗生素的需求减少而降低的未来成本。表 6.1 列明了此类监控计划的潜在成本和收益。

表 6.1 监控抗生素处方的监管计划的潜在成本和收益

描述	定量指标
成本：	
执法人员薪金	美元
医疗专业人员在合规活动上花费的时间	小时数
给可能需要更频繁就诊的患者带来的不便	小时数、患者就医往返费用中耗用的燃料（加仑）
收益：	
降低的抗生素耐药性，减少未来治疗的成本	美元、小时数
降低了未来抗生素耐药性感染带来的死亡风险	人命数量
由于对引入更具毒性的抗生素的需求减少，降低了未来的研发成本	美元、小时数
减少在垃圾填埋场所处置的未使用过的抗生素的数量	毫克

资料来源：作者整理。

影子价格

回顾表 6.1，我们发现一些成本和收益以美元衡量，而另一些则以时间、人命和抗生素毫克的数量衡量。成本效益分析实践试图通过为它们分配合理的货币价值，来将所有这些指标货币化。分配给每个非美元指标的货币价值称为影子价格，实际上就是成本或收益的估算社会价值。医疗专业人员在合规活动上花费的时间被货币化了，具体做法是将花费的时间乘以这些专业人员的小时工资率。在某种程度上，劳动力市场为医疗专业人员确定了小时工资率（在这种情况下，它指的是劳动力的影子价格）。影子价格与实际市场中的出价、报价和交易价格相关，并以此为基础。

未来抗生素耐药性疾病致死率的降低所挽救的生命价值隐含了一个更为棘手的货币化问题。成本效益分析利用统计学意义上的生命价值（VSL）的概念，将挽救的生命货币化。一个人如何为挽救的生命赋予货币价值？也许值得庆幸的是，没有一个市场能够随时对人类生命竞标和出价。那么，成本效益分析如何为生命设定影子价格呢？在成本效益分析实践中，已经设计了一种技术，对为挽救所谓的“统计学意义上的生命”抱有支付意愿的这个概念进行三角测量。为了挽救自己的生命，人们确实愿意付出什么？正如古希腊悲剧诗人欧里庇得斯所著的戏剧《阿尔刻提斯》中（Alcestis，斐赖国王阿德墨托斯之妻）的阿德墨托斯（Admetus，以他忠贞的妻而著名）这一角色所展示的那样，一个男人可能愿意为了自己多活一年，而放弃自己的父母和爱妻。当然，为挽救自身生命的支付意愿几乎是无限大的。经济学家的观点是：统计学意义上的生命价值（VSL）旨在表示“统计学意义上”生命的价值，即来自可比年限的人群中的某个随机者的生命，而不是自己的生命。这个概念来自于这样一种认识，即在某些情况下，我们可以通过花费金钱或时间来降低死亡风险，以提高安全性。当我们花费金钱或时间来避免冒生命危险，或接受补偿以承担此类风险时，我们暗中为增加的死亡风险赋予了货币价值。可以通过询问个人愿意为降低死亡风险支付多少钱（称为陈述偏好），或通过观察经济行为并估算为降低风险支付的意愿（称为揭示偏好），来计算统计学意义上的生命价值（VSL）。

生命统计价值（VSL）的计算

统计学意义上的生命统计价值（VSL）的计算在亚当·斯密建议下得到了启发，即必须通过补偿工资的增加来引导个人从事有风险的职业。个人的统计学意义上的生命价值是对小幅降低死亡风险的支付意愿的衡量。例如，一个人可能愿意接受增加600美元的报酬，以换取接受死亡风险升高万分之一的工作。在这种情况下，统计学生命价值将达到600美元/（1/10000）=600万美元。

泰勒（Thaler）和罗森（Rosen）（1976）采用了这种方法，对统计学意义上的生命价值进行了第一次计算。泰勒和罗森使用来自《1967年北美精算师协会职业研究》和《1967年经济机会调查收入数据》的数据，估计37个职业和900个人的职业危险率。关于职业危险率的估计结果，按照每年每1万个工作岗位来看，从警卫人员超额死亡26.7人，到护路工人和军人超额死亡0.2人，数量不等。在他们的样本中，泰勒和罗森得出的结论是：普通人愿意每年至少支付8.80美元（以1967年美元购买力来计算）换取将死亡风险从25×10^{-5}降低到20×10^{-5}的平均安全水平。借助上述逻辑，隐含的统计学生命价值为8.80美元/（5/100000）=17600美元（以1967年美元购买力来计算）。

显示性偏好的方法

显示性偏好的方法和陈述性偏好的方法是被称为非市场价值评估的两类支付意愿估算方法。显示性偏好估值法包括内涵资产定价法、旅行成本法和预防性支出法，旨在通过相关市场上观察到的利益相关者的行为来推断非交易属性的价值。

上文中描述的统计学意义上的生命价值计算就是运用内涵资产定价法的一个例子。这种方法利用了“许多综合性商品和服务的价格可以分解为组成部分的单独子价格”的观察结果。例如，警卫的工作岗位可以被视为一项综合服务，包括职业危害以及监督作业。类似地，像房子这样的综合性产品可以被视为一组属性，包括住所、生活和存储空间、通往工作单位和学校的通道，以及清洁空气等环境设施。通过使用类似于上述统计学意义上的生命价值计算的方法，可以从房价数据中收集针对清洁空气的支付意愿。通过估计与环境空气污染物浓度增加相关的房价下降，可以计算当地空气污染所造成的不利影响的货币价值。里德克（Ridker）和亨宁（Henning）（1967）使用圣路易斯大都市统计普查区的房价和二氧化硫水平，首次开展了此类研究。从那时起，在其他研究中，内涵资产定价法已被用于估计为避免空气污染物和噪声干扰的支付意愿（Le Boennec 和 Salladarré，2017），给城市地区（Frey、Palin、Walsh 和 Whitcraft，2013）和农村地区（Bin 和 Polasky，2005）毗邻湿地等多样化的便利设施以及家庭太阳能屋顶的安装进行估值（Ma、Polyakov 和 Pandit，2016）。

由霍特林（Hotelling，1947）首创的面向非市场评估的旅行成本法旨在评估环境便利设施，其中市场化商品的消费必须与环境（非市场）商品相结合，以促进人们享受非市场化商品。当美国国家公园管理局要求霍特林提出可以用来评估保护森林的公共利益的方法时，霍特林构思了这种方法。其主要见解是：国家公园的游客对公园体验的定价必须超出他们为享受公园游乐而耗费的资源的价值（否则他们不会自愿耗费这些资源）。由于游客远道而来参观国家公园，所有游客花费的时间和金钱的总和代表了公园整体价值的下限。

第三种非市场价值评估方法被称为预防性支出法、规避行为法或家庭生产估值法。家庭生产模型是一种显示性偏好的环境估值形式，它假设消费者可以将非市场化的优劣与市场化商品结合起来，生产出能够带来福祉的复合型商品。预防性支出或规避模型指的是市场化优品的消费抵消非市场化劣品的不良影响的模型。例如，面对非常规页岩气开采给他们的供水带来的可感知风险，一个家庭给瓶装水支付的开销代表了为避免对饮用水安全造成潜在不利影响的支付意愿的下限（Wrenn、Klaiber 和 Jaenicke，2016）。同样，在空气质量恶化的日子里，中国居民使用具有粉尘过滤作用的口罩，可用于估计为避免颗粒物环境浓度的支付意愿的下限（Zhang 和 Mu，2018）。

陈述性偏好的方法

对于许多经济学家来说，显示性偏好估值方法的优势在于它们以实际的相关市场交易为基础。由于经济主体实际上将现金收入或非现金资源投入到支持生态系统服务的显示性偏好估值的活动中，人们可能会认为，由此产生的货币支付意愿的估计与可观察到的支出相差不大。这是显示性偏好方法的理想属性。遗憾的是，显示性偏好方法只能衡量生态系统的使用价值。除了使用价值之外，社会服务和环境服务都能够具备非使用价值。正是这种类型的生态系统价值显示偏好方法不能用于估计。非使用价值分为三种：存在价值、利他价值和遗赠价值。

存在价值是指人类在知道许多环境商品的存在过程中获得幸福感的现象，即使他们可能实际上并未使用这些商品。例如，当被问及时，许多受访者表示愿意为保护他们实际上不会花费时间或金钱在野外或圈养中目睹的那些物种支付费用。存在价值的可能性意味着有些人担忧物种的生存，即使他们可能不参与反映出这种担忧的任何可能市场交易。存在价值是一种认识，即一个人可以对一个生态系统或一个想法产生一种柏拉图式的爱情（即精神恋爱），而不会留下他/她爱的行为痕迹。显示性偏好永远无法辨别这种类型的价值，因为显示性偏好方法需要有行为痕迹。同样，利他价值是指他人幸福感的增加所带来的自己幸福感的增加。遗赠价值是指将未开发荒地或遗产传给下一代的愿望。尽管我可能不会选择以任何可辨别的方式利用未开发荒地，但我可能更愿意看到为子孙后代保留这块地方。非使用价值通常是人们对具有独特生态、文化、历史或宗教价值的场所赋予的价值中的实质组成部分。

估算非使用价值的唯一方法就是向人们询问。这可以通过调查（称为条件价值评估）或通过将受访者置于实验情境中（称为离散选择实验）来完成。条件价值评估调查询问消费者愿意为改变环境便利设施支付多少钱，或接受什么条件。为了可用作有效环境评估的基础，必须精心设计和操作此类调查，以尽量减少轻率的或错误的回答影响最终估计结果的可能性。在 1989 年“埃克森·瓦尔迪兹”号油轮漏油事件发生后的诉讼过程中，条件价值评估调查所需的最佳实践达成了广泛共识（Arrow 等，1993）。从市场营销和心理学文献中的常见方法发展而来的离散选择实验构建了实验情境，在这些情境中，要求受访者在涉及环境设施、相关属性和成本的替代体验中进行选择（Adamowicz、Louviere 和 Williams，1994）。离散选择实验向消费者提出假设的普通投票，然后利用这些回答，来估计针对相关环境属性的支付意愿。约翰斯顿（Johnston）等人对条件价值评估和离散选择实验的最佳实践进行了概述（2017）。离散选择方法的一个扩展是由 Dahan、Kim、Lo、Poggio 和 Chan（2011）构建的名为概念证券交易（STOC）的实验性买卖博弈。这种方法促使参与者使用真实或虚拟货币，对新产品的属性进行交易，从而建立市场估计下的针对产品属性（例如易用性、耐用性或尺寸）的支付意愿。这种方法把预测市场（见本书第 12 章）和离散选择实验结合起来。

效益转移

几十年来，显示性偏好方法和陈述性偏好方法都被广泛用于设定许多市场中的一系列生态系统服务的影子价格。效益转移是尝试跨时间、跨地域地将相关生态系统服务的影子价格联系起来的一种做法，从而减少在许多情况下重新估计影子价格的必要性（Richardson、Loomis、Kroeger 和 Casey，2015）。例如，效益转移方法可能会利用为避免 1990 年计算的欧洲土壤氮素径流流失的支付意愿的估计值来估计为避免

2018 年美国土壤氮素径流流失的支付意愿。为了做到这一点，分析师会根据 1990 年至 2018 年之间的通货膨胀，调整 1990 年欧洲的影子价格，然后可能利用欧洲和美国之间的人均 GDP 比率，来调整支付意愿。环境机构和行业利益相关者编制了多个数据库，以辅助开展识别现有的影子价格计算过程。与寻找时间和距离上广泛分散的资产的相似性的任何估计和估值过程一样，其中出现了许多不确定性和争议（Johnston 和 Rosenberger，2010）。例如，有一些学者看法一致，都认为场所相似性——包括人口密度、自然资源和用户收入特征的相似性——是效益转移的有效性和可靠性的重要决定因素。然而，没有一份准则来标明什么是足够相似的，因此成本效益分析师可以自行判断。然而，这些估值上的分歧并不一定比可比金融资产估值分析中普遍存在的分歧更大。例如，在他们的研究报告中，卖方股票分析师以讲究策略的方式，选择具有可比估值的同行公司，部分原因是为了证明乐观地扭曲目标价格是合理的（Franco、Hop 和 Larocque，2015）。

在财务估值中，即使可比资产的属性可能存在重大差异，通常仍运用可比市场估值分析或先例交易估值分析，在可比价值的估值基础上构建一项资产的价值。针对仔细评估的部分判断、专业知识和潜在回报正是源于分歧的存在。如果估值是直截了当且没有争议的，那么仔细辨别正确的潜在价值将不会产生任何回报。正如我们在第 1 章中指出的那样，试图对其资产进行估值的投资者可以选择将对未来流量现值的估计值与另一个投资者可能愿意为购买资产所支付的金额进行比较，这种金额可能暗示了其他投资者对未来流量的信心。投资者能够通过检查可比资产的交易价格或买卖价格，来推断他人的估值。这种将其他人的同时期评估与我们自己的特定预测进行比较的能力有助于对资产进行三角测量和锚定估值。这个过程与使用显示性偏好方法和陈述性偏好方法对生态系统服务进行评估并无不同。与构建影子价格一样，可比市场估值是精确性、判断力和三角测量的集大成者。尽管这两种方法的基础学科（环境经济学和金融资产定价）在主要关注点上有所不同，但在对金融资产和生态系统效益流进行定价的做法上，存在许多相似之处。正如我们在第 1 章中讨论的那样，存量和流量的估值主要与基础利率相关，有时称为租赁估值过程中的资本化率。在下一节里，我们将讨论用于将流量估值转换为资产估值的适宜贴现率。

贴现

在为社会效益和环境效益的流动确定了适当的影子价格之后，我们必须考虑如何计算它们的现值。贴现法是经济学家设计的、评估现在和未来之间权衡取舍的常用方法。贴现是一种对未来收益流进行现值贴现的做法，也就是说，今天对它们的估值低于我们计划在未来对它们的估值。这是可投资资金的利率大于零的自然结果。非零利率意味着储蓄可以获得一定的回报率，增加到比最初储蓄总额更大的票面价值。储蓄供应指的是如今可供那些需要投资资金的人使用的实际资源的当前要约。投资需求是在承诺未来收益而不是当前运用这些可用的实际资源。从理论上讲，这些资金的供求相互作用决定了一个市场利率，该利率有效地充当了当前收益流转化为未来收益流的所需价格。市场利率表示将目前的财富转变为未来的财富的相对价格。对于收益流归私人所有的项目投资，通过未来净收益的加权总和，可以计算出项目的净现值（NPV），其中权重是与每个未来各期相关的贴现率：

$$NPV = \sum_{t=0}^{\alpha} w_t NB_t$$

在这个公式里，

$$w_t = \frac{1}{(1 + interest\ rate)^t}, fort = 0,1,2,\cdots$$

众所周知，在收益流延伸到遥远的将来的任何成本收益分析或净现值计算中，贴现率的选择对估值的影响都很大。例如，针对英国著名经济学家斯特恩爵士编写的《斯特恩回顾：气候变化经济学》（Stern，2007）中所提出的建议的有效性，一些尖锐批评集中在其采用了当时被认为异常低的贴现率（Dasgupta，2007；Mendelsohn，2008；Nordhaus，2007；韦茨曼，2007）。将未来现金流折现为现值的适当利率是多少？在私人现金流的情况下，所选择的利率或贴现率通常是加权平均资本成本（WACC），即债务税后利息率和投资于企业的预期股本回报率的平均值。但是，对于具有社会特征的现金流和收益流，使用什么样的贴现率才合适呢？在企业进行社会责任投资或影响力投资时，使用加权平均资本成本是否合理？

社会贴现率

因此，在成本效益分析中，贴现率的选择可能比任何其他假设更重要。用于对社会效益流估值的贴现率通常不同于，且往往低于，个人估值中所采用的贴现率。

哈伯格提出的市场利率

阿诺德·哈伯格（Arnold Harberger）提出了一种计算社会资本机会成本（SOC）的方法，该方法与计算公司加权平均资金成本（WACC）的方法一致。此外，利德（Lind，1990）对这种方法进行了扩充。与加权平均资金成本一样，社会资本的机会成本通过评估公共项目的资金来源并获得相关利率的平均值计算得出。这种方法假设公共项目的资金可能会取代私人投资或私人消费。此外，社会资本机会成本方法承认，可以通过国外借款部分获得这些资金。因此，社会资本机会成本由先前私人投资的预期税前回报、消费利率和国外借款的边际成本的加权平均值组成。社会资本机会成本的主要局限性在于，它是由市场收益率决定的。先前投资的回报、当前消费可以从市场上的未来借款中获得资金的利率，以及国外借款的利率由在市场上进行可投资资金交易的市场参与者设定。这种市场利率是描述性的，而不是规定性的。

有理由相信，可投资资金的市场会低估未来消费的价值，而高估当前消费的价值。例如，由于市场利率不受后人选择的直接影响，人们可能会认为，市场利率可能对他们的消费赋予过低的权重。此外，如果长期公共产品中表现出来的储蓄存在正外部性，个体参与者将倾向于对此类产品投资不足，从而减少资金供应，并将市场利率提高到超出最优水平。同时，如果未来的贴现率并不明朗（通常是跨若干季度的贴现率），那么使用低于预期的贴现率进行成本效益分析，会导致更彻底的且无法挽回的错误选择。

拉姆齐提出的规范性公式

弗兰克·拉姆齐（Frank Ramsey，1928）所构想的一种方法用到了社会贴现率（SDR）。社会贴现率是根据社会以当前消费换取未来消费的意愿构建而成的。拉姆齐公式最终认识到，在无限时域的经济模型中，贴现因子是社会当前消费与未来消费之间的边际替代率（称为边际时间偏好率，英文缩写为MRT）。这是因为归根到底，投资的目的是促进消费，即使它可能会延迟到无限久远的未来。同样，国外借款最终必须从预料之中的未来消费中偿还。因此，哈伯格提出的社会资本机会成本方法只是一种临时的权宜之计——从长远来看，边际时间偏好率才是重要的。边际时间偏好率是一个规定性或规范性的参数。拉姆齐考虑到，社会将根据其伦理规范，选择边际时间偏好率的适当数值。例如，他认为使用零以外的某个数值在伦理上是站不住脚的，这将导致后代人的消费权重与当前一代人的消费权重不同。

为零的边际时间偏好率并不意味着社会贴现率为零。在跨期社会福利函数存在一定限制的情况下，这个无限期经济模型中的最优社会贴现率可以用以下公式表示：社会贴现率 = 边际时间偏好率 + 增长率 × MC弹性。增长率是未来消费的预期增长率。MC弹性表示消费边际效用的弹性。假设未来消费增长率为正，那么，未来几代人的消费量可能会超过当前一代人的消费量。该模型假设，消费的边际效用随着消费的增加而下降。换言之，随着消费的增加，额外消费的收益递减。如果边际效用急剧下降，那么在未来消费增长的时期，社会将没有动力去给消费赋值。在这种情况下，人们将有强烈的动机，以牺牲未来的消费为代价来增加当前的消费。相反，如果预期增长是负值，而边际效用急剧下降，那么社会就会有动机产生负的社会贴现率。

预期增长率和消费边际效用的弹性是可以计量估计的参数。例如，埃文斯（Evans，2005）对20个经济合作与发展组织成员国的MC弹性进行了估计，发现所估计的数值接近1.4。预期增长率可以根据历史经验来估计，但在不连续变化的背景下，重要的一点是要认识到未来可能与过去大不相同。另外还有重要的一点，就是要认识到，在气候变化大背景下，由于需要对适应性的基础设施进行投资，消费增长率可能会显著低于人均GDP增长率（Paul Kelleher和Wagner，2019）。如果假设未来消费增长率为1%，并且按照拉姆齐的建议，采用了为零的边际时间偏好率，那么社会贴现率的计算结果是：社会贴现率＝0%＋1%×1.4＝1.4%。琼·马丁内斯—阿列尔（Joan Martinez－Alier）对这种方法提出了严重警告。他指出，基于消费边际效用递减的贴现导致了他提出的所谓乐观主义者的悖论。对未来增长的预期促使我们今天消费更多，往往会耗尽未来福祉所必需的自然资源。因此，如果不保护自然资本，我们目前的消费实际上将会令我们未来变得更为困窘（欧洲委员会环境总司，2008）。

在代际影响下降低的贴现率

关于净现值的前述计算公式在每个时期采用相同的（恒定的或不随时间而改变的）利率。对于代际成本效益分析，有充分的理由在遥远未来的各个期间内采用下降的利率。正如克罗珀（Cropper）、艾德顿（Aydede）和波特尼（Portney）（1992）所指出的那样，调查证据表明，嵌入受访者关于跨时间拯救生命的权衡选择中的个人时间偏好边际率随着时间的推移而下降。在这项研究中，时间偏好的年度比率从前 5 年时间里的 3.15% 的高位下降到前 100 年时间里的 0.04% 的低位。这表明，即使个人边际时间偏好率在短期投资选择中显著高于零，但对于个人的代际选择来说，接近于零的边际时间偏好率是合理的。此外，储户的实际行为通常包括递减贴现率（Laibson，1997）。阿罗等（Arrow et al.，2014）概述了在社会代际成本效益分析中采用递减贴现率的逻辑，并指出英国和法国已经在监督成本效益分析的过程中这样做了。如果个人采用递减贴现率，那么可以说他们的行为好像是在试图解释乐观主义者的悖论，即假设未来的增长率将很低，并减少当前的消费。

成本效益分析方法的局限性

成本效益分析和相关贴现方法的应用存在天然的局限性。与大多数经济分析一样，这些方法旨在适用于边际变化或增量变化。当面对任何形式的非连续或不可逆转的财富冲击时，成本效益分析方法就会失效。

正如前文所述，成本效益分析是实现静态效率最大化的途径，不一定能实现可持续性、弹性或公平性这些理想生态系统的基本属性。成本效益分析试图使净现值最大化，而在这种追求中，可能会忽略其他重要的成功衡量标准。我们所有人都可以联想到净现值为负的许多项目，但它们仍然值得进行。克尔曼（Kelman，2000）指出，开展成本效益分析来确定基本人权是否通过效率测试是没有意义的。按照定义，人的尊严的价值显然是一个不可量化和不可货币化的概念。行政指令中反复强调了人的尊严不能用金钱成本和收益来衡量的说法，这种说法记载于空气毒物、健康隐私和年龄歧视、残疾人保护、打击监狱强奸、环境正义等法规（Bayefsky，2014）。

成本效益分析一个主要实际限制在于，即有效利用成本效益分析，来衡量社会影响和环境影响，需要专家分析技能和大量培训。虽然影子价格和效益转移估计的集中数据库的可用性降低了从头开始重新创建效益评估的成本，但基础计算之复杂，弱化了成本效益分析更广泛的合理性。正如我们在第4章中讨论的那样，如果范畴广泛的、多元化的利益相关者可以积极参与确定适当的影响指标的过程，那么广泛的合理性就会得以最大化。从一开始，成本效益分析就发展出了以集中方式进行计算的专门机构和专家群体。如果没有对成本效益分析概念的含义和解释进行广泛的宣传，其作为说服一系列利益相关者的工具的效用仍然有限。尽管成本效益分析通过评估支付意愿来利用个人群体的偏好，但其选项列表通常是以自上而下的方式设置的。已有人提议，将可持续性评估模型作为成本效益分析的可行替代方案。可持续性评估模型基于一种跨学科方法，该方法认为需要“会计核算”来促进更多参与形式的决策和问责制。从本质上讲，可持续会计分别跟踪社会、环境、资源和经济方面的影响，并且通常避开这些单独类别的可比性（Bebbington、Brown 和 Frame，2007）。还有一些重点是参与方式，即在社区层面而不是专家层面确定影响的程度。卡罗吕斯（Carolus）、汉利（Hanley）、奥尔森（Olsen）和佩德森（Pedersen）（2018）描述了两个案例，其中本地利益相关者在成本效益分析的早期阶段就参与其中，从而可以将本地知识和合法性融入成本效益分析替代方案的表述中，将成本效益分析转变为从细节到总体的、被广泛接受的一种工具。

结束语

贴现和成本收益分析尽管均有其局限性，但使我们能够在许多日常投资决策中，进行短期和长期之间的权衡取舍，并为某些环境领域内的稀缺资源构建货币价值。正如我们已经指出的那样，根据这些方法，在精度和判断上，对参数的选择和采用进行了妥协折中的处理。与所有形式的估值一样，地理位置和时间背景也有重大影响。在接下来的两章中，我们将考察在许多特定情境下，对自然资本和社会资本的投资进行估值的过程中是如何运用这些方法的。

第7章　企业投资中自然资本的货币化

引言

在第6章中，我们描述了构建影子价格的非市场价值评估方法，这些方法可用于给外部性赋予货币价值。我们现在来研究一下如今已被普遍应用的这些估值方法在环境外部性背景下的应用。在下一章里，我们将讨论这些方法在人力资本估值中的应用。

在英语中，“自然资本”一词用来表示土地和其他“自然作用力”的生产能力。一方面，它不同于机器、工具和材料库存，另一方面，它也不同于人类劳动的生产能力。这个词最早可以追溯到阿尔文·约翰逊（Alvin Johnson）1909年出版的教科书《经济学导论》（*Introduction to Economics*）［米塞默（Missemer），2018］。正如米塞默所指出的那样，约翰逊正在阐明一种新的观点，将大自然视为类似于制造“资本”和金融“资本”的生产能力来源，而不仅仅是可以为服从人类利益而开采的自然资源存量。这种区别很是微妙，但具有深远的意义：“自然资本”的概念意味着在没有经过开采的情况下，产生不断增长的收益的能力。约翰逊的导师约翰·贝茨·克拉克（Clark，1899）已经阐明了资本和劳动边际生产力的新古典主义概念，约翰逊的术语将大自然万物繁衍置于新资本理论的背景下来分析。到1928年，“自然资本”一词被认为是美国常用经济术语的一部分（Warburton，1928）。尽管这个概念和术语在 20 世纪 20 年代流行一时，但在 20 世纪的大部分时间里，在经济学学科中，对自然资本的讨论并不多。1988 年，大卫·皮尔斯（David Pearce）通过将自然资本定义为“环境资产的存量”（皮尔斯，1988），从而复活了这一概念。

皮尔斯所发表的具有突破性意义的论文提出了关于可持续发展的一个定义，即可持续发展是维持“自然资本的恒定存量”的一条经济增长路径。他概述了一种观点：自然资本和人造资本在一定程度上是可替代的。在自然资本货币化的背景下，自然资本和人造资本之间的可替代性问题一直是学界的一个重大争议问题。这一争议体现在关于“弱”可持续性和“强”可持续性的概念之间的争论中（Neumayer，2013）。弱可持续性假设，自然资本和其他形式的资本（人造资本或人力资本）是相互之间可替代的。正如我们在第 1 章中简要讨论的那样，有一种可持续性概念要求将资产保留为资产形式，并仅消耗代表周期性收益的资产。弱可持续性允许一种形式的资本不受限地转换为另一种形式：如果你的资本资产是一棵苹果树，那么要尽量只吃苹果而不要砍树，除非你能用它创造出新的资产。如果你必须砍掉这棵苹果树，那么，你需要用果树的木头建造另一个长期资产，比如谷仓。如果您必须将苹果树作为柴火来出售，则将收益投资于债券，或用它们来支付大学学费。因此，弱可持续性仅要求随着时间的推移，总资本存量（以货币等单一可衡量指标来衡量）保持不变。这就是哈特威克准则的精髓所在（哈特威克，1977）。

强可持续性承认维持总资本存量的必要性，但不赞同无限可替代性的存在。它承认一些自然资产是独一无二的，没法被人造资本或人力资本替代。它假设某些地球环境安全边界不可以被突破（Rockström 等，2009）。强可持续性要求将砍伐树木所得到的收益重新投资于其他形式的资本，并且不得砍伐特有的、不可替代的树木。强持续性承认某些形式的自然资本与人造资本和可耗竭资源属于不同的类别。自然生态系统不仅像油田一样带来一系列收益，它们具有适应环境变化和修复短时间内的冲击所造成的损害的固有能力，这是简单财富储存无法企及的。在呼吁同僚经济学家要认识到在经济增长模型中必须区别对待自然资本与其他形式的资本时，达斯古普塔（Dasgupta，2008）指出了将生态系统与其他形式的资本区分开来的三个特征：

1. 自然生态系统的退化是不可逆转的。

2. 虽然自然生态系统的某些功能可以被人工流程所取代，但人造资本或人力资本通常不能发挥这些功能的完整性。

3. 生态系统可能会突然崩溃，其时间尺度比有效干预所需的时间要短。

生态系统管理越来越被认为是一个复杂的或"棘手的"问题［德福瑞斯（DeFries）和纳根德拉（Nagendra），2017］。德福瑞斯和纳根德拉指出，直到最近，现代林业和渔业管理技术还仅限于挖掘特定商业产品的最大可持续产量。例如，起源于18世纪末的德国的现代林业管理往往只专注于商用木材生产。专家们直到最近才了解到各种所谓的"非用材林产品"的商业和维持生活的价值，包括槭糖浆、藤条、棕榈芯、松脂、巴西坚果、蘑菇、乳香、一种树胶（用于制造口香糖等）、人参、育亨宾、猴面包树、精油、香料、野生茶、草药、药品、个人护理用品等多种产品的产量（Shanley、Pierce、Laird和Guillen，2001）。现代林业管理对可获取的商业产品的关注与本土做法和传统做法大不相同，后者倾向于将周围的当地生态系统视为人类和其他物种赖以生存的栖息地；食物、建筑材料、服装和药品的来源；以及生物多样性、文化知识和精神知识的神圣宝库。德福瑞斯和纳根德拉指出，许多生态系统管理问题的特点包括多维性、复杂性、相互依赖、非线性、不确定性、意外后果、价值观分歧和多个利益相关者。在货币的单一维度上对这种"资产"进行估值可能并非易事。

对货物流和服务流的估值

正如我们在第1章中所述，与财富存量相比，衡量收益的周期性流量要容易得多。此外，在体现多层次集合体的宏观经济情况下，最简单的做法就是只关注最容易进行商业上的估值的收益流。尽管这种类型的估值把许多重要形式的自然资本排除在外，但国家层面的自然资本估值往往正是这样做的。例如，阿罗、纳根德拉、古尔德（Goulder）、芒福德（Mumford）和奥尔森（2012）对五个国家（美国、中国、巴西、印度和委内瑞拉）开展了综合财富（包括人造资本、人力资本和自然资本）的估值。根据他们的定义，自然资本包括石油、天然气和矿产资源、森林木材和土地的商业价值，以及非用材森林效益的价值（通过运用森林总面积的每公顷影子价格来计算）。在他们的分析中，非用材林效益的价值范围从委内瑞拉占到实测自然资本的3%，到巴西占到实测自然资本的37%不等。他们在2000年为五个国家分配的自然资本总价值约为22万亿美元（按2010年美元购买力来计算）。这约占综合财富价值（总计约132万亿美元）的14%。2011年，这五个国家的GDP总和为26万亿美元，这表明在132万亿美元的综合财富价值中，货物流和服务流带来16%的年回报率。由于他们对综合财富的估计排除了许多类型的生态系统服务，自然资本的估值似乎相对较低。与这些国家2000年的实际资产回报相比，超过16%的年回报率看起来似乎很高。

通过回顾德格鲁特（de Groot，2012）等的研究成果，发现了对包括范畴广泛的货物流和服务流的全球自然资本估值的另一种可供选择的估算结果。德格鲁特等人采用一个评估全球生态系统的不同方法：他们将全球区域列为十个不同的生物群系：公海、珊瑚礁、沿海生态系统、沿海湿地、内陆湿地、河流和湖泊、热带森林、温带森林、林地和草原。他们参考了320份出版物中给出的这些生物群系的每公顷影子价格，编制了665份估算结果，以构建它们的估值。影子价格囊括了22种不同服务的价值，其中包括补给供应服务（食物、水、原材料、遗传资源、药用资源和观赏资源）、调节服务（空气质量、气候问题缓解、环境干扰缓和、防洪、废弃物处理、侵蚀预防、土壤肥力维护、授粉和生物控制）、栖息地服务（育儿服务和基因库保护），以及文化服务（审美、娱乐、精神体验和认知发展）。按每公顷计算，到目前为止，珊瑚礁和沿海湿地的价值最高，珊瑚礁的价值约为每公顷36.7万美元，而沿海湿地的价值为每公顷20.2万美元。相比之下，海洋生态系统的价值为每公顷500美元，是每公顷价值最低的生物群系。

使用德格鲁特等编制的生物群系的影子价格（2012），科斯坦扎等（Costanza et al.，2014）估算，在2011年，生态系统服务的年价值达到大约130万亿美元（按2010年美元购买力来计算）。这个数字必须被资本化为股票价值，才能产生对自然资本价值的估算。与每年高达68万亿美元的GDP总额相比，每年130万亿美元的生态系统流量价值意味着，生态系统服务提供了人类整体福祉的很大一部分。这种对生态系统服务的相对估值似乎更符合认为自然资本对人类福祉至关重要的那些人的看法。另外，阿罗等人的估算表明自然资本只占到综合财富的一小部分。这一估算是自然资本价值的外推，其计算方法是将边际变化对生态系统的影响乘以物理量。它不应当被理解成社会所接受的、作为对导致自然资本完全耗损的一种系统性变化的补偿金额。

生物多样性的估值

令人遗憾的是，如果有人打算评估可持续性，仅衡量货物流和服务流是不够的：分析师别无选择，唯有直面挑战，去衡量某个资产产生未来流量的潜在能力。正如任何金融分析师都知道的那样，资产估值很少像获取当前的收益流并对其应用倍数那样简单。一旦出现这种情况，寄希望于分析技能确实毫无意义——潜在估值几乎没有模棱两可的地方，因此几乎不需要将精确度和判断结合起来，这使得估值成为与决策相关的信息。卓越的财务分析师不会将其所开展的尽职调查范围限制在收入和收益等周期性现金流的组成要素上面，而是还会考虑某个公司开展经营所在系统的方方面面。只考虑证券的股息收益率是不够的——股息支付能力才是要紧事。对股息支付能力的全面审视包括周期性因素、竞争地位、监管考量，以及用公司利润再投资的机会。对于一些公司来说，坚挺的股息收益率可能是一种优势——这表明强劲的现金流、高效但可持续获得的特许经营价值。对于某些公司来说，高企的股息收益率或过多的股票回购可能意味着缺乏原本有希望的研发机会，这是公司即将步入衰退的一个标志。对于估值的准确性而言，哪种资产估值模型是合适的往往比模型的近期预测与观察结果的吻合程度更为重要。生态学著述中充斥着各种生态系统的例子，在这些生态系统中，为确保有经济价值的产品和服务的最大可持续产量而进行的合理管理似乎令重要物种维持了一段时间，但随后导致了崩溃。彼得森（Peterson）、卡彭特（Carpenter）和布洛克（Brock）（2003）构建了一个场景，让管理者对湖泊水体究竟是富营养化还是贫营养化作出一个估计，来选择向湖泊排放磷。他们试图把包括除磷沉淀池在内的湖泊处理服务的现值最大化，并且提供净水。由于磷排放与浑水的明显出现之间存在不确定的时滞，在看似有净水流动的时候，向湖泊中排放磷，似乎是合理的做法，但是可能会导致突然的、意料之外的富营养化。针对在缅因湾捕捞龙虾的例子，斯特耐克等（Steneck et al.，2011）认为，对鳕鱼和黑线鳕等顶级捕食者的过度捕捞，导致了龙虾数量泛滥，而龙虾是一种具有商业价值的物种。龙虾的丰收固然使得财政收入急剧增长，但其代价是被捕捞物种的多样性锐减了 70%。海洋多样性的减少使得缅因湾的龙虾容易受到疾病的侵袭。1998 年异常温暖的夏季之后，这些疾病使得美国长岛海峡的大多数龙虾纷纷死亡。在本书第 13 章，我们会讨论中国的两个国家级生态系统补偿计划，它们成功地增加了许多直接的生态系统服务（例如粮食生产和防洪减灾），但未能增加实现生物多样性的栖息地。

自然资本的不同功能与基础生态系统服务之间的联系非常复杂，这意味着，以流量为导向的方法往往会低估自然资本的价值（梅斯，2019）。梅斯认为，仅选择某些易于采集的收益流指标并将这些指标与基础生态系统服务的货币价值估算挂钩是不够的。尤其需要指出的是，自然自身的持续能力体现了自然资本根本性的、不可替代的方面，即其在一定范围内再生和重组的能力。这种延展性和恢复力的特征是人造资本以及大多数自然资源（比如化石燃料储量或矿产资产）所缺乏的。这种弹性需要被单独评估为可能存在的一种期权或保险价值，因为弹性很可能不会显示在当前具有经济意义的收益流中。例如，在没有海平面上升或严重风暴潮的情况下，沙丘和沿海湿地等绿色基础设施可能无法为沿海社区提供明显的商品和服务。梅斯指出，生物多样性的估值尤其成问题，因为它不仅受到人们和各种文化的直接重视，而且在所有自然生态系统的正常运作中也发挥着关键作用。生态系统的恢复力是基本生态过程的一个特质，与根本意义上的生物多样性密不可分。罗克斯特伦等（Rockström et al.，2009）指出，在已经突破的三个地球环境安全边界中，离安全运作空间最远的是生物多样性丧失速度，其次是人类活动对氮循环和气候变化的干扰。

一家养羊场呈现出来的生物多样性

纽约州立大学奥尔巴尼分校的生物学教授盖里·凯莱铂尔（Gary Kleppel）经营着一个家庭养羊场。他描述了养羊人经常遭遇的一种特殊害虫：捻转血矛线虫或捻转胃虫（凯莱铂尔，2014）。这种寄生虫附着在绵羊的肠壁上，吸食它们的血液，并导致宿主绵羊贫血。虫卵随着绵羊粪便排出，而孵化出来的幼虫可以被其他绵羊重新吃进肚子里。万一感染了捻转胃虫，就会在短短几周内导致三分之一的羊群死亡。典型的产业化养殖解决方案就是给整个羊群打驱虫药物。驱虫药物杀死了大部分捻转胃虫，但少数“漏网之鱼”不受药物影响，并存活下来。结果，工业化农场中寄生虫种群的遗传多样性范围缩小到不受多种驱虫药影响的寄生虫。这样形成了一个怪圈：需要给绵羊运用新药物，然后是寄生虫出现新的抗药性，需要开展额外的研究，开发新药物。与第6章中提到的抗生素耐药性的例子一样，这种阻碍因素导致了巨大的内外部成本。

与产业化养羊场不同，小型家庭养羊场在绵羊旁边养鸡，鸡能有效啄食寄生虫及其幼虫。家庭养羊场的常见做法是让鸡跟随羊群去轮作牧场和谷仓，吃掉羊粪中的寄生虫。在羊群旁养鸡的做法大大减少了需要给绵羊用药的药物量，增加了农场里的寄生虫的遗传多样性，并最大限度地减少了有耐药性的寄生虫的比例。关于证明低用药剂量的农场管理实践的更多详细信息，请参阅凯莱铂尔的著述（2014）。

如果对这个非常简单的生态系统提供的服务进行估价，那么将涉及针对羊毛、肉、鸡蛋和鸡的流动的估价。对于了解绵羊和鸡之间这种共生关系的分析师或农民来说，鸡提供的除虫功能可能表现在降低开发和管理药物的成本，或降低造成大规模牲畜死亡的传染病的可能性。然而，在复杂且鲜为人知的野生生态系统的背景下，估值分析师或更广泛的市场不太可能仅通过检查货物流和服务流就知道，整体可能大于部分之和。

原则上，生物多样性的估值类似于投资组合理论中的多元化估值。正如现代投资组合理论通过将周期性收益的价值与缺乏相关性的价值相结合来构建资产定价一样，原则上，如要对生态系统进行完整估值，则需要评估自然生态系统中不可替代的恢复力来源。通过培育少量的许多不同物种，为作物管理中的灾难性疾病提供一种廉价的保险手段（Weitzman，2000）。阿德米拉尔（Admiraal）、沃森科（Wossink）、德格鲁特（de Groot）和德思努（de Snoo）（2013）认为，生态系统恢复力关键的可识别的来源在于生态系统内生态功能的多样性，以及发挥每种生态功能的物种的多样性。他们列举了在干草种植和渔业管理中应用投资组合理论的几个例子。

纽约湾的生态系统估值：三角测量的运用

纽约湾是一个面积达1.6万平方英里的沿海生态系统，范围从纽约的蒙托克镇一直延伸到新泽西州的开普梅县。纽约湾包括了海洋栖息地和河口栖息地。纽约湾的许多产品对居住在附近的2200万人具有重要的经济价值、文化价值和娱乐价值。栖息地提供可提取的、直接使用的资源，例如鱼类、贝类和水禽，以及不可提取的、可观察到的野生动物，例如鲸鱼和候鸟。虽然海洋商品等货物流和服务流的市场价值以及相关经济活动的收入是很容易量化的，但诸如错综复杂的生态功能、审美价值和文化价值等无形的利益却难以纳入货币估值的范畴。尽管如此，使用多种估值方法进行三角测量的分析方法可以描述对生态系统保护进行审慎财务投资的因素（阿尔卡拉兹等，2019）。

阿尔卡拉兹等（2019）采用了三种不同的估值方法：他们通过短鳍灰鲭鲨（一种顶级捕食性者）、内河鲱鱼（一种饵料鱼）的种群价值以及有赖于纽约湾的更广泛的生态旅游业创造的收入进行推断。他们利用条件估值研究法，来估计短鳍灰鲭鲨的价值，用一个生态生产函数来估计内河鲱鱼的价值，用市场价格来估计生态旅游业的收入。每种方法都将生态指标和财务指标整合到一个模型中，该模型将基准情景与通过保护政策改善生态系统健康的替代方案进行了比较。

基础生态系统服务的公司估值

对生态系统服务和生物多样性价值的理解在多大程度上影响了公司或更广泛的金融生态系统的投资决策？为将生态系统服务评估纳入公共政策和私人决策，全世界付出了大量努力。联合国千年生态系统评估[①]于2001年启动，旨在评估人类对全球生态系统的影响（千年生态系统评估，2005）。2007年，在G8+5（八国集团与五个发展中大国）环境部长的一项提议下，启动了题为“生态系统和生物多样性经济学（TEEB）”的研究项目，研究生物多样性丧失和生态系统退化导致的日益增加的成本（欧洲委员会环境总司，2008）。联合国环境经济综合核算体系（UNSEEA）是将生态系统服务价值核算纳入国民收入账户的一个框架。世界银行是“财富核算及生态系统服务价值评估”（WAVES）倡议的主要合作伙伴，该倡议“旨在通过确保将自然资源纳入发展规划和国民账户的主要部分，来促进可持续发展”。

越来越多公司认识到，在投资决策中，需要考虑基础生态系统服务的价值。世界资源研究所（WRI）和世界可持续发展工商理事会（WBCSD）率先尝试让未接受过成本效益分析和非市场价值评估方法培训的公司管理人员能够轻松使用生态系统审查和估值方面的方法和工具（世界可持续发展工商理事会，2011，2012；世界资源研究所，2015）。世界资源研究所表示，公司活动对生态系统的影响和依赖性在大多数经济部门创造了众多的风险和机遇。饮料行业依赖于数量充足且廉价的淡水资源。农业部门依赖于土壤侵蚀和洪水控制、自然授粉、病虫害防治。旅游业依赖于珊瑚礁的游憩价值。保险业则依赖于其海岸保护服务，来限制洪水损失的索赔。世界资源研究所和世界可持续发展

① 译注：联合国于2001年6月5日世界环境日之际由世界卫生组织、联合同环境规划署和世界银行等机构等组织开展的国际合作项目，是首次对全球生态系统进行的多层次综合评估。

工商理事会协助公司努力识别、衡量和评估其运营和供应链对自然资本影响和依赖性。表7.1列出了公司因生态系统退化而面临的潜在风险和机遇。世界可持续发展工商理事会（2012）展示了五家大公司（阿克苏诺贝尔公司、加拿大卑诗省水电集团、蒙迪集团、力拓集团和先正达集团）对特定生态系统影响和依赖性的审查过程。

表7.1 生态系统退化带来的公司风险和机遇示例

风险	机遇
市场与产品	
客户（消费者）转向被认为对生态系统影响较小的竞争对手（友商）	实施和宣传可持续采购选择，或减少产品生命周期影响
运营	
原材料或淡水成本上升，洪水发生率增加	在公司设施中增加生态效率投资或绿色基础设施
监管	
新规出台或社区的反对声音	多方利益相关者倡议，以确定生态系统保护方面的共享价值投资机会
融资	
贷款机构将生态系统审查纳入环境尽职调查	对致力于恢复退化生态系统或新环境相关市场及公司潜在投资

资料来源：根据世界可持续发展工商理事会的资料调整（2012）。

由英格兰及威尔士特许会计师协会（ICAEW）主办的“自然资本联盟”是一个由大约300家机构组成的多方利益相关者联盟，该联盟发起了《自然资本协议》。这是一个自发性的框架，用于识别和衡量对商业的影响和对自然环境的依赖程度（自然资本联盟，2016）。由世界可持续发展工商理事会开发的自然资本协议工具包是一个可供公众使用的免费和付费数字工具库，在识别和评估公司活动对生态系统影响的过程中提供帮助。这方面的例子包括 *Coastal Capital*（世界资源研究所编写的一个汇集了加勒比沿海生态系统估值研究成果的指导手册），以及 TESSA（由英国皇家鸟类保护协会和合作伙伴开发的、基于生态系统服务现场评估的一个工具包)。公司生态系统估值的两大关键工具是 inVEST（“生态系统服务和权衡的综合评估”），这是由斯坦福大学自然资本项目设计的一个软件程序，用于帮助评估土地用途变化所带来的社会影响和环境影响（Tallis 和 Polasky，2009）和世界资源研究所开发的水风险分析仪（Aqueduct，2013）。记录和评估公司生态系统估值和生物多样性测量工具的其他尝试的人和机构包括拉玛朗特（Lammerant，2018）、自然资本委员会（2017），以及瓦格（Waage）和凯斯特（Kester）（2015）。

正如我们在第 4 章所述，开云集团一直是维护环境损益表（EP&L）的领头羊，环境损益表跟踪公司活动造成的污染的外部成本。2011 年，被开云集团收购的运动服装制造商彪马公司（Puma）发布了其首份环境损益表。彪马公司与 TruCost 公司和普华永道联手合作，开展了基础分析。开云集团随后改进了方法，并将其所有奢侈品牌纳入最新对外公开的 2017 年环境损益表。目前的方法是用来计算空气污染、温室气体排放、土地用途变化、废弃物产生、水消耗和水污染的实体价值和货币价值，就像在社会成本效益分析中所做的那样。这些影响是按五个活动层级来计算的：第 0 层代表公司的直接运营（公司的商店、仓库和办公室），第 1 层代表其产品组装过程的运营，第 2 层代表制造过程的影响，第 3 层代表原材料加工，第 4 层代表原材料生产。这些活动层级的划分与《温室气体核算体系公司核算和报告标准》认可的范围 1、范围 2 和范围 3 的边界区别并不完全对应。范围 1 排放是自有或受控源的直接排放。范围 2 排放是购买能源产生的间接排放的结果。范围 3 排放是指供应链以及产品和服务使用中的所有其他排放（包括下游排放）。开云集团的排放类型不包括下游排放。因此，开云集团的影响应当等于范围 1、范围 2 和范围 3 减去下游影响。为了构建对上游影响的估计结果，环境损益表法利用了开云集团专有的基于环境扩展的经济投入产出（EE－IO）模型。基于环境扩展的经济投入产出（EE－IO）

模型借助了国家层面的经济投入产出模型，该模型跟踪所有经济部门投入和产出的货币价值，并将这些与每个经济部门每一美元产出的环境影响系数结合起来。通过访问 www.eiolca.net，可了解目前由卡内基梅隆大学维护的开源式经济投入产出（EE－IO）模型的一个实例。

2017 年，开云集团报告的环境损益为 4.82 亿欧元，这里表示开云集团产品的生产和销售造成的环境损害的估算货币价值。这一数额约占开云集团 2017 年 110 亿欧元收入的 4.3%。如果开云的环境损益表是准确的，那么我们就有理由保持乐观。环境损益表表明了如果开云集团能够将单位价格提高到足以使收入增加 4.3% 并将额外收入用于抵消其环境影响，那么我们可以认为开云集团不会对环境造成净外部损害。目前尚不清楚开云集团能否在不影响收入的情况下提高单位价格，这将取决于对其产品的需求价格弹性。然而，如果开云集团所有活动的总体环境影响确实仅占其总收入的 4.3%，而其他公司的影响水平也相当，那么把外部性因素内部化或针对公司环境损害而补偿外部利益相关者的挑战虽然仍是难题，但并非无法克服。

由于基础的经济投入产出（EE－IO）模型是开云集团独家所有的，因此不可能公开审计或核实开云集团的环境损益表。与某些由第三方出具的可持续发展报告不同，开云集团的环境损益表似乎没有得到保证或验证。与许多关注周期性收益流动的非市场价值评估一样，开云集团的环境损益表似乎确实把生态系统退化的某些成本排除在外。这里需特别说明一点，生物多样性没有明确的成本，尽管在用于土地用途变化的影子价格中可能包含一些成本。尽管存在这些限制，开云集团的环境损益表已奠定了其供应链环境影响透明度方面的先驱地位。公布环境损益表报告的公司现在屈指可数，其中包括诺和诺德公司和飞利浦公司。丹麦政府已经公布了诺和诺德公司详细的环境损益表编制方法（丹麦环境保护署，2014）。

气候报告框架

环境损益表的方法是一项值得称赞的创新，它有可能明显改善对自然资本价值的估算。编制环境损益表的成本不菲，在没有监管压力的情况下，许多公司不太可能接纳这种创新。正如我们在第 4 章中讨论的那样，环境、社会和治理报告框架（例如 GRI），已被许多公司广泛采用。在此处，我们对专门聚焦于自然资本和气候的一些报告框架展开描述。

CDP

成立于 2000 年的 CDP（前身为碳排放披露项目）是一家总部位于英国的非营利组织，由对证券遴选过程中使用公司碳排放数据感兴趣的 35 家机构投资者组成的联盟发起。CDP 向规模最大的上市公司发送关于这些公司在范围 1、范围 2 和范围 3 排放量的调查问卷，然后将回复结果汇总到一个可供公众和订阅者访问的数据库中。它保存了时间跨度最长的公司气候信息披露内容，努力收集自 2002 年以来《金融时报》公布的全球前 500 强公司和自 2006 年以来所有标准普尔指数 500 强公司的碳排放数据（Kim，2018）。截至 2019 年 3 月，CDP 的投资者包括 500 多家机构投资者，管理着总计近 100 万亿美元的资产。这种广泛程度的投资者代表性使得收到问卷的公司很可能会作出回应。由于大部分披露是对普通问卷的回复，因此回复之间具有高度的一致性。因此，CDP 数据被广泛用于环境披露与财务绩效之间的关系的学术研究。自 2003 年以来，由于 CDP 报告使然，公司排放透明度有所提高。范围 1 和范围 2 排放数据的透明度显著提高，但范围 3 排放数据的透明度仍然较低（Matisoff、Noonan 和 O'Brien，2013）。有一些证据表明，CDP 调研中的公司碳排放披露比公司可持续发展报告中的披露更加准确和详细。特别是，迪勃尔斯（Depoers）、让让（Jeanjean）和杰罗姆（Jérôme）（2016）指出，向CDP披露是对特定利益相关者（即机构投资者）提出的结构化问题的回应，而公司可持续发展报告中的披露是以酌情决定的、开放式沟通的形式进行的，针对相对分散的广大利益相关者。迪勃尔斯等假设，公司管理层将有选择地在可持续发展报告中披露比CDP的报告中更有利的碳排放指标。他们根据在可持续发展报告和CDP中披露碳排放量的各大法国公司的样本发现，各公司在可持续发展报告中报告的平均碳排放量和中位碳排放量在统计上明显低于向CDP报告的碳排放量。可持续性报告的碳排放量中位数约为CDP报告的中位数的76%。这一发现大大增加了CDP信息相对于其他披露的价值。

CDSB

气候披露标准委员会（CDSB）也是2007年在世界经济论坛上成立的英国非营利组织。它发布了一个框架和一套原则，旨在帮助公司以日常报告财务信息的严格程度，来报告环境和自然资本信息，并鼓励报告前后一致的气候信息，这将有助于投资者就公司战略、投资业绩和未来前景作出决策（CDSB，2018）。CDSB立足于一个明确的目标，即基于其他被广泛采用的标准和框架（比如GRI和CDP）来构建报告准则。CDSB制定了报告环境信息的七项准则，包括对于相关性、重要性、一致性、可比性和前瞻性的承诺。为此，它正在与CDP、XBRL国际指导委员会和富士通合作制定气候变化报告分类法，以促进不同公司规模和地区的报告概念的一致性。这一举措有可能消除迪勃尔斯等人报告的一些矛盾之处。此外，CDSB与TCFD（见下文）合作推出了与气候披露相关的信息和工具中心。

TCFD

在2009年G20（二十国集团）伦敦峰会后，成立了由G20成员国的央行和财政部组成的金融稳定委员会（FSB），由位于瑞士的国际清算银行（BIS）负责主持工作并提供资金。金融稳定委员会旗下的气候相关财务信息披露工作组（TCFD）是在公司自然资本披露背景下的最新举措。成立于 2015 年 12 月的气候相关财务信息披露工作组由金融稳定委员会选出的 31 名成员组成，在气候信息披露的用户和编制者中具有广泛代表性。气候相关财务信息披露工作组是对金融稳定委员会主席马克·卡尼（Mark Carney）号召的回应，他号召“制定‘可以促进更明智的投资、信贷和保险承保决策的’气候相关披露，反过来，‘将使利益相关者能够更好地理解金融部门中碳相关资产的集中度以及金融系统对气候相关风险的暴露’”（气候相关财务信息披露工作组，2017）。如前面的引文所述，气候相关财务信息披露工作组体现了对环境的影响和依赖性进行报告的努力。气候相关财务信息披露工作组的目的是让投资银行、贷款机构和保险承销商的气候信息披露更具可操作性。从这个意义上说，它的目标受众包括金融生态系统中更广泛的参与者。

TCFD 与以往倡议相比，与金融业联系更为直接。气候相关财务信息披露工作组由彭博信息服务公司的创始人迈克尔·布隆伯格（Michael Bloomberg）担任主席，美国证券交易委员会前主席玛丽·夏皮罗（Mary Shapiro）和两名彭博社员工在工作组秘书处工作。气候相关财务信息披露工作组几乎所有成员都来自在金融生态系统中出具报告的营利性公司、金融机构、保险公司，以及主要会计师事务所或评级提供商。除了一位来自责任投资原则组织的代表，在气候相关财务信息披露工作组中，似乎很少有来自民间社会的代表。尽管如此，根据气候相关财务信息披露工作组的网站，截至 2019 年 2 月，已有超过 580 家机构支持气候相关财务信息披露工作组，其中大多数是公司，但有近 70 家是来自金融部门的贸易协会、商业利益集团和政府机构，包括英国、法国、比利时、瑞典和加拿大的政府。2018 年 7 月成立的欧盟委员会可持续金融技术专家组旨在协助欧盟委员会实施有关气候基准的试行条例，采用了气候相关财务信息披露工作组给出的与气候相关的实体风险和转型风险的定义（欧盟技术专家组，2019）。尽管气候相关财务信息披露工作组提出的建议仍然是一个不具管辖权的自愿框架，但它们与金融稳定委员会的关联使它们在金融部门具有合法性，因为即使在监管缺位的情况下，各国的财政部和中央银行也可以对金融生态系统施加巨大的压力和道德上的劝告。气候相关财务信息披露工作组知识中心（tcfdhub. org）是一个包罗万象的资料库，其中包含各种材料，可帮助投资者和公司编制和解释气候相关的披露内容。自 2017 年发布报告以来，气候相关财务信息披露工作组一直致力于鼓励发行商和用户采纳其披露建议。

结束语

我们已经在上文提到了一个挑战，就是将生物多样性的好处和生态系统复原力的关键功能的适当估值纳入投资决策。对自然的更微妙理解，即承认了周期性的收益流动以及其内在延展性的深层参数，对我们用于估值的分析框架提出了更高要求。估值不足与激励机制的错位密不可分。

在依赖于世界各地众多生态系统而运行的大公司中，世界资源研究所（WRI）、世界可持续发展工商理事会（WBCSD）或自然资本联盟推荐的那种生态系统服务审查可能有助于确定生态系统中的那些关键薄弱环节，以促进经济活动和产生利润。正如一般所有者（见本书第 3 章）由于其庞大的规模而面临一些外部性的内部化一样，许多依赖健康生态系统的大公司有望作出选择，以保护这些生态系统，这样既是为了未来利润，也是为了维护更广泛的利益相关者。就 CDP 而言，机构投资者在几乎没有得到法律法规助力的情况下，成功建立起普遍的碳排放报告文化。大自然的复原力和生物多样性驱动因素量化的相对复杂程度比碳排放的情况还要高一些。尽管如此，机构特别是一般资产所有者、在生态系统服务审查方面经验丰富的大公司和以生态保护为重点的民间社会之间的共同参与，可能会以与生态保护相关的金融工具的形式，产生新的压力和新的激励措施。这些金融工具开始将降低复原力的一些外部成本进行内部化。我们将在本书第 13 章讨论其中一些新兴的工具。与第 6 章中的讨论主题相呼应的是，在估值的复杂性和广泛的合法性之间存在着权衡。例如，环境损益表是一种建立在成本效益分析和经济投入产出分析基础上的前景光明的技术，它有可能揭示实现生态效率的捷径。然而，如果它的基本假设简单、透明且可公开讨论，或许可建立参与式输入的机制，那么它最有可能被广泛接受。归根结底，诉诸自然资本的合法性来自人类行动者，通常是那些谋生方式最倚仗自然生态系统存续的人。自然资本的产品和服务被称为“穷人的 GDP”（Sukhdev，2009）。因此，自然资本的货币估值与针对人类尊严和人类能力的估值密切相关。因此，在下一章中，我们将探讨人力资本与良好的利益相关者关系之间的联系。

第 8 章 人力资本和利益相关者关系带来的回报

在第 7 章里，考虑到自然界本身错综复杂的相互联系及自然界恢复力的庞杂出处，我们强调了在自然资本估值的背景下，有必要挣脱过分简单化的存量与流量评估的桎梏。对自然界细致入微的洞察，既承认收益的流动，也考虑到其与人类内在联系的深层因素，这对我们用于估值的分析框架提出了挑战。当我们试图评估所谓的“人力资本”的重要性时，分析估值方法的局限性就更明显了。承认人类认知、注意力、参与、独创性、尊严和许多其他属性对可持续价值创造的重要性，必然会导致我们对被轻描淡写地称之为劳动力的生产要素的复杂理解。

人力资本：从成本到资产

关于“人力资本管理和利益相关者关系带来的财务回报”，这个主题是可持续金融领域内的一个老生常谈的话题，在早期，可以说，它反映了显而易见的事实。一份标准的公司报告声称“我们的员工是我们最大的资产”。这些确实是明摆着的例子。公司价值创造的各个方面都取决于人。管理战略咨询顾问们都认为，到 2030 年，人力资本供需失衡可能会阻碍世界上的一些主要经济体寻求意义重大的价值创造机会（Strack、Baier、Marchingo 和 Sharda，2014）。尽管这个观点在商业世界和经济学中是符合常理的，但金融界一直在千方百计地努力纠正。也许从远古时代起，人类劳动的价值就一直是财富计算的一个组成部分。西欧第一次全国范围的财富核算是根据 11 世纪英格兰的新征服者威廉一世的命令而编写的《土地调查清册》（或者《英国土地志》），在当时，这片肥沃的农田产生了大量盈余（Jones，2018）。《土地调查清册》是记录英格兰各郡收入、税收评估和财富的清册。所记载的财富包括牧场、草地、树林、鱼塘、犁过的地、磨坊和包括奴隶和佃农在内的六种可用劳动力（McDonald 和 Snooks，1985）。威廉·配第（William Petty）编制的 17 世纪英格兰财富资产负债表将 4000 万英镑总财富中的 2500 万英镑记在劳动力账下（Slack，2004）。配第称："人们的日常劳动……是财富之父、财富的种子。"

金融学科的演变迟迟没有向显而易见的事实作出让步，尽管"枯燥的科学"（这种说法是在资本主义社会中，对政治经济学的讽刺）确实首先实现了这个目的。这种情况是从亚当·斯密开始的，他作为自由市场理论家的名声给人造成一种错觉，即他主张人人享有足够的工资。在对亚当·斯密去世后出版的遗作的重新定性进行分析时，经济史学家艾玛·罗斯柴尔德（Emma Rothschild）表示，亚当·斯密所撰写的关于商业自由的著作受到了重视，而他对穷苦的劳动人民的政治自由的支持却在英格兰被人轻易地忽视了，将他的遗产与法国的革命热情拉开距离。罗斯柴尔德这样引用斯密的话："如果一个社会的大部分成员过着贫穷的、苦不堪言的生活，那么这个社会肯定谈不上是繁荣和幸福的。此外，那些为全体人民提供衣食住行的人应该拥有自身劳动产品的一部分，以便使自己吃得饱、穿得暖、住得好，这也是为了公平起见"（罗斯柴尔德，2001）。罗斯柴尔德指出，在斯密的一生中，他被尊称为"穷人的朋友"，并且一直认为，高工资是"最广大人民享受富足的必然结果和原因"。

此外，斯密对职业范围内的不同薪酬驱动因素的分析仍然是现代人力资本投资回报理论的基石。根据斯密的观察，在工业化过程中，人类技能和属性的参差不齐所蕴含的价值变得非常明显。他指出，技能和后天培训可以被认为与机器一样富有成效。这种对人力资本的看法将人与其自身的能力区分开来。随后，经济学家小心翼翼地强调这种区分，以解决重视人本身与提供给人的培训货币化之间的道德困境。在第6章，我们提到了统计生命价值定义中的巧妙之外，这并不是指个人生命的价值，而是统计学意义上的平均支付意愿。约翰·斯图尔特·密尔（John Stuart Mill）写道［引自福洛尼卡（Folloni）和维特汀尼（Vittadini）的研究成果（2010）］："我不把人类本身归类为财富。人类是财富存在的目的。但是，关于人类习得的能力，这些能力只是作为一种手段存在，并且是通过劳动而产生的，在我看来，它完全实至名归。"福洛尼卡和维特汀尼认为，经济学家阿尔弗雷德·马歇尔（Alfred Marshall）指出了类似的区别，声称不可能给黄石公园进行估值，除非我们接受相差多达几倍的价值范围。阿尔弗雷德·马歇尔认为，我们可能会计算出黄石公园和人类价值的下限，但很少能计算出上限。

福洛尼卡和维特汀尼概述了在整个经济背景下评估人力资本的两种方法，它们都是20世纪中叶之前采用的标准方法。第一种方法称为"追溯法"，是对儿童累积抚养成本的计算方法，恩斯特·恩格尔（Ernst Engel）在1883年清楚地阐明了这一点。恩格尔估计德国不同社会阶层的儿童每年的抚养成本不同，他假设，对每个人的投资成本等于抚养他到成年的累积成本。第二种方法如今更为常用，被称为"预期法"，由威廉·法尔（William Farr）1853年在保险精算文献中首次提出。法尔以确定个人的纳税能力为目标，计算了个人在每个年龄的人力资本价值，以此作为扣除个人生活费用后的预期年收入的当前精算现值（考虑到个人死亡率）。这种方法计算出来的人力资本价值等于未来劳动收入流的现值。法尔提出的方法在经过改进后，纳入了人口和教育特征的变化，以及对人力资本的非金钱收益的估计（Oreopoulos和Salvanes，2011），现在成为评估人力资本存量的标准方法。例如，在本书第1章中引用的汉密尔顿和赫伯恩对此的分析就采用了这种方法（汉密尔顿和赫伯恩，2014）。这两种方法都有缺点。追溯法显然假设培训成本等于培训的未来价值，忽略了个人可能因培训而利用的机会。预期法与实物资本估值的标准方法的密切关联程度最高。然而，就人力资本而言，人力资本既可以用于提高闲暇时间的效用，也可以用于提高收入，“工资差异等同于市场部门和非市场部门的生产力差异”的这个假设是有问题的。

芝加哥学派的拥趸们所提出的现代人力资本理论强调个人可能对自身培训进行投资，以便获得未来的回报，这种回报表现为更高的工资和更多的职业选择形式［贝克尔（Becker，1962）；明瑟（Mincer，1958）；舒尔茨（Schultz，1959）］。主角从国家到个人的这种转变进一步强调了人与自身属性的分离，回避了将人力资本与人类画等号来进行估值的道德困境。通过强调个人选择投资于自身的权利，人力资本理论推动了对技能和培训的货币估计，衡量的是成为决策者的受训者拥有的财富，而不是国家拥有的财富（这与配第估值的情况一样）。贝克尔还认为，公司在员工培训方面的支出应该被视为对人力资本的投资，而不是一种周期性支出，这促使观念转变，在公司背景下，从将劳动力看成一项成本，转变为将人力资本看成一项资产。贝克尔的见解基于这样一个前提，即培训的一部分价值流向雇主，一部分流向受训者，因此，培训是同时对个人和雇主的投资。

人力资本和劳工权利

正如我们在第 3 章所述，公司总是旨在为整个社会的利益服务，社会通常以国家的形式体现，既需要为其运营创造收入，又需要提供公共福利，以遏制叛乱和革命。国家与公司的共生始于以王室君主和商业精英为代表的国家愿意为公司提供保护和特权，以换取将公司收入上缴国库。回首离现在最近的时期，在维多利亚女王统治时代的英国，以隐含的、明示的方式接受了公共利益监督的准公共企业不再保留公司形式的特权，它们让位于新成立的、国家声称无权干涉或不负管控责任的私营公司（Taylor，2006）。

然而，在公司形式发展的同时，政府、监管机构和公民社会（包括工会和宗教团体）努力建立劳工标准。几个世纪以来，从以种姓和职业为特征的各种各样的、划分等级的权利，到平等和普遍的人权被广泛接受，其发生了深刻的转变。这条发展之路是迂回曲折的，“人权”的概念直到最近才被阐明（Moyn，2014）。反映在封建制度和种姓制度中［例如，在《土地调查清册》描述的劳动类别中］的行业等级体系、跨大西洋奴隶贸易的废除和随后奴隶制的废除，以及越来越多的女性进入职场工作，都可以反映某种程度的平等待人的概念的各种规范被广泛采用联系起来。与此同时，在保护劳工健康和安全的标准、工作时间限制、对儿童等弱势群体的特殊要求方面，也取得了重大进展。人们都期望，工资和福利足以满足个人基本需求。这一进步是世界上许多国家各种社会斗争的结果，并在 20 世纪两次世界大战之后，通过国际组织的努力，在全球范围内得到了明确。

19 世纪末，工业化国家劳工的恶劣状况令人震惊。在工作日，他们通常每天工作 12～16 个小时，工资勉强维持基本生活，妇女和儿童经常受到剥削。工人经常不顾军警子弹威胁，发起罢工。例如，1914 年 4 月 20 日是美国劳资关系格局的一个分水岭，当时科罗拉多州国民警卫队队员和受雇于科罗拉多燃料与铁矿公司（公司老板和管理者是小约翰·洛克菲勒）的保安人员串通一气，配备了至少两挺机枪和斯普林菲尔德步枪，袭击了 1200 名闹罢工的矿工以及他们妻子和孩子所在的帐篷聚居区。随后的战斗导致 21 名罢工者死亡，其中包括妇女和儿童。这起劳资冲突事件后来被称为“勒德洛大屠杀”。战斗地点现在成为美国国家历史地标（Simmons、Haecker 和 Siebert，2008）。这场大屠杀引起了公众对矿工的广泛同情，并迫使小约翰·洛克菲勒彻底变革整个洛克菲勒家族帝国的劳工管理方法，并用新的方式处理这次公共关系危机，以提升自己的声誉。

国际劳工组织

国际劳工组织（ILO）是根据 1919 年《凡尔赛条约》第十三部分，作为国际联盟的附属机构而成立的组织，其成立的一部分原因是为了满足公民社会改善工作条件的要求，还有一部分原因是为了打消工人阶级对苏联模式的赞同。《凡尔赛条约》授权国际劳工组织绕过作为签署方的国家政府，直接与各国劳工部门合作，以履行其“在各地确立合乎人道的劳动条件、创立和实施国际劳工立法体系的使命”（Wallin，1969）。国际劳工组织被称为第一个专注于“福利国际主义”的国际组织，即多边组织应该满足个人的物质福利或全球共同福利，而不是解决政府之间的冲突（Steffek 和 Holthaus，2018）。在联合国成立后，国际劳工组织成为其第一个专门机构。在联合国组织中，国际劳工组织实行独特的“三方机制”原则，即各成员国代表团由政府、工人、雇主代表各 1 人组成。国际劳工组织还负责“收集和传播与国际上调整产业工人生活和劳动条件有关的所有主题的信息”（Thomas，1996）。1944 年第 26 届国际劳工大会在美国费城通过的《关于国际劳工组织的目标和宗旨的宣言》（简称《费城宣言》）宣布了国际劳工组织几乎在所有地方都有待实现的一系列崇高原则和目标。

1944 年第 26 届国际劳工大会重申了国际劳工组织所依据的基本准则，特别是下列内容：

（a）劳动者不是商品；

（b）言论自由和结社自由是持续进步的必要条件；

（c）任何地方的贫困都对这个地方的繁荣构成了威胁；

（d）需要世界各国都付出不懈的努力打响消除贫困的战争，并通过国际社会持续和协调一致的努力，让享有与政府代表同等地位的工

人和雇主代表与政府代表共同展开自由讨论和作出民主决策，以促进共同福祉。（国际劳工组织，2019）

《费城宣言》致力于促进充分就业，提高生活水平，促进工作满意度，确保最低生活工资，并承认集体谈判的权利。

《世界人权宣言》

1948 年《世界人权宣言》作为另一个民间社会倡议，使得我们对人力资本估值的讨论变得复杂化。鉴于“二战”所造成的巨大破坏，联合国在 1948 年制定《世界人权宣言》中发挥了奠基作用，反映并加快了人们对全球共同福祉的日益关注。在这份文件获得通过时，只有八票弃权。尽管《世界人权宣言》不是一项条约，但其目的是表达国际社会成员所共有的基本价值观，这对国际法和有关人权的国家立法产生了重大影响。《世界人权宣言》序言开宗明义地指出：“对人类家庭所有成员的固有尊严及其平等的和不移的权利的承认，乃是世界自由、正义与和平的基础。”《世界人权宣言》中的一些条款直接涉及承认工作场所的人权。正是由于宣言起草者非凡的远见和决心，首次阐明了人人享有平等和不可剥夺的权利和自由的这份文件才得以诞生。《世界人权宣言》现在已被翻译成近 360 种语言，是世界上翻译版本最多的文件——“这证明了宣言的全球性和影响力，它为所有人的公正和体面的未来奠定了基础，并为世界各地的人们提供了对压迫、有罪不罚和践踏人类尊严进行反抗的有力工具”。

联合国制定的这份宣言的形象随着冷战政治而起伏不定。尽管如此，国际公民社会为推动经济、社会和人权进步所付出的努力以国际劳工组织和《世界人权宣言》为具体表现形式，证明了全球利益相关者致力于工人获得劳动产出公平份额的这一事业的高度合理性。在本书第 1 章，我们提到公司的规模和权力使大多数国家政府可用于调节公司活动的社会影响的资源相形见绌。面对规模最大企业的全球影响力，大多数政府显然无能为力，这削弱了任何不把企业部门作为驱动力的可持续发展努力的可信度。虽然民间社会倡议有着值得称赞的目标，但如果不对企业施加巨大压力，这些目标如今就无法实现。各大公司在人权方面的成就记录比“勒德洛大屠杀”期间要好，但还有很多需要改进的地方［参见本章后文所举的关于公司人权基准（CHRB）的例子］。负责任的投资者可以成为一个非常重要的渠道，引导民间资本施加压力，以提高生产力，促进全民繁荣。

《关于金融机构可持续性的科勒维科什俄宣言》

2003 年，由 100 多家公民社会组织组成的一个团体批准了《关于金融机构可持续性的科勒维科什俄宣言》（以其签署地所在小镇来命名），这是关于金融部门在促进可持续发展中发挥的具体作用的一份声明。该宣言指出：银行和资产管理公司等金融机构（FI）能够而且必须在促进环境和社会可持续性方面发挥作用。该宣言呼吁金融机构遵循六项主要准则，这些准则寄托了民间社会对金融服务部门在促进可持续性方面的作用和责任的希冀。

1. 致力于可持续发展——充分整合环境、社会和经济因素。
2. 对“不伤害”的承诺——防止有害的环境影响和社会影响。
3. 对责任的承诺——为它们承担的社会风险和环境风险承担全部责任。
4. 对问责制的承诺——使利益相关者发出有影响力的声音。
5. 对透明度的承诺——严格定期披露信息、对请求有响应。
6. 对可持续市场的承诺——积极支持促进全成本核算的公共政策。

随着公司和金融市场的规模和范围不断扩大，在实现联合国可持续发展目标的过程中，公司和金融市场的作用已被认为与国家主体的作用同等重要。最近，稳定性强的大型雇主公司的正式用工人数下降，向全球外包供应链、移民劳动力的转变，以及“零工”经济的出现，使得所有利益相关者的工作进一步复杂化，而利益相关者正在努力提升即使是最基本的人性化工作环境的标准。在这一过程中，一些投资者（特别是在高技能含量、高附加值的部门的投资者）认识到人力资本和利益相关者关系在投资者价值的可持续创造过程中的核心作用，这样的进步预示了前景光明。投资者已经与各个非政府组织和公共机构联手，这些组织和机构长期以来一直呼吁公司要确定人力资本管理的重要指标，并且认为，民间社会要求公司不仅要对其给下属员工带来的影响负责，而且要给它们经营地所在社区带来的影响负责。对于这种联系的透彻理解改变了投资者看法，从原来把劳动力视为一项成本，到把人力资本视为一项资产，正如斯密将高工资视为“最大公共繁荣的必然结果和原因”。

加州公共雇员退休系统（CalPERS）将人力资本与其投资理念融合

2013 年，加州公共雇员退休系统（CalPERS）通过将以下内容作为其十大投资理念之一，承认人力资本在企业价值创造中不可或缺的作用：

长期价值创造需要对三种形式的资本进行有效管理：财务资本、实物资本和人力资本。

子理念：

治理是协调加州公共雇员退休系统（CalPERS）与其资本管理人员（包括被投资公司和外部管理人）之间利益的主要工具。

强有力的治理，以及对环境和人力资本因素的有效管理，增强了公司将长期胜过其他同业公司并有效管理风险的可能性。

加州公共雇员退休系统（CalPERS）可能会与被投资公司和外部管理人就其治理和可持续性问题进行协调，包括：

治理实践，包括但不限于利益一致；

风险管理实践；

人力资本实践，包括但不限于公平劳动实践、健康和安全；负责任的承包和多元化；

环境实践，包括但不限于气候变化和自然资源可用性（加州公共雇员退休系统，2013）。

与财务回报的关系

有大量证据表明，人力资本管理和利益相关者关系的质量对投资者的财务回报有正面影响。

人力资本管理

最近对研究文献进行的一项综合研究检验了 92 项关于人力资本政策与财务结果（诸如股本回报率、投资回报率和利润率）之间关系的实证研究。大多数的研究（占比 73%）揭示了人力资本管理与财务绩效之间存在正相关关系，而只有一项研究揭示了二者的负相关关系［伯恩斯坦（Bernstein）和彼佛曼（Beeferman），2015］。总体而言，26% 的研究揭示了正负相关关系兼有，或干脆没有相关性。在多个国家和工业部门开展的这些研究历时三十年。伯恩斯坦和彼佛曼专注于一系列工作场所管理实践，以及雇主培训。虽然这些研究并未证明这些管理实践与绩效之间存在因果关系，但强烈的关联表明，审查被投资公司的人力资源实践对投资者的目标具有重要意义。作者指出，许多研究都是从公司管理者的角度进行的，因此他们使用了通常不向投资者披露的人力资本管理指标。

伯恩斯坦和彼佛曼审视的一类研究调查了所谓的“高绩效工作实践”（全面和标准化的员工招聘和选拔程序、激励薪酬和绩效管理系统，以及广泛的员工参与和培训）的影响。马克·休斯利德（Mark

Huselid）对这些实践进行了初步研究，从而产生了此类分析的一个分支（休斯利德，1995）。休斯利德考察了968家美国上市公司，发现高绩效工作实践与托宾Q值（译注：托宾Q值指的是企业的市场价值与资本重置成本之比）和所用资本回报率之间存在正相关关系。大公司员工满意度外部排名代表了衡量人力资本绩效的另一套规范（埃德蒙斯，2011）。埃德蒙斯构建了基于《财富》杂志每年发布的“美国最适宜工作的100家公司”榜单的经过年度重新平衡的、价值加权的各种投资组合。他发现，在25年期间里，对这些投资组合进行的投资策略显示，相对于经风险调整的比较基准，这些投资组合每年有3.5%的超额收益。

利益相关者关系

与上述人力资本的经济理论一致，一些从事公司金融研究的学者将公司提高利益相关者福利的活动视为对商誉和人力资本等创造价值的无形资产的投资（Zingales，2000）。Yawen Jiao 使用一间独立的社会选择投资咨询公司 Kinder、Lydenberg 和 Domini（KLD）所计算的评级，构建了企业利益相关者福利的衡量标准（Jiao，2010）。利益相关者包括员工、客户、社区和环境。对于标准普尔500指数和多米尼400社会指数所涵盖的822家公司，Jiao 发现在控制资产回报率、销售增长和研发强度之后，利益相关者福利得分的上升导致从经济学角度来看，托宾Q值显著增加。在随后的一项类似研究中，博格斯（Borgers）、德瓦尔（Derwall）、库代克（Koedijk）和特尔·霍斯特（ter Horst，2013）指出，他们对利益相关者福利的衡量与1992年至2004年间的长期经风险调整后的回报呈正相关关系。他们指出，2004年至2009年之间，这种关系的强度显著减弱。博格斯等将随后变弱的关系归因于激进机构投资者对利益相关者福利重要性的日益关注，这可能消除了由于利益相关者福利措施披露不足所致的错误定价。科尔曼（Coleman，2011）开展的另一项研究结合了来自关于利益相关者关系绩效的多个独立信号的公开可用数据。科尔曼编制了 1998—2003 年标准普尔 500 指数公司的数据，这些数据来自美国环境保护署出具的联邦处罚清单，对各个公司的处罚情形包括美国职业健康与安全管理局关于环境不合规、工作场所不安全的引例、美国证券交易委员会就财务报告而对公司提起的民事诉讼和消费品安全委员会要求的产品召回。他使用这四个变量，来衡量可能与公司进行交易的利益相关者（比如客户、供应商、员工或社区）所面临的交易对手风险。科尔曼发现，美国环境保护署作出的处罚和产品召回与较低的利润率和较低的股东回报有关，从而表明消费者和社区利益相关者的福利与股东回报呈正相关关系。

投资者对人力资本披露的需求

投资者已经开始考虑人力资本管理对公司绩效的影响。国际劳工组织报告称，每年超过 280 万人死于职业事故或与工作有关的疾病。此外，每年约有 3. 74 亿人被非致命工伤和疾病所困扰。据估计，不良职业安全和健康实践造成的经济负担每年占 GDP 的 3. 94%（Hämäläinen、Takala 和 Kiat，2017）。将人力资本管理视为潜在风险的认识已开始超越健康和安全问题，将多元化和包容性等问题纳入其中。

在孟加拉国达卡市的一座名为“拉纳广场”（Rana Plaza）的建筑物倒塌后，机构投资者成立了人力资本管理联盟（HCMC）。在拉纳广场内，曾经有五家服装制造商。2013 年 4 月 24 日，这座八层楼高的商业建筑因结构性故障倒塌，造成 1134 人死亡，约 2500 人受伤。大多数死伤者都是为大型跨国公司生产衣服的合同工。“拉纳广场”事件被认为是全球服装行业有史以来死亡人数最多的事故。当建筑物结构在前一天出现裂缝后，拉纳广场的业主索赫尔·拉纳（Sohel Rana）无视避免使用该建筑物的警告。制衣工人被责令照常上班，上午 8 时 57 分，因为停电的缘故，不得不在拉纳广场的顶楼启动柴油发电机，随后结构性坍塌就发生了。事故表明，将制造业务外包给这些工厂的跨国公司没有有效地监控工作条件。

在2013年7月美国机构投资者委员会（CII）半年度会议期间，人力资本管理联盟（HCMC）正式成立。在这次半年度会议上，参会者讨论了投资者对“拉纳广场”事件的反应。有报道称，全球最大的零售商沃尔玛不知道其服装是在拉纳广场生产的。据《纽约时报》报道，在倒塌前一年，沃尔玛的一家加拿大供应商曾在这个建筑物五楼的一家工厂为沃尔玛生产牛仔裤，但沃尔玛矢口否认在大楼倒塌时，其在大楼内有任何生产活动（Greenhouse，2014）。同时，由“泛宗教公司责任中心”（ICCR）领导的一个投资者团体发布了一份由200多个组织联合签署的投资者声明，呼吁全球品牌承诺实施国际劳工组织制定的国际公认的核心劳工标准，并落实四项具体建议：

- 加入由工会、品牌和零售商签署的具有法律约束力的《消防和建筑物安全协议》，以非政府组织作为见证签署人；
- 承诺通过与孟加拉国政府的接触等手段，增强当地工会的力量，并确保发放所有工人的最低生活工资；
- 公开披露其所有供应商，包括孟加拉国供应商；
- 确保为受影响的工人和家庭提供适当的申诉机制和包括赔偿在内的有效补救措施（泛宗教公司责任中心，2013）。

Gap公司人才仪表板

Gap公司将美国员工的最低工资提高到2014年的每小时9美元和2015年的每小时10美元，惠及了全球9万员工中的6.5万人，并且还开发了人才仪表板，这是他们首次尝试向董事会报告关于全体员工事项的综合概览工具，包括人员流动、员工敬业度、外部招聘和内部晋升、员工职位以及任期、生产效率与多元化等。他们后来引入了生产率指标，并报告在 2014 年求职申请量增加了 10%。他们认为这很重要，因为以前增加求职者数量的措施并没有奏效。Gap 公司还与投资者讨论了针对特定人口统计的新计划，包括帮助长期失业者准备求职面试，以及帮助“风险”人群。Gap 公司还成立了人才理事会，以促进高管和一线零售员工之间的沟通，并成立了一个由高级员工组成的跨职能团队，以制定公司综合报告。《华盛顿邮报》一篇关于提高最低工资经验的文章重点赞扬了该公司的这些做法，其中公司高级副总裁丹·亨克尔（Dan Henkle）称，求职申请的两位数增长使他们相信 Gap 公司人才库的质量会有所提高（McGregor，2014）。

2017 年，人力资本管理联盟请求美国证券交易委员会要求发行人披露有关其人力资本管理政策、实践和绩效的信息（Miller，2017）。作为回应，美国证券交易委员会投资者咨询小组发表意见：“与金融市场将人力资本视为一种价值来源的观点相反，美国证券交易委员会针对劳动力的历史研究法一直将人力资本视为一项成本。委员会的披露框架——无论是定量的还是定性的——都没有跟上将人力资本管理作为主要价值来源的转变步伐。对于硬资产很少的公司而言，仅仅基于美国证券交易委员会授权的公开披露进行估值的难度越来越大。当前可得信息在各公司之间并非一致、交叉验证或具有可比性的。然而，如下所述的人力资本管理指标是在并购交易中的财务尽职调查的常规组成部分。”美国证券交易委员会投资者咨询委员会（IAC）得出的结论是：“机构和散户投资者对有关公司如何进行人力资本管理的清晰且可比较的信息有着明显的兴趣。高质量的人力资本管理实践与更低的员工流动率、更高的生产效率和更好的公司财务绩效相关联，这些将随着时间的推移，产生可观且持续的预期市场可得收益水平。然而，当前的会计准则仅将劳动力投资反映为无异于其他投入的一项费用，从而阻碍和掩盖了劳动力投资。相比之下，研发投资由损益表中的单独项目予以认定”（美国证券交易委员会投资者咨询委员会，2019）。尽管美国证券交易委员会投资者咨询委员会提出了建议，但是，美国证券交易委员会公司财务部主任威廉·辛曼（William Hinman）表示，美国证券交易委员会近期不太可能强制要求披露具体的人力资本（Maiden，2019）。

多元化

人们对公司领导群体内部的多元化越来越感兴趣，投资者声明和国家实践准则中也越来越多地提及这一点。2019 年，加利福尼亚州要求到 2020 年，总部位于当地的每家上市公司至少拥有一名女性董事会成员。西班牙、法国和挪威等其他司法管辖区对性别多元化有着更严格的要求（Creary、McDonnell、Ghai 和 Scruggs，2019）。在南非，公司必须报告其根据《全面提高黑人经济实力法案》的绩效得分，其中包括黑人和女性董事和管理者的比例等指标。战略管理咨询顾问指出，性别和种族多元化与财务绩效之间存在正相关关系。根据麦肯锡公司的数据，在 12 个国家/地区的 1000 多家公司中，领导层最多元化的公司（性别构成排名领先）获得高于平均水平的利润的可能性高出 21%，而种族/文化多元化排名领先的公司多元化表现优异的可能性高出 33%。领导层多元化表现垫底（性别和种族多元化）的公司获得高于平均水平的盈利能力的可能性降低了 29%（Hunt、Prince、Dixon－Fyl 和 Yee，2018）。关于多元化的学术研究总体结论不明确。对 140 项研究的元分析发现，董事会中的女性代表人数与会计回报呈正相关关系。董事会中的女性代表人数与市场表现之间的关系总体上是中性的，但在性别平等程度较高的国家，这种关系是正面的，而在性别平等程度较低的国家则恰恰相反（Post、Byron，2015）。一些学者认为，董事会多元化的衡量标准与较低的公司特质风险相关（Bernile、Bhagwat 和 Yonker，2018），而另一些学者则认为，这种关系是站不住脚的（Sila、Gonzalez 和 Hagendorff，2016）。多元化似乎很重要，但只关注性别等单一维度是不够的。相反，分析多元化的好处可能源于性别、种族、文化和职业背景以及年龄的结合。这可能与我们在第 4 章可持续会计倡议的背景下对广泛的社会正当性的考察和第 9 章中的社交网络分析有关。

许多机构投资者已敦促公司拓展在某些维度下的董事会多元化。在审视《可持续投资研究倡议》中的学术证据时，加州公共雇员退休系统（CalPERS）将多元化和包容性确定为几个交叉主题之一，认为它有可能对风险管理和回报产生积极影响。加州公共雇员退休系统（CalPERS）关注多元化和包容性的理由是以两个目标为前提条件：（a）避免出现被国际货币基金组织认定为 2008 年金融危机的关键促成因素的“群体思维”；（b）经营复杂的全球业务所需要的一群能够提供各种技能、洞察力和经验的人才。被动式管理基金的最大机构投资者美国先锋集团（Vanguard）表示，它专注于被其投资的公司董事会组成的多元化：“我们首要考虑的是确保代表所有股东利益的个人是独立的、有能力的、有适当经验的。我们还相信，思想、背景和经验的多元化以及个人特征（比如性别、种族和年龄）的多元化有助于董事会成为有效的、敬业的股东利益服务者。”该报告继续描述了美国先锋集团曾通过专注于增强多元化来提高董事会质量的公司（其名称被隐去）的例子，并评论说“我们打算推动董事会变得更加多元化，以便董事会能够更好地受益广泛视角的好处”（美国先锋集团，2018）。

非政府组织在民事监管中的作用

民间社会团体早就认识到公司活动对利益相关者的巨大影响。随着公司反过来在更广泛的经济中变得更加重要，它们解决的问题范围也在增加。有一种观点认为，非政府组织在公民社会中扮演着新的角色，可以推动对公司行为的新影响进行监管，使利益相关者处于与投资者和监管机构同等重要的地位，有时甚至凌驾于投资者和监管机构之上（Hutton、MacDougall 和 Zadek，2001）。非政府组织能够作出的三大主要贡献如下所述：

1. 提高福利——作为一种民间监管机构，非政府组织运动可以成为实现提高福利的社会和（或）环境目标的有效方法。戴维斯、卢孔尼克和皮特—沃森（2006）认为，“在一个公民社会中，政党、独立的司法机构、言论和出版自由以及公正的法律和民间团体是民主的核心支撑。公民经济的平行机构可以被理解为参与的股东、独立监督者、可信的标准和公民社会组织”。

2. 加强投资分析——通过加强在社会、道德和环境问题上对股价可能具有重要意义的公司绩效的信息流，非政府组织可以改进投资分析（此外，在他们游说新规则时，还可以阐述对未来监管趋势的洞察）。

3. 增强市场信任——威古德（Waygood，2013）引用了科腾（Korten，1995）的观点：“只要社会有机制来抵制滥用国家或市场力量的行为，经济体系就能保持活力。”威古德首选的制度是民主多元制，它结合了“市场、政府和公民社会的力量”——这是该制度的重要组成部分。

威古德认为，下一个重要步骤是让金融生态系统中的各个参与者与非政府组织结成正式合作伙伴关系，例如世界自然基金会（WWF）和 Insight 在可持续住宅方面开展的合作，以及和 Aviva 在自然金融倡议方面开展的合作。鉴于大型全球公司和民间社会组织之间可能存在权力不平衡，这种正式合作伙伴关系究竟是会引发一致行动，还是会存在“九龙治水”和弱化公民社会目标的风险，还有待观察。尽管如此，威古德关于在监管事业中需要将不同参与者结合起来还是正确的。

公民社会在为利益相关者利益发声过程中的作用越来越大，超出了公司自身的法定宗旨，这在普通法系和大陆法系的治理制度中，均有迹可循。

由于有必要在管理财务资本、人力资本和自然资本之间寻求平衡，因此股东至上和公司利益相关者模型之间日益趋同。在普通法系之下的市场，越来越多地出现了各个公司表明为投资者创造价值需要关注利益相关者的需求和期望的例子。相反，在大陆法系之下的市场，公司明确表示需要向投资者提供经风险调整后的回报，以便以可接受的成本，维持它们获得资本的权利。这两者都表明，共享价值方法（而不是股东至上）可以更有效地推动可持续发展，尤其是因为它将对长期包容性繁荣的关注变成了常态。在这种融合的推动下，围绕制定人力资本和利益相关者关系（如第 4 章所探讨的那样）、促进保护人力资本的监管举措以及消费者和社区举措（比如公平贸易运动）的规则和衡量标准的呼声日益高涨。

未能达到公司人权基准

尽管投资者、公民社会和监管机构日益关注，人力资本管理中的问题和绩效指标仍然不明确，最佳实践往往达不到最低标准。公司人权基准（CHRB）编制的结果就是一个发人深省的例子。公司人权基准是 2013 年启动的一项多方利益相关者倡议，旨在评估全球主要公司在部分行业中的人权表现。总部位于伦敦的跨国保险公司 Aviva 的责任投资业务负责人史蒂夫·威古德（Steve Waygood）主持公司人权基准（CHRB）的相关工作，并借鉴了其他六个组织的专业知识技能，这六个组织是荷兰的一个负责任投资者协会、荷兰的一个养老基金、一家北欧私人银行、一个非政府人权组织、一家智库和总部位于伦敦的一家慈善机构。公司人权基准采用了联合国人权特别代表约翰·鲁吉（John Ruggie）制定的《联合国工商企业与人权指导原则》，来评估“尊重人权的公司责任”的实施水平（联合国人权理事会，2011）。这被解释为实施人权尽职调查，包括评估实际和潜在的人权风险，针对明显的风险采取行动，跟踪研究为解决人权影响而采取的行动的效果，以及披露公司应对风险和影响的方式。

公司人权基准在2018年首次发布了排名，评估了101家全球主要公司在其公开报告中反映受《联合国工商企业与人权指导原则》指导的程度，结果显示形势严峻。公司人权基准主管人在关于该项目的报告中评论道："总体情况令人深感担忧：大多数公司根据基准的得分很低，表明《联合国工商企业与人权指导原则》执行不力。这引起投资者和消费者质疑，即这些公司是否在逐利过程中，真心地不再对人们造成伤害"（公司人权基准，2018）。该报告重点关注人权受到严重影响的三个主要产业部门：农产品部门、服装制造部门和采掘部门。

《国际劳工组织章程》的序言部分提到了"最低生活工资"和"保护儿童"的必要性（国际劳工组织，2019）。《联合国全球契约》呼吁企业消除一切形式的强迫和强制劳动，并彻底禁止使用童工（《联合国全球契约》，2019）。《联合国工商企业与人权指导原则》援引了国际劳工组织制定的最低标准，并阐明了支持人权维护者的公司责任——那些提出严肃指控的人理应得到公司的回应（联合国人权理事会，2011）。在接受评估的公司中，没有一家公司报告对最低生活工资的承诺，在服装制造业，一半的公司没有报告确保在其供应链中不雇用童工的措施。只有3%的被评估公司报告说，他们能够积极回应其侵犯人权的指控。根据该报告，巴西矿业巨头淡水河谷公司（Vale S. A.）在其人权记录方面得分很高，而在2019年1月Brumhadino大坝溃决后，淡水河谷公司随后从名单中被除名。公司人权基准报告以法国食品公司达能集团为例，强调了公司人权领袖获得资金的可能性会提高。2018年，达能集团发行了3亿欧元的社会债券，这是自2017年6月国际资本市场协会公布社会债券原则以来，首次由企业发行人发行社会债券。该债券期限为7年，票面利率为1%（Owen，2018）。募集资金将拨给推动对达能集团利益相关者（包括供应商、当地社区、有特定营养需求的人）产生积极社会影响的各类项目，以及为达能集团员工提供加强医疗保险、延长产假和育儿假、改善产后护理政策的项目。

结束语

作为投资者尽职调查事项的人力资本管理的出现，已经将范式从作为成本的劳动力转变为作为资产的人力资本——这是由加里·贝克尔（Gary Becker）提出的人力资本经济理论引发的嬗变。人们越来越认识到，利益相关者关系也是共享价值的源泉——但这在某种程度上受制于标准和报告缺乏明确性。如第 4 章所述，多方利益相关者倡议的广泛结合迫切要求进行更广泛的非财务披露，正是投资者与其他利益相关者联手改善披露情况的表现。关于人力资本和利益相关者关系的描述是界定企业目标的核心。现在投资者已经对此了然于心。

投资者的这种考虑现在已经扩展开来，不仅包括公司直接雇用劳动力，还包括公司的全球供应链。作为 19 世纪保护人力资本的代表，工会在许多市场中的作用已显颓势，随之而来的是政府、监管机构、消费者和其他利益相关者试图扩大劳工保护的范围，这反映了全社会日益期望劳工权利在所有司法管辖区得到尊重和保护。由此产生的影响是不平衡的、有争议的。可以说，投资者在这种变化中姗姗来迟。然而，越来越多的证据表明，良好的人力资本管理和利益相关者关系带来的回报会产生经济影响，这使金融生态系统关注自身完善，而国家和工会的退场则使公民社会关注资金提供者（作为促进人类福祉的新影响力的来源）。这在多大程度上为投资者带来了回报，或者反映了投资者作为缺乏公共执法的全球体系的仲裁人的特权地位，是一个值得讨论的问题。对金融可持续性关注点的转变使投资者的合法性和目的备受重视，与投资者对本书前几章所讨论的人力资本和其他形式资本的影响程度和依赖关系密切相关。

这是一种新的动力，它蕴含着能够推动不同类型变革的经济动机。投资者开始意识到，可持续回报是由公司在管理人力资本和利益相关者关系方面的超凡能力所驱动的。长期以来，公民社会团体一直正确地呼吁要重视人本身，但金融界也认识到，即人力资本是一种资产，需要受到保护和投资。公民社会和公司之间的相伴相生有可能在全球促进广泛人类福祉的宏伟目标上取得真正的进展。人们必须保持谨慎态度，因为两者之间并不是直接的利益一致，但使金融生态系统与可持续发展的目标保持匹配是有可能实现的，因为归根结底，大型全球公司的分散所有权意味着，公民投资者与公民社会成员存在着利益重叠。

第 9 章 资本结构与社会资本：多种投资形式

前言

在前两章中，我们关注了企业活动对自然资本和人力资本健康运作的依赖。在理解了可持续自然环境、敬业和身体健康的员工、企业生产力维持之间无缝衔接的、多种意义的关联之后，“公司应该完全站在其股东的立场上开展经营”的这个想法似乎是盲目的。很明显，在短期内，自然资本和人力资本与制造资本一样重要。在会计学意义上，我们可以将这三种资本放在资产负债表的资产端。那么，资产负债表的负债端是怎样的？我们如何对自然资本和人力资本进行融资？

让我们先考察一下人造资本是如何融资的：通过股权、债务、负债和其他类型的金融资本。金融业的实践提示我们，金融资本提供者分为许多不同类型，包括表内和表外的金融资本提供者。企业可用的金融资本面临着许多不同的要求：期限、本金损失风险、流动性、波动性、交易对手风险、是否需要抵押品、对收益增长的贡献，以及环境、社会和公司治理（ESG）的最低门槛。企业资本结构表明其从几乎无穷尽的、可塑性好的各种潜在类型中，选择了一组特定的金融资本类型。关于资本结构的选择，部分取决于公司资产的性质。

例如，针对市场价值或周期性现金流起伏大的资产，不太可能通过债务来融资。那些没有高度专业化的知识（如艺术品和古董方面的知识）就难以辨别价值的资产，或与高度私人信任紧密关联的资产，则更有可能采用股权融资。如果某种资产的所有者希望在短时间内获取最大的货币价值，那么这种资产可能会采用强大的激励结构，例如私募股权投资公司中盛行的激励结构。如果资本市场很健全，也就是说，每一类金融资本都有充足的供应，那么现金流状况复杂的企业可能预计会呈现出复杂的资本结构。在资产负债表的资产端，一旦我们认识到还有其他形式的资本（自然资本和人力资本），那么我们应该想到，这些其他形式的资本融资方对期限、风险、环境、社会和公司治理（ESG）要求等方面的需求也需要满足。我们对企业融资来源的理解范围需要拓展，以符合我们对自然资本和人力资本是价值创造的关键资产的认识。

在一篇被广泛引用的论文中，迈克尔·波特（Porter）和马克·克雷默（Kramer）（2006）认为，"企业和社会相互依存，这意味着商业决策和社会政策都必须遵循共享价值的原则……也就是说，选择必须使双方都受益"。在国际金融危机爆发后，在针对该主题的后续讨论中，波特和克雷默（2011）认为，为了重新获得更广泛的社会合法性，企业必须摆脱只注重产生利润的形象，带头开展对广大利益相关者有利的各种经济活动。他们将为利益相关者创造价值的战略称为"共享价值创造"，将一些"以讲究实际的经营方式而闻名的公司——通用电气、谷歌、IBM、英特尔、强生、雀巢、联合利华和沃尔玛等公司"引以为例，来表明这些公司已经开始努力创造共享价值。在波特和克雷默看来，"价值"是相对于成本的经济效益和社会效益，而不仅仅是"做好事"。这大概意味着共享价值创造必须经过成本效益分析测试（见本书第6章）。原则上，将这种共享价值创造评估标准纳入公司投资选择，是有可能识别和管理人力资本及自然资本对股东价值的重要贡献。我们详细研究了两个相关的案例。

陶氏化学公司：利用自然资本，创造共享价值？

2011 年，陶氏化学公司宣布与位于美国的大自然保护协会建立为期五年、金额为 1000 万美元的合作伙伴关系，“以推动将自然价值融入商业领域，并采取行动，保护地球的自然系统及其为人类提供的服务，以便造福商业和社会”（Asquith，2011）。该合作伙伴关系旨在广泛传播其经验教训，并借鉴已经过同行评审的出版成果，来帮助其他公司将保护的价值纳入商业决策。我们在下面描述了一项经过同行评审的案例研究。

在工业场地修复的背景下，不同的修复选择可能对生态系统服务流、货币资本和运营成本产生不同的影响。美国农业与应用经济学会（AAEA）案例研究委员会所选择的一项引人入胜的教学案例研究，已在 2018 年美国农业与应用经济学会年会上陈述并通过了同行评审。这项研究说明了陶氏化学公司和密歇根州米德兰市如何以有利于城镇居民、当地生态系统和陶氏化学公司的股东的方式，协调恢复两处已报废的相邻工业场地［格廷（Guertin）、波尔青（Polzin）、罗杰斯（Rogers）和威特（Witt），2019］。作者指出，陶氏化学公司“有一个明确目标，即运用‘重视自然的商业决策流程’，并‘通过有利于企业和生态系统的项目’，创造 10 亿美元的价值”。米德兰市的目标则是连接和维护开放空间，并负责确保其支出的性价比最优，以及为米德兰市居民的利益服务。该案例研究列出了恢复这两处工业场地的三个备选方案，以及对生态系统服务和货币成本的相关影响。由陶氏化学公司拥有的第一个场地占地 23 英亩，包括一个灰池。先前一家燃煤电厂排放的 9 万立方码废灰就存放在这个灰池里。米德兰市拥有的相邻场地是一个面积为 14.5 英亩的废弃混凝土设施（称为“4D 设施”）。这两个地方都位于流经米德兰市中心的泰塔巴瓦希河畔。这三个备选修复方案由陶氏化学公司的员工、大自然保护协会的科学家，以及来自 AECOM 和 EcoMetrix Solutions Group 的合作者组成的项目团队共同制定，具体内容包括：

（a）对陶氏化学公司的灰渣池场地进行封盖（将灰渣留在原地，并用合成材料、土壤和草来覆盖，并承诺对地下水进行长期监测，以防未来泄漏）；

（b）陶氏化学公司灰渣池场地的生态恢复（挖出废弃灰渣，恢复场地原貌，重建森林、草原和湿地）；

（c）陶氏化学公司灰渣池场地和米德兰市 4D 设施的生态恢复（连接两个场地的路线和眺望设施）。

对于陶氏化学公司拥有的场地，与备选方案（a）相比，生态修复（备选方案 b）的安装成本低 160 万美元，年运营成本低 4.4 万美元。对于米德兰市拥有的场地，生态修复备选方案耗费的安装成本比传统的修复替代方案要高出 110 万美元。然而，生态替代方案的年运营成本降低了大约 2500 美元［参见格廷、波尔青等（2019）所编制的表 4］。这个研究团队使用由陶氏、TNC 和 EcoMetrix 联合创建的、被称为“生态系统服务识别和信息工具”（ESII Tool）的专业建模工具，来估算各自备选方案预期的生态系统服务的类型和数量（ESIITool，2019）。该工具生成对温带内陆地区土地利用变化导致的供水、空气、水质控制、气候调节、水土流失预防、其他生态服务发生变动的估计结果。在一篇相关论文中，格廷、波尔青、罗杰斯和威特（2019）指出，相对于未修复场地的基准，封盖会导致许多生态系统服务减少。因此，从生态系统的角度来看，最好能在两个场地进行生态恢复。对于陶氏化学公司来说，这是一个轻而易举的选择，因为生态替代方案的安装和运营成本会更低。当然，挑战在于说服米德兰市为其财产支付生态恢复的额外费用是划算的。格廷和哈尔西（Halsey）等（2019）指出，生态恢复会给社区带来许多好处，包括恢复米德兰市中心对面的河滨、一个由小径连接的广泛开放、休闲空间，以及由于生态修复的防洪性质而可能降低的洪灾保险费率。幸运的是，对于米德兰市来说，由当地各家基金会和包括陶氏化学公司在内的各大公司赞助的一家当地非营利组织“Momentum Midland”捐赠了 220 万美元，来帮助恢复 4D 设施场地（Hoag，2017）。本案例研究表明企业主动性、计划的协调、对企业社会责任资源的针对性分配，为企业股东、当地社区和当地生态系统带来了共同利益。或许这正是波特和克雷默所思考的观点：“当一家经营状况良好的企业将其丰富的资源、专业知识和管理人才用于解决它所理解并与之有利害关系的问题上时，它对社会公益的影响可能超过任何其他机构或慈善组织。”

然而，更为宏大的历史背景颇具启发性，值得注意。陶氏化学公司成立于 1897 年，总部位于米德兰市。由于曾经在 20 世纪 50 年代和 60 年代生产凝固汽油弹和橙剂等有毒和危险化学品，该公司一度臭名昭著。自 2001 年以来，陶氏化学公司收购了美国联合碳化物公司，后者因 1984 年发生在印度中部城市博帕尔市的天然气泄漏灾难而声名狼藉，这次灾难造成 3787 人丧生。2008 年，陶氏化学公司与美国环保署和密歇根州环境质量部达成协议，从米德兰市附近的泰塔巴瓦希河清除多达 5 万立方码的、被二 英污染的沉积物（Barringer，2007）。鉴于陶氏化学公司在米德兰市经营历史悠久、长期从事化学品制造活动，人们可能会简单地将案例研究看成一个污染大户花费一些资源，粉饰其在本土的形象。这种类型的补救措施几乎不能称之为共享价值创造。如要充分认识到其总部附近自然资本的价值，必须制定明确的战略、开展事前投资，以防止二 英污染。尽管如此，陶氏化学公司与大自然保护协会之间的合作确实证明了一家拥有“大量资源、专业知识和管理人才”、实力强大的公司与备受推崇的、专注于生态系统保护和管理的非营利组织之间，通过真正交流本地化和专业知识产生的可能性。“生态系统服务识别和信息工具”（ESII Tool）正是这项合作的重要成果，它使哪怕生物学的门外汉也能够估计土地利用变化对一组生态系统服务的影响。此外，这种类型的合作鼓励人们改变了大型企业投资评估环境中阐明价值创造意义的方式。

人力资本的共享价值：私募股权和教育事业

平等接受教育可以产生人人普遍共享的社会效益，这一点广为人知。因此，在大多数国家，教育通常是获得补贴最多的一项事业。除了为学校和大学提供直接政府资金外，许多政府还为学生贷款提供大量补贴，并为学生、中小学、大学、雇主和贷款机构提供税收优惠和免税待遇。因此，社会是教育事业表外资本的重要提供者和关键的最终受益者。从这个意义上说，以国家为代表的社会是国家人力资本的投资者。原则上，从通过社会补贴培养出来的毕业生未来收入中征收的税款，是国家所投入资本的回报。在补贴的分配过程中，国家依靠各类公益性、营利性和非营利性组织，对教育供给进行管理。

正如我们在本书第 3 章中所述，投资者与管理层（或所有权与控制权）的分离引发了代理理论的核心问题：如何协调激励？如果国家补贴能够为毕业生带来更高的终生收入，扩大和深化税基，那么国家将会受益。可遗憾的是，政府迄今还不能制定视毕业生终身收入而定的补贴和激励计划，因为这需要提前数十年预扣专款。对于未来的学生或政府来说，不同办学机构的高等教育质量并不是马上显而易见的，部分原因是教育的结果取决于教学的有效性和学生在掌握技能方面的努力。

在美国，营利性高等教育规模在最近几十年猛增，从 1970 年占入学总人数的 0.2% 增长到 2009 年的 9.1% （Deming、Goldin 和 Katz，2012）。2009 年，营利性大学的女生和传统上获得服务不足的大学生的入学率占比很高，特别是 25 岁以上的大学生和得不到充分服务的少数族裔大学生的入学率远高于其他群体。尽管当时营利性机构平均招收大约600名学生，因此规模比一般非营利性机构小，但大的营利性机构都是营利丰厚的大型上市公司，其中有几家公司每家都招收5万多名学生（Bennett、Lucchesi和Vedder，2010）。营利性机构74%的收入来自政府拨款和贷款，其中规模最大的公司有80%以上的收入来自政府资金。2010年，美国国会参议院卫生、教育、劳工和养老金委员会开始对营利性经济部门进行监督调查，审查学生人数的急剧增加，以及政府补助和优惠贷款的相关增长。参议院报告发现，由上市公司和私募股权基金拥有的营利性大学的激励机制与学生的激励机制尤其不一致："联邦法律和法规目前并未使营利性大学的激励机制统一起来，从而使学院在学生成功的同时在经济上也取得成功"（美国参议院，2012）。这份报告指出，2009年，纳税人为营利性经济部门的收入贡献了超过300亿美元的资金，但超过一半的入学大学新生在平均4个月的期间，就仓促辍学了，没有拿到证书或文凭。2008年，政府提供给营利性大学的学生贷款的三年助学贷款违约率为25%，而在公立院校，仅为11%，在私立非营利性大学，则为8%（Deming等，2012）。在针对参议院报告的一些调查结果采取了一系列监管行动后，许多大型企业面临着入学人数和收入急剧下降、裁员、执照被吊销。多家上市公司破产、退市、裁员，或被私募股权公司收购。

伊顿（Eaton）、豪厄尔（Howell）和亚尼里斯（Yannelis）（2018）研究了在私募股权管理高等教育背景下，高赋能的利润最大化激励措施的作用。私募股权管理者拥有特别高的利润最大化激励。因为他们以管理奖励费的形式，赚取了这些利润中的很大一部分。因此，与确保长期质量相比，私募股权管理公司可能有更强烈的动机来增加收入。例如，前文引用的参议院报告指出，营利性大学雇用的大学招聘专员数量是帮助学生求职的职业支持人员（译注：也可以翻译为就业指导人员）的10倍。在多年后方见成果的、依赖补贴的行业中，管理者更容易仅仅把重点放在获取政府援助上，而不惜牺牲对学生的教育成效。通过88笔私募股权交易和994所私募股权管理下的各所大学而建立的一个新数据库，伊顿等人发现，对现有大学的私募股权收购不仅会导致更高的入学率和利润，还会导致教育投入减少、学费上涨、学生人均债务增加、毕业率降低、学生贷款偿还率降低，以及毕业生收入降低。伊顿等使用一组测试来考察监管事件和阈值的影响，发现私募股权旗下的大学能够更好地获得政府援助。

我们对营利性大学在美国高等教育中发挥的作用的考察强调了当企业管理层严重依赖社会资本来产生投资者回报时，调整激励机制是至关重要的。在教育背景下，大学的私募股权经理实际是在有效地管理公共资金以实现更广泛的公共利益，在理解了这一点之后，我们就能够以新的眼光，看待他们的作用。正确的模式现在变成了受托人模式，受托人代表国家行事，以推进实现广义的社会目标，同时获得公平的资本和资源回报。这种观点将改变将教育外包给私募股权的适当控制结构。例如，这表明除了面向其有限合伙人（LP）的负责之外，私募股权经理还对整个社会的教育目标负有信托责任。

关于代偿顺序的一个例子：员工养老金和私募股权

在公司的常见资本结构下，无担保债权人的优先级高于股东。这意味着，在公司清算时，必须先偿还无担保债权人，然后才能使用任何资产，返还股东资本。这通常是破产时发生的事情。养老金义务被视为无担保负债，就其本身而言，预计在股东从公司资产中获得任何有价值的部分之前，养老金义务即被解除。但是，如果公司看起来是持续经营且显然没有面临清算，则此优先顺序不适用。如果是私募股权公司所拥有和控制的公司，公司向股东支付股息，或向私募股权公司支付管理费，同时推迟对员工养老金计划的缴款是可能发生的，而且也是相对普遍的。只要公司继续经营并履行到期养老金支付义务，并且得到其他债权人允许，公司就可以宣派股息，或根据私募股权公司所提供的服务，支付相关款项。

如果公司向私募股权经理支付股息或支付咨询费，扣留养老金缴款不付，随后宣布破产，那么该怎么办？假设在破产时，没有足够的剩余资产来支付养老金缴款。破产法院是否会要求股东返还股息，还是要求私募股权公司返还费用，以便履行养老金义务？只有在申请破产保护前的一年内支付了这些款项，破产法院才会这样做。如果股息是在破产保护申请前两年支付的，则假定股息是合理的，而不是企图以欺诈方式，将公司资产从养老金受益人等其他债权人手中转移出去。

《华盛顿邮报》描述了私募股权公司 Sun Capital 开展的一些投资项目的例子，其中几家投资组合公司在破产前两年，向 Sun Capital 支付了大量股息和费用［郝瑞斯基（Whoriskey，2018）］。Marsh 是成立于1931年、位于美国中西部的一家杂货连锁店公司，2006年被 Sun Capital 以3.25亿美元收购。由于2008年的经济衰退、管理层更替以及激烈竞争导致的利润率下降，Marsh 公司面临财务困难。多年后，Sun Capital 以3.48亿美元的价格出售了 Marsh 公司旗下的多个店铺。郝瑞斯基指出，其中一部分出售款流回了 Sun Capital，而另一部分出售款则留在了 Marsh 公司。最终，在2017年，Sun Capital 让 Marsh 公司破产。郝瑞斯基（2018）指出，在2006年至2017年期间，Sun Capital 的有限合伙人在对 Marsh 公司的投资方面，损失了约50万美元。他在文章中还指出，Sun Capital 在这笔交易中赚到了钱，因为它每年收取100万美元的管理费，以及涉及出售 Marsh 公司资产的未披露费用。对 Marsh 公司的投资，包括赚取的费用，可能对 Sun Capital 来说，是有利可图的。然而，当 Marsh 公司进入破产程序时，它留下了超过8000万美元的员工遣散费和养老金债务尚未付讫。同样，文章还指出，Sun Capital 拥有的另外两个投资对象在破产前两年，向 Sun Capital 支付了大量股息，而在破产时，大量养老金债务仍未结清。

上面的例子表明，私募股权经理哪怕本身就是基金投资组合公司的所有者和控制人，也不一定是剩余风险承担者。就 Marsh 而言，该杂货店的员工承担了剩余风险——正是他们的养老金有效地补贴了宣派给股东的股息。Marsh 能够在破产前两年给 Sun Capital 付款的部分原因正是对员工养老金计划的缴款的推迟。在这种类型的资本结构中，人力资本表现为杂货店员工的形式，他们提供资金，付款给既是所有者又是控制者的金融资本提供者。

企业可持续发展的分散性收益和成本

正如我们在本书第 5 章和第 8 章所述，企业可持续发展计划实现了从有形的到无形的、从以环境为重到以社会为重的各种效果，不一而足。这些效果中的每一个都以不同的方式影响公司的财务业绩，并取得不同的结果。可持续发展实践带来的企业财务成功的背后有一些中间驱动因素，例如竞争优势、声誉提升、互利合作伙伴关系的发展（Mollet、von Arx 和 Ilic，2013）。此外，与提高客户或员工满意度和公司整体声誉相关的好处也被频繁提及（Wagner 和 Schaltegger，2004）。这些类型的好处可以与对利益相关者关系的投资联系起来，这正是公司的一种社会资本形式。有人认为，对于将生态系统服务的价值纳入针对化石燃料和化学公司（比如上述的陶氏化学公司）的投资选择的企业而言，最显著的经济效益可能来自品牌价值、研发、竞争差异化和员工满意度，而更负责任地维护生态系统带来的直接收益要小得多，甚至可能是负面的贡献（Gonenc 和 Scholtens，2017；Lioui 和 Sharma，2012）。当然，这样的观点可能反映了在项目评估的短时间内所能揭示的真相，生态系统服务的直接好处即使不是主要的长期考虑因素，最终也可能会成为更突出的考虑因素。可持续发展举措带来收益的分散性，意味着公司的法律和财务界限不能限制我们对有益影响的评估。询问投资者是否在短期内受益于可持续发展举措必然是一种不全面的方法。

反过来说，营利性高等教育部门的例子表明，在激励机制不可避免地存在错位的情况下，单个利益相关者很容易地在短期内侵占其他人的资本。我们在本书第3章中对公司法人资格进行的分析就已经暗示：对居中调停“所有者”与其他利益相关者之间关系的法人进行惩罚的难度很大。正如英国上议院大法官爱德华·瑟洛（Edward Thurlow，1731—1806）提出的那个著名的问题：“你有没有想过，当公司在没有肉体可以被击垮，也没有灵魂可以被诅咒时，你还指望它有良心么?”分散的成本和收益以及法人资格对企业的资本结构造成了限制，导致在将资产特征与资本来源匹配的效率和惩罚公司特定利益相关者（在不伤害他人的前提下）的难度之间出现不可调和的权衡（Iacobucci 和 Triantis，2006）。

社会网络分析：对资本多样性的测试

社会网络分析（SNA）是利用图论来描述特定社会结构（或拓扑）的显著特征的一种技术，它旨在提高用于描述社会群体属性的常用方法的精确度。例如，社交网络分析构建了对社会群体中两个经随机选择的个体之间交互密度的一个指标，或者测算了与网络中超过既定百分比的所有个体有直接关联的个体的百分比。在雅各布·莫雷诺（Jacob Moreno）发表了人类互动研究结果后，社会网络分析一度成为了社会学家们青睐的标准工具。莫雷诺绘制了若干图表，来描述他可以辨别的群体（比如学生）之间的社会关系（莫雷诺，1934）。社交网络由通过链接或边界连接的顶点或节点组成。顶点，即社会学家所指的行为主体，可能是个人或组织。链接可能代表关系，例如友谊、董事会成员资格、公司与其子公司之间的所有权关系等。社会学家发表的一个重要见解是：网络的属性无法通过聚合节点的属性来推断，必须直接研究网络才行。

许多网络表现为三种共同现象：最短全局路径长度、高值局部聚类和偏度分布（Watts，2004）。

最短全局路径长度：指在许多网络中，在任何一对随机节点之间移动必须遍历的节点数通常相对较少。最有可能被经过的节点称为“中间人节点”。例如，在耶鲁大学的斯坦利·米尔格兰姆（Stanley Milgram）开展的著名的“小世界实验”中，在内布拉斯加州奥马哈市的一个被随机选择的人平均需要大约6个熟人，才能联系上马萨诸塞州波士顿市的某个人[①]。“小世界”或最短全局路径长度的概念成为后来流行的六度人脉理论，即世界上的人都可以通过六层以内的关键和其他人联系。

高值局部聚类：这是衡量网络局部结构凝聚力的一个指标。如果节点之间的连接密度很高，则称它们是聚类的。通常情况下，网络显示局部聚类，呈现出许多“结构洞”，即节点稀疏的网络部分。局部聚类也称为“团”。

科古特（Kogut）和沃克（Walker）（2001）使用社会网络分析，描述了1993年至1997年间的德国各大公司及其所有权关系。他们证明，公司网络呈现出最短全局路径长度和高值局部聚类，并且充当社会经纪人的公司极有可能参与并购活动。

偏度分布：这是指大多数节点仅连接到少量其他节点，而同时少数节点连接到大量节点的现象。因此，相对于每个节点的最大连接数，每个节点的连接中位数是较低的。这个特性表明，连接到许多其他节点的少数节点真的非常重要。然而，事实证明，真正重要的节点是那些被称

---

① 译注：米尔格兰姆给内布拉斯加州奥马哈市随意选择的300多人发信，要求他们把他的这封信寄给波士顿市一个独一无二的“目标”人，分别由每个人独自联系。米尔格兰姆告诉每个发信人有关目标人的信息，包括姓名、所在地、职业，如果发信人不认识这个目标人，他们把这封信寄给他们认为有可能认识目标人的熟人。依此类推，形成了发信人的链条，链上的每个成员都力图把这封信寄给他们的朋友、家庭成员或同事熟人，以便使信件尽快到达目标人。米尔格兰姆发现，有60个链条最终到达目标人，链条中平均步骤大约为6，即点与点之间连线数为6。米尔格兰姆由此得出结论：任意两个人都可通过平均6个熟人联系起来。这就是六度分离理论的产生经过。

为“桥”的节点，它们往往只有几个连接。“桥”之所以重要，是因为它们连接的节点间社会距离非常长。连接到其他许多节点的节点并不是非常重要，因为它们通常可以被连接到相同邻点的其他附近节点所替换。美国革命社会网络中的保罗·里维尔（Paul Revere）就是一个关于“桥”节点的著名例子（Han，2009）。[①] 据说桥节点具有较高的介数分值。某个节点的介数是衡量在两个随机节点之间通过这个节点的任何既定行程的可能性大小的一个指标。

桥和套利

网络的以上这三个特征导致社会结构由许多紧密联系的个人群体组成，而这些群体由几个关键中间人搭桥。这些桥或中间人是不同社会团体之间的交汇点。社会资本的概念是指“桥”的潜力，它可以连接不同世界和促进集体行动，或从群体间套利中获益［伯特（Burt，2005）］。伯特指出，重要的不是一个人在领英网站（LinkedIn）上可能拥有的联系人数量，而是他所联系的经纪人的数量（以及与他们的距离）。

桥或中间人的概念类似于金融市场中的“套利者”（Shleifer 和 Vishny，1997）或奥地利经济学意义上的“企业家”（Kirzner，1997）。套利者必须弥合不同的市场或世界观，以构建不同资产之间相似的愿景，并作出此类不同资产估值趋同的假设。为了发现商机，套利者不能与志同道合的人为伍（即不和具有相似目的的人在一个锅里抢食）。根据定义，在事前，套利者必须看到别人看不到的东西。最终，随着时间的推移，套利者可能会被证明是一个有远见的人或一个想法古怪的人。

---

① 译注：保罗·里维尔在1775年4月18日夜间骑马狂奔，将英军计划出城收缴民兵火药和搜捕革命领导人的消息传递给民兵，使他们有所准备，进而在次日发生了列克星敦和康科德的交火事件，加速了美国革命的爆发。

但在目前，套利者非常重视从不同的角度获取信息。

社交网络分析的一个关键优势在于它有可能揭示行为者群体之间潜在的相似性和差异性，并识别出各种桥，或许可以告诉我们网络中的行为主体可以调动的社会资本的价值。社会网络分析已被用于揭示各个全球可持续发展会计倡议组成的紧密连接的网络内潜在的多样性和相似性［西斯尔思韦特（Thistlethwaite）和帕特森（Paterson），2016］。西斯尔思韦特和帕特森研究了九个可持续发展会计倡议［例如全球报告倡议组织（GRI）、气候披露项目（CDP）、国际综合报告理事会（IIRC）和可持续性会计准则委员会（SASB）］，并随着时间的推移，追踪它们之间的关系，具体做法是跟踪作为其理事会成员的个人和雇用这些理事会成员的组织。人员、组织和倡议之间存在大量交集，使该网络成为一个关联网络。西斯尔思韦特和帕特森还收集理事会成员的个人简历数据，例如培训、职业背景和公民身份（即国籍），并计算各个理事会成员的关联度分值。他们使用社交网络分析，来研究可持续发展会计倡议的多样性。他们指出，最早的倡议机构［全球报告倡议组织（GRI）和“对环境负责的经济体联盟”（CERES）］是非政府组织发起的，旨在给公司施压，要求公司披露其社会绩效和环境绩效。非政府组织主导的环境、社会和公司治理（ESG）倡议随后催生了以碳为中心的倡议，鉴于碳核算需要门槛相对高的专业知识，这些倡议是必要的。最终，由于需要投资者（而不仅仅是公司）的参与，导致在最近的倡议中，会计学背景参与者占据主导地位，因为财务会计师接受过减少投资者和公司之间的信息不对称的训练。披露环境、社会和公司治理（ESG）信息的压力虽然是由民间社会施加的，但却成为了会计师的专属领域，西斯尔思韦特和帕特森将这些人称为“认知套利者”。西斯尔思韦特和帕特森开展的社交网络分析表明，与联合国支持的一项倡议“全球报告倡议组织”（GRI）的最初概念和目前联合国可持续发展目标的广泛合法性相比，可持续发展倡议理事会参与者的来源非常狭窄。

研究表明，在这九项可持续发展会计倡议的理事会成员网络中，62%的成员来自美国或英国。英美占主导地位，欧洲大陆、拉丁美洲、亚洲和非洲大部分地区的代表性不足，这很难表明在可比较的公司治理体系中具有广泛合法性，更不用说范围更广泛的文化、种族和地缘政治分歧了。西斯尔思韦特和帕特森还指出，该网络与非政府组织和国际组织的联系很弱，但最深的联系（从密集互连的意义上来说）都与规模最大的会计师事务所及其专业协会和行业协会有关。这种单一职业的主导地位蕴含了生态系统研究所揭示的单一文化的所有风险（见本书第5章）。考虑到从事公司治理研究的法学教授约翰·考菲（John Coffee）所提出的论点，这种单一文化尤其令人不安。考菲研究了2000年至2003年间英美地区市场上的公司欺诈犯罪规模。在2007年至2008年国际金融危机之前撰写的论文里，考菲提到，欧洲大陆相对来说，没有出现大规模的公司欺诈，可以归功于专业“守门人”——会计师、律师、证券分析师和评级机构所扮演的不同角色（约翰·考菲，2006）。

显然，可持续发展会计倡议的网络亟需一支由保罗·里维尔、桥和企业家组成的团队，在迥然不同的世界之间建立联系。社会资本的一个不可替代的特点是，它不仅仅依赖于一种成功的衡量标准，比如货币支付意愿、碳强度，甚至是员工的工作满意度指数。社会资本依赖于“桥”的愿景，必然重视以多种货币或指标衡量的成功。虽然“桥”很重要，但它们之所以有价值，正是因为网络内部存在异质性。连接两个地理上分离但文化上相似的生活圈子的“桥”，是几乎没有什么价值的。连接分析多样化市场的努力也许是可持续金融从业者在实现可持续发展的过程中可以作出的最重要贡献之一。我们简要描述了四个领域，在这些领域中，社会“桥接”对于管理不同资本来源的过程是不可或缺的。

我们在此对社会资本的描述取决于在网络分析中的“桥”的价值。其他社会资本概念与这个观点并行存在。罗伯特·普特南（Robert Putnam）在一篇题为“独自打保龄球（指不参与社区活动）”（普特南，1995）的文章中，描述了一个相关但不同的社会资本概念。普特南在他本人早期对意大利各地区的地方政府工作效率的研究中发现，正如公民社会组织的活力所表现的那样，公民参与的规范和网络强烈影响了代表各地区的政府的表现。普特南认为，拥有更好的学校、更快的经济发展、更低的犯罪率和更高效运作的地方政府的司法管辖区需要公民参与，例如选民投票率、报纸读者人数，甚至是合唱团和足球俱乐部的会员身份。在这篇文章里，普特南指出，美国的公民参与程度急剧下降，这种下降威胁到民主的质量和生活的品质。文章的标题暗示了普特南的观察结果，即在 1980 年至 1993 年间，美国玩保龄球的人的总数增加了 10%，而保龄球联赛则减少了 40%。普特南声称，“‘社会资本’是指社会组织的特征，如网络、规范和社会信任。这些特征促进了以互利为目的的协调与合作”。这种社会资本的概念是指一般性互惠的规范、社会网络中信任的出现、多中心的集体行动尝试，这些都是公民参与的特征。这种社会资本的观点与我们上面采用的社交网络中的“桥”的概念相关，但更为普遍。作为社会资本的桥或中间人的概念侧重于聚合来自不同亚群体的信息的参与者，它将社会中存在的异质性和碎片化视为既定事实，并寻求能够促进更广泛生态系统中不同利益相关者之间联合的纽带。

为资金来源作出谋划

公私合作伙伴关系

正如我们在本书第 3 章中指出的，最早的公司可以看成是公私合作伙伴关系。如今，公司的规模和权力可能会威胁和颠覆传统的治理模式。在这样一个世界里，难怪现有的治理基础设施（特别是假设公共部门是负责制定和执行适当规则的主要的行为主体的系统）可能会变得过时和僵化。公私合作伙伴关系是经过多方面构思和精心构建的，因此它们不会沦为将利润私有化和将损失社会化的工具，还有可能在某些应用场景下，整合不同的资本来源。我们将在后面的第 11 章、第 12 章、第 13 章和第 14 章，结合社会影响债券、绿色银行、环境影响债券以及基础研究和应用研究之间的资金分配进一步探讨这些内容。

证券化与市政融资

在美国和其他一些司法管辖区，存在着一个充满活力的纵深市场，不同规模的地方政府在这里发行债券。这个市场使地方公共产品的多中心提供者与受益者和资本提供者组成分散网络之间建立直接联系。证券化通过将低水平的、特异的风险聚合成多样化的风险，以便于降低资本成本。在本书第 12 章中，我们在分散式投资组合构建方法的背景下，研究了证券化和市政金融市场。

合作社运动：合作运动认识到，员工和客户的参与式监督和控制可以显著改善相对封闭的企业文化绩效。在本书第 15 章里，我们将论述这些概念。

结束语

要正确认识许多可持续发展挑战，就需要对一系列利益相关者资本作出谋划，这对于可持续金融从业者了解资本来源的多样性、灵活性和互补性变得至关重要。这需要对不同类型资本来源的优势和劣势进行开放式研究，包括狭义和广义的股权；夹层债务（译注：指介于担保贷款和股本之间的无担保贷款债务）和可转换债务；次级债务、优先债务和担保债务；抵押物；非政府组织的公开背书；社区合法性，以及在文化、种族、经济、性别和地缘政治分歧等方面的广泛采用。只要

“资本”和“投资者”这两个词意味着金融资本和金融投资者，任何以投资者为中心的可持续金融方法都可能表明缺乏社会合法性。正如自然的复原力体现了变废为宝的能力，即在生态系统中铅变成金。迄今为止未被认可的价值体现于被放弃的资本形式（例如自然资本或人力资本）中，而标准金融学通常不把这些被放弃的资本考虑在内。金融从业者的比较优势来源在其作为“认知套利者”的能力。在“金融炼金术”的背景下，金融专业人士努力从此前互不相连的世界之间的融合愿景中获取超额回报，同时努力向更广泛的市场传播这种愿景。

当我们离本书分析基础部分的结论越来越近，并期待研究可持续金融的各种应用时，记住一位社会学大师的以下告诫也许很重要：“并非所有重要的东西都是可以被计算的，也不是所有能被计算的东西都那么重要。”这提醒我们，可持续性会计框架（见本书第4章）、关于可持续性投资与观察到的财务绩效之间联系的文献（见本书第5章），以及项目成本效益分析和跨期贴现的评估技术（见本书第6章）既不是我们为全面审视可持续性驱动因素而必须收集的每项技能和知识的子集，也不是总集。这意味着可持续金融分析师必须同时擅长三种技能：定量分析，只要它可以有意义地衡量经风险调整后的回报；定性判断，只要用数字指标无法准确地说明风险和回报；以及识别这两种做法中的每一个或两者适用于何处的直觉。我们现在转向分析可用于储户和保险代理人、家庭和资产所有者的投资组合构建方法，他们关心所有形式的资本的可持续性，因此这三种技能都必须发挥作用。

第 10 章　全球范围内的可持续投资和资产配置

在全球金融生态系统中，如果没有遇到迫切的未来需求，很少有储蓄者进行储蓄。通常情况下，储蓄者寻求收益并非为了给享受掏腰包，而是为了特定的未来目的，例如退休生活的需求、教育或婚礼费用、购买资本货物（比如奶牛、自行车、汽车或房屋），或为了应对未来可能发生的灾难而投保。储蓄者在将货币储蓄转化为投资时，基本考虑是他们需要或希望实现的预期回报。他们会考虑何时需要将这些收益转化为现金，以及如果收益没有实现，他们还有多大的回旋余地。他们有不同的风险承受能力：他们可以承受中间价值波动；什么样的永久性资本损失是灾难性的；如果有必要，他们可能需推迟多长时间去实现投资目标。日益庞大的投资者群体意味着金融的目的远远超出了少数特权阶层人士财富保值和增值的范畴。在 2016 年总额高达约 420 万亿美元的金融资本中，机构资产所有者（如养老基金、主权财富基金、捐赠基金、共同基金和保险基金）配置的公民投资者储蓄总额约为 120 万亿美元（Willis Towers Watson，2017）。

生态系统中的财务可持续性意味着促进满足广大的储蓄者群体共同的未来需求和愿望。承认金融生态系统这种资本管理角色的广泛社会维度，就会打破将股东和利益相关者划分为不同类别的传统范式。股权和其他形式的投资来自利益相关者的储蓄，这些利益相关者指的是拥有储蓄的雇员和公民，或者是支撑银行系统和主权财富基金的纳税人。因此，即使是那些市场认为它们奉行的模式是股东至上，最终也是为利益相关者服务的，而利益相关者不仅拥有经济利益，还有其他目标，包括普遍繁荣、社会凝聚力和环境完整性（Charkham 和 Simpson，1999）。

现代投资组合理论

投资经理用来将资产所有者的储蓄分配到不同的资产类别和证券的分析框架被称为“现代投资组合理论”。为了满足储蓄者财务目标，决定如何进行最佳地投资的问题被称为“投资组合选择问题”。

均值—方差优化

作为为投资者表述投资组合选择问题的一种特定方法，所谓的现代投资组合理论起源于哈里·马科维茨（Harry Markowitz）发表的一篇题为《投资组合选择》的具有开创意义的论文（Markowitz，1952）。与此同时，安德鲁·罗伊（Andrew Roy，1952）也描述了与马科维茨论文中的问题类似的分析。马科维茨着重于阐明一个数学公式，该公式证明了对投资行为风险的分散由来已久、涉及面甚广的偏好。他指出，任何寻求收益现值最大化的投资规则都可能无法解释所观察到的风险分散，因为这样的规则必然会引导投资者选择一种单一的证券来进行投资——即带来最高预期收益的证券。因此，为了解释以风险分散为特点的投资者行为，马科维茨在投资者问题的表述中加入了风险度量：即投资组合收益的预期方差。

以前的著述者有些轻率地假设：风险分散和大数定律将确保实际投资组合收益接近预期投资组合收益，从而无需考虑投资组合收益的方差。他们认为，分散投资会从根本上消除风险。马科维茨的主要见解表明，投资组合中的证券之间的协方差使得分散所有风险是不可能的。只要投资组合证券之间存在一定的正协方差，就会存在一些不可分散的风险（Rubinstein，2002）。通过投资分散，寻求获得给定投资组合收益的投资者可以减少投资组合收益的方差，但无法消除它，因为投资组合中的许多证券都具有正协方差。投资者应将注意力集中在证券对投资组合方差的贡献上，而不是其自身的方差上：前者即使在风险分散的投资组合中也很重要，但后者无关紧要。马科维茨（和罗伊）的方法后来被称为"均值—方差优化"，建议投资者应该将其选择限制在一组有效投资组合中。如果没有其他投资组合给出：（i）更高的预期收益和相同的收益方差；或（ii）更低的收益方差和相同的预期收益，则投资组合被认为是有效的。均值—方差优化是一种规范性理论，它劝告投资者以特定方式选择证券，即假设他们将收益定义为财务收益，将风险定义为投资组合收益的方差。

因子模型

为了便于实施，均值—方差优化，需要极其大量的数值输入。对于 n 个证券而言，投资者必须估计 $(n^2-n)/2$ 个协方差，以进行优化，此外，还要估计证券收益和方差。例如，分析作为纳入投资组合候选名单的 200 种潜在证券的一个程序需要预估 200 个未来收益、200 个收益方差和 19900 个单个证券收益之间的协方差。这种情况通常并不合理。因此，标准做法是通过假设证券倾向于根据它们与几个所谓因子的关系而共同波动，对协方差结构施加事前条件［法博齐（Fabozzi）、古普塔（Gupta）和马科维茨，2002］。例如，市场模型或市场因子模型假设：证券都倾向于与整体股票市场指数共同波动（夏普，1963）。在更精细的市场模型中，股票共同波动和相互依赖的程度受到根本因子（例如行业成员或估值倍数）、宏观经济因子（例如利率期限结构）以及从数据挖掘过程中提取出来的统计因子的影响（康纳，1995）。康纳回顾了 1985 年至 1993 年间 779 只大市值的美国股票的历史经验，他指出，大约 45% 的投资组合收益可以用这些因子来解释。

资本资产定价模型

资本资产定价模型（CAPM）是一种与均值—方差优化的规定性建议相关联但又不同的理论。资本资产定价模型（CAPM）描述了一个资本市场，假设所有投资者独立选择满足其风险承受偏好的马科维茨有效投资组合。假设投资者确实这样做了，马科维茨有效投资组合计算产生均衡状态，即当资本市场上的供给等于需求时［林特纳（Lintner，1969）；夏普，1964］。资本资产定价模型假说的假设条件如下：

（i）所有投资者对证券收益、方差和协方差的期望相同；

（ii）存在以相同利率借入或借出的无风险资产；

（iii）所有投资者都是风险厌恶型的马科维茨均值—方差优化实施者，具有共同的投资期限；

（iv）唯一的风险来自投资组合；

（v）没有非交易资产，市场是完美的（每个投资者都是价格接受者，不相信自己可以影响价格；没有交易成本，也没有获取信息的成本）。

虽然这些假设是不切实际的，但对于一些理论家来说，不切实际的假设并不是放弃假说的理由：假说的有效性是通过检验现实与理论预测之间的相似度来确定的。资本资产定价模型（CAPM）预测，在均衡状态下，每个投资者选择的风险资产组合与所有其他投资者的组合的构成成分相同。此外，该投资组合由市场投资组合组成，它是所有投资组合的总和。对所有投资者来说，市场投资组合都是均值方差有效的，而任何其他风险资产的投资组合都稍逊一筹。在均衡状态下，投资者不会获得任何风险溢价（被称为“阿尔法”，符号为 α）来持有可分散的、特殊的、与发行人相关的风险。相反，资本资产定价模型（CAPM）投资者对市场中的每种证券进行定价，使其预期收益与其对市场风险的贡献呈线性相关。其预期收益对其市场风险贡献的敏感度被称为“贝塔”，符号为 β。

投资经理明白，资本资产定价模型（CAPM）的假设和含义都不符合现实情况。然而，经理们通常会使用这一理论的属性，以相对精确的术语，来描述投资行为的某些方面。资本资产定价模型（CAPM）理论的一个关键含义是大多数投资者应该持有市场投资组合，因为在一个很容易分散风险的世界中，特殊风险是得不到补偿的。他们还利用资本资产定价模型（CAPM）理论，构建了一种方法，将已实现收益分解为特殊风险和市场风险（阿尔法和贝塔），从而促进业绩归因（Rosenberg，1981）。资本资产定价模型（CAPM）理论提供了一种方法，通过事前仅基于市场投资组合的预期收益和证券收益对市场收益的敏感度（即贝塔），来计算证券预期收益。事后，可以将该预期收益与实际收益进行比较，并将二者之间的差异分解为与预期市场收益不同的市场收益的部分（被称为"归因于市场风险的收益"或"贝塔收益"）和剩余部分（被称为"归因于特殊风险的收益"或"阿尔法收益"）。根据资本资产定价模型（CAPM）的假设，事前阿尔法收益等于零。任何事后实现的阿尔法收益都源于对资本资产定价模型（CAPM）理论的限制性假设的背离。这种业绩归因方法赋予对广泛的股票指数进行被动投资的优先权，需要偏离于被动指数的理由如下：由于信息不对称或限制对某些类型证券进行投资的制度约束，可能产生经过风险调整的超额收益。在资本资产定价模型（CAPM）下，被动投资意味着对选定的广泛指数进行投资，而主动投资则意味着与事前选为基准的广泛指数（在证券选择和时机方面）的任意偏差。在这个结构中，阿尔法指的是衡量主动管理收益的一个指标，而贝塔指的是来自被动投资的收益。

套利定价理论（APT）

罗斯（Ross，1976）提出的套利定价理论（APT）是对资本资产定价模型的扩展，其放宽了一些假设，并利用了因子模型（见上文）。套利定价理论（APT）将不可分散风险的来源扩大至包括市场组合风险以外的因素。例如，除了以资本资产定价模型（CAPM）理论为特征的市场风险溢价之外，套利定价理论（APT）允许投资于风险特别高的行业或小市值公司（通常被认为比大市值公司风险更大），或投资于高增长公司的风险溢价。在套利定价理论（APT）出现之后，贝塔作为“投资于不可分散的市场风险的风险溢价”的概念，变得更加普遍：现在可以说，因投资于不同类型的系统性风险，投资者获得了不同的贝塔。根据套利定价理论（APT），阿尔法指的是主动选择证券和可能的市场时机带来的剩余收益，该市场时机不能归因于所选套利定价理论（APT）模型中包含的一系列特定因素中所考虑的系统性因素。有关美国和欧洲股票和债券的因素类型及其风险溢价测算的详细回顾，请参阅库代克（Koedijk）、斯拉格（Slager）和斯托克（Stork）的研究成果（2016）。

在投资管理中运用套利定价理论（APT）开辟了这样一种可能性，即原则上，套利定价理论（APT）可加以扩展，以容纳更广泛的系统风险，例如由于自然资本枯竭、利益相关者关系恶化或缺乏社会合法性所致的系统风险，尽管这方面的理论付之阙如。

投资组合理论与实践

为了使均值—方差优化的规范性建议有效地使得风险最小化，一些关键假设和对程序的修改是必不可少的。众所周知，该程序对收益、方差和协方差假设中的细微变动不具有稳健性，导致其建议过度开展投资组合再平衡，因为有效投资组合会随着时间的推移不规律地变化。因此，分析师对投资组合再平衡幅度的提出特别要求，令交易和买卖成本最小化（Fisher，1975）。布雷利（Brealey，1990）和威尔福德（Wilford，2012）描述了解释现代资产组合理论（MPT）实施的假设和估计输入的其他实际问题。

协方差只是冰山一角

均值—方差优化框架基于一个经过简化的概念：投资组合收益的方差是衡量风险的好方法。这个前提只适用于非常有限的情况［舍贵（Szegö），2002］。投资组合收益的方差并不是唯一合理的风险度量：马科维茨本人在实际应用中支持半方差，而舍贵（Szegö）概述了其他情况（例如预期遗憾、预期不足和条件风险值）对更广泛的概率分布具有稳健性，并且非常容易计算。遗憾的是，现代投资组合理论迄今尚未被修正，以纳入更广泛的风险度量和共同波动指标。

此外，在长期投资结果的背景下，适当的概率分布可能在数值上是不确定的。如果两个随机变量的联合概率分布特征已知，则可以计算出两个随机变量的协方差（和方差）。这样的计算需要确切了解概率分布的数值平均值，以及与可能值范围相关的数值概率。现代投资组合理论的倡导者假设投资者知道或能够估计其投资组合收益的联合概率分布，他们就像几代选择依赖这一关键假设的经济和金融理论家一样。为了投资组合构建中提供可操作的数学指导，“所有显著结果的概率分布可以在数值上进行比较”的假设是必不可少的。在经济学中，无法进行数值比较的情况被称为“不确定性”。卢卡斯写道：“在不确定的情况下，经济学上的推理将毫无价值”（卢卡斯，1977）。并非所有的经济理论家都能如此迅速地汲取前人智慧。弗兰克·奈特（Frank Knight）是第一个对可衡量的风险和不可衡量的不确定性作出区分的学者：不确定性被定义为不可保风险。奈特将风险视为“一个易于测量的量”，并将不确定性描述为“不可测量的”和“非定量的”（奈特，1921）。约翰·梅纳德·凯恩斯（John Maynard Keynes）在《概率论》（*A Treatise on Probability*）中指出：“在成员之间存在一些概率对，它们的大小不可能进行比较”（凯恩斯，1921）。随后，凯恩斯将这一概念称为“不确定性”，并将持有现金余额的愿望（流动性偏好）归因于未来利率的不确定性，以及我们对所选择的不同未来后果概率的数值估计缺乏信心："我们持有货币作为财富储存手段的愿望，反映了我们对自己的计算和关于未来的常规情况的不信任程度"（凯恩斯，1937）。在一项文献计量研究中，杰弗里·霍奇森（Geoffrey Hodgson）证明了在主流经济学中，奈特—凯恩斯不确定性概念的运用正在减少。他借助经济学期刊的电子档案，表明了这一概念的出现频率从20世纪50年代开始迅速下降。他认为，不确定性概念运用的减少与经济学数学形式化的增加有关，后者必然会避开无法测量的事物（霍奇森，2011）。

在投资从业者中，对不确定性的认识并不一定会导致更高的流动性偏好。对于背负长期负债的投资者来说，赚取流动性溢价可能很合乎情理，因为近期负债很低（相对于资本而言）或部分可自由支配。自1985年起就担任耶鲁大学捐赠基金经理的大卫·斯文森（David Swensen）阐述了一种投资方法，该方法将风险分散概念扩大到包括新兴市场股票、高收益债务和私募股权投资等非流动性资产类别（斯文森，2000）。正如我们在第1章中指出的那样，凯恩斯还曾经担任过大学捐赠基金经理，提倡投资于新的资产类别股票（包括当时对新兴市场的大量配置）。斯文森方法也被称为"耶鲁模型或捐赠基金模型"，根据对长期收益、方差和协方差的预期，来确定流动与非流动资产类别的最佳固定配置。通过将资本从暂时的高绩效资产类别重新配置到暂时的低绩效资产类别，预计中期再平衡将有助于长期绩效。在资产类别收益和协方差存在一定程度的长期均值回归的时间段内，这种方法可以发挥作用。

原则上，现代资产组合理论（MPT）的基本思想可以阐明范畴广泛的资产之间的投资组合选择。有关分析已扩展到包括人力资本在内，并可在经过重大修改后，应用于其他形式的资本。然而，要使现代资产组合理论（MPT）成为面向自然资本和社会资本的有用分析框架，它对风险度量的构想必须变得更加细致。投资组合方差是现代资产组合理论（MPT）中的一个基本风险度量，适用于数值可测的概率分布的一个范围相当小的子集。在描述以投资选择的许多长期后果为特征的不确定性情况时，数值可测的概率分布本身是没有用的。正如我们在第 7、8、9 章所述，自然资本、人力资本和社会资本管理中的风险与金融资本的风险属于不同的类别。认识到风险是一个多维概念，具有可量化、不可量化和未知的许多属性，以投资组合方差的单一维度上对风险进行表征显得过于鲁莽或极度无知。协方差确实衡量了一小部分风险，但当我们考虑其他形式的资本时，似乎不太可能只衡量其中的一小部分风险。

拓宽不可分散风险的概念

我们提到过资本资产定价模型（CAPM）理论的一个含义：实施均值—方差优化的投资者会选择市场投资组合作为主要风险资产。诸如套利定价理论（APT）之类的概括包含了其他形式的不可分散风险，例如行业风险、流动性风险或风格风险。套利定价理论（APT）为投资者构建了一个叙事框架，让投资者可以判断预期收益可能来自某个因素，并且随着时间的推移，还可以让投资者确定已实现的收益是否来自该因素或其他因素。例如，受到套利定价理论（APT）启发的实证研究可能会计算在投资组合中可归因于小盘股投资的过往收益部分。投资者可能会推断，通过相对于市场投资组合，增持小盘股，他应该期望获得比市场投资组合更高的收益。如果投资者随后没有获得预期的更高收益，他可以检查投资组合是否偏离小盘股基准（在这种情况下，投资组合表现不佳归咎于他的证券选择），或者投资组合是否没有偏离小盘股基准，并且恰恰相反的是，其表现不佳正是由于减少或消除了支付给小盘股的风险溢价。

有效市场假说（EMH）的核心含义在于减少或消除风险因素。朱利·荷纽（Jules Regnault）是提出有效市场假说（EMH）的第一人。这位19世纪的法国股票经纪人的工作成果随后影响了路易·巴舍利耶（Louis Bachelier）（Jovanovic和Le Gall，2001）。正如早期版本所设想的那样，有效市场假说（EMH）预测，在完全竞争的市场中，资产价格包含所有可用信息，本质上是不可预测的，并且遵循“随机游走”的风格，因此很难或不可能获得持续的风险溢价。荷纽构建了随机游走模型，以表明短期投机不可避免地会走向失败。以经验为主的有效市场假说（EMH）成功水平参差不齐，有许多例子说明不同资产具有可预测性。该理论已经发展到允许信息获取者和处理者识别和赚取短期风险溢价，这些人通过交易活动来推测和消除这些溢价（格罗斯曼和斯蒂格利茨，1976）。有效市场假说的后续改进考虑了交易成本、杠杆的可用性和成本，以及由于投资者和投资经理之间的利益不一致而导致风险溢价消散。昂（Ang）、格茨曼（Goetzmann）和谢弗（Schaefer）（2011）记载了关于有效市场假说（EMH）的理论和实证发展的详细历史沿革资料。

对于许多复杂和不透明的投资策略，使用正确的一组因素进行业绩归因可能是一个非常有启发性的练习。例如，可转换债务证券是以股权风险、信用风险、利率风险以及期权性风险为特征的混合工具。驱动收益的适当因素是分别解释由于承担所有这些风险而获得大部分收益的原因的那些因素。1999年至2006年，相对于整个股票市场，可转换套利对冲基金通常表现突出，并且能够通过资产增长和投资业绩，大幅增加所管理的资产。马克·安森（Mark Anson）表示，在此期间，驱动金融部门收益的系统性因素是：罗素1000指数收益（代表广泛的股票表现）、10年期美国国债（代表长期限、低信用风险的证券的收益）、高收益债券收益（代表低评级固定收益证券的收益）、恐慌指数水平（衡量短期隐含波动率和代表期权估值），以及可转换套利领域的最近历史收益（安森，2008）。安森的分析表明，可转换套利对冲基金的超额收益不是由证券选择造成的，而是由系统性因素造成的。事实上，证券选择所获得的收益（叫做“阿尔法”）总体上是负的，呈现出相反的趋势，部分抵消了很大程度上不受它们控制的系统因素（称为“贝塔”）对它们的影响。

投资组合选择与金融生态系统之间的反馈环

对规模最大的资产所有者来说，需要考虑的一个关键点是因子风险溢价和投资组合配置选择之间的相互关系。作为一种均衡架构，现代资产组合理论（MPT）背后的基本理念应该是：根据有效市场假说（EMH），从承担系统性风险的过程中获得的收益将被抹去。然而，在常规化的投资选择过程中，因子风险溢价被认为具有外生性，是根据历史收益来估计的，而不是被视为投资选择过程的输出和输入。很少有从业者或研究人员考虑投资选择与环境、社会和经济系统之间的反馈环（霍利和卢孔尼克，2018）。在第 2 章，我们提到了金融中介机构的可塑性和适应性暗示在金融生态系统中，几乎没有深层参数［站在卢卡斯（1976）的研究成果的角度上］。如果规模最大的资产所有者有意识或无意识地配置大量资本来承担系统性风险，那么随之而来的此类风险的低风险溢价将导致实体资源错配，因为实体经济中的经济主体低估了此类风险。对全民所有者也是如此（J. P. Hawley 和 Williams，2000）。如果规模较小的资产所有者存在从众行为，情况也是如此。在像国际金融危机这样的特殊时期，可能威胁到金融生态系统存在的各种系统风险汇集，有可能导致风险突然转变为系统风险。承认系统风险的范畴以及投资者选择与系统风险之间的相互依赖关系表明，我们必须从根本上改良现代资产组合理论（MPT）所创造的那些投资管理实践（Christian，2011）。需要特别说明的是，由于无法从阿尔法中获得显著业绩，因此，规模最大的投资者必须考虑如何降低系统风险，以使他们的贝塔收益不会因周期性危机而消失。因此，普通投资者不得不采取行动，不仅要配置金融资本，还要与公司、中介机构和监管机构合作，在一切可行的情况下，降低系统风险。莱登伯格（Lydenberg）探讨了现代资产组合理论（MPT）的局限性，并认为资产所有者必须把目光投向其投资组合的财务配置之外的其他方面，并考虑投资组合层面和系统层面的环境影响、社会影响和治理影响（莱登伯格，2016）。在评估现代投资组合理论的充分性时，人们很想套用莎士比亚的一句名言：“现代资产组合理论（MPT），天地之间有许多事情，是你的睿智所无法想象的。”

资产配置

负债的显著性和激励对齐

正如我们前面所提到的那样，典型的储蓄者有特定的财务目标。对于为储蓄者效力的资产所有者来说，这些财务目标可以被视为负债，因为它们上升到了义务层面。这样的例子包括具有固定收益结构的养老基金、未来支出明确的教育和健康储蓄计划，以及定期收益用于国民福利的主权财富基金。最终，这些投资者的财务目标支撑起了人类福利，包括老年退休金、医疗保健、教育、住房和保险。这意味着，此类投资的社会目的与旨在提供这些方面的人类福利的财务目标之间是一致的。

在错综复杂且相互依存的全球经济体中，将这些储蓄用于实现社会目的所需的收入流，需要在整个投资链中协调利益，以确保期限、风险、费用和收益目标不会破坏金融生态系统的完整性和效率。在第1章，我们把这个挑战称为“委托代理问题的第一个表现形式”。在所有权和控制权分离的背景下以及由此产生的公司形式寻租行为的可能性中，第二个表现形式（使股东和公司管理层的利益保持一致）得到了充分理解。同样适用于投资者治理的逻辑将为可持续金融生态系统提供一个新框架，该框架将储蓄用于支持受益人的最终需求，而不是在激励措施错位的情况下，借助中介机构的努力，实现利润最大化。

如果没有安森提出的业绩归因，人们就会认为可转换套利经理是高度聪明的阿尔法创造者。利用适当系统性因素的业绩归因是套利定价理论（APT）不可或缺的遗产，它有望帮助区分哪些人是幸运儿，哪些人是真正的聪明人。在经历了大多数资产类别急剧下跌的 2007—2008 年国际金融危机之后，许多观察人士认为，跨资产类别的风险分散远低于过去假设的水平。大型资产所有者感到遗憾的一个关键原因是，受到高度激励的积极投资管理者，比如负责对冲基金和私募股权基金的投资管理者等，无法在业绩上超过流动性股票和债券的市场投资组合。危机过后，当时规模最大的资产所有者——挪威政府养老基金对其投资组合中积极投资策略的表现进行了评估（昂、Goetzmann 和 Schaefer，2009）。昂等对 1998 年至 2008 年间挪威政府养老基金的收益进行了基于因素的业绩归因。他们发现，对股票投资组合的积极管理只能解释整体收益表现优异的一小部分。积极的固定收益管理没有给出明显的超额收益。归因于积极管理的收益总差异的比例在股票中不到 1%，在债券中不到 3%。此外，超过 70% 的主动管理收益归因于系统性因素（即贝塔），而不是证券选择和时机（或阿尔法）。这意味着，拥有强大的激励机制来创造收益的积极型投资管理者几乎没有为基金业绩增加阿尔法。由于他们的激励合同与适当的系统性因素无关（在某些情况下，他们与任何基准无关），给他们支付的劳务费来自于归因于系统性因素（贝塔）带来的收益，而并非他们自己证券选择（阿尔法）带来的收益。

对于多元化的投资组合，跨资产类别的配置选择是收益差异的重要驱动因素（Brinson、Hood 和 Beebower，1986）。自上而下的资产类别配置（Fabozzi 等，2002）是均值—方差优化最直接和广泛使用的应用领域之一。在金融危机发生后，人们认识到每个资产类别中的许多因素与其他资产类别中的因素相关，因此学者和从业者提出了对跨资产类别的共同因素的分析，这些共同因素推动了在危机期间跨策略的相关性大幅度增加。例如，阿瑟（Asl）和埃图拉（Etula）（2012）构建了一个多资产类别配置模型，该模型借助了一系列因素，包括股票市场风险、通货膨胀和利率风险、短期信用条件风险、市场风险流动性状况、系统性汇率风险，以及新兴市场特有的风险。随后对挪威政府养老基金业绩的考察，突出了将资本配置给各个资产类别并把配置权力下放给投资管理者的一种全新动态模型的优势，该模型考虑了基金的机会成本，并鼓励仅在预期收益可能超过此类成本时，才把资金分配给积极型投资管理者负责（昂、布兰特和丹尼森，2014）。

规模最大的资产配置者

绝大多数的投资资金来自有长期目标的投资者。世界上最大的资产配置机构（见表 10.1），比如日本政府养老投资基金、挪威政府养老基金、中国投资有限责任公司、韩国国民养老金、荷兰 All Pensions Group 和美国加州公共雇员退休系统（CalPERS）等，都是背负代际负债的资产所有者的例子。根据对全球资产所有者的调查，100 家规模最大的此类基金投资的 120 万亿美元中，有 19 万亿美元是代表公民投资者配置的（韦莱韬睿惠悦咨询公司，2018）。

即使对于规模最大的资产所有者来说，它们的规模相对于最大银行的雄厚财力也是有限的。我们在第 2 章中指出，某个大型银行（但算不上全球最大银行）的名义衍生品敞口达到 57 万亿美元。最大的金融中介机构拥有强大的市场力量所必需的大小和规模。资产所有者作为这个生态系统中的单一参与者的能力是有限的，但这可以通过集体行动来增强。全球规模最大的 100 个资产所有者主要是公有机构。韦莱韬睿惠悦咨询公司发布的报告评论说："资产所有者太重要了，不可有辱使命……它们别无选择，只能认真对待其背负的财务和社会责任，冲锋在前，而不是回避重大问题。"

表 10.1　　全球规模最大的 15 个资产所有者　　单位：十亿美元

排名	资产所有者	国家（地区）	资产	类型
1	政府养老金投资	日本	1443.6	养老基金
2	政府养老基金	挪威	1063.5	养老基金
3	中国投资有限责任公司	中国	900.0	主权财富基金
4	阿布扎比投资局	阿联酋	828.0	主权财富基金
5	国民养老金	韩国	582.9	养老基金
6	APG	荷兰	564.5	养老基金
7	美国联邦退休储蓄投资	美国	531.5	养老基金
8	科威特投资局	科威特	524.0	主权财富基金
9	SAMA 外国持股	沙特阿拉伯	514.0	主权财富基金
10	金融管理局投资组合	中国香港	456.6	主权财富基金
11	中国华安投资有限公司	中国	441.0	主权财富基金
12	新加坡政府投资有限公司	新加坡	359.0	主权财富基金
13	全国社会保障基金	中国	341.4	养老基金
14	加州公共雇员退休系统（CalPERS）	美国	336.7	养老基金
15	卡塔尔投资局	卡塔尔	335.0	主权财富基金

资料来源：根据韦莱韬睿惠悦咨询公司发布的报告来调整（2018 年）。

这组全球所有者的整体资产配置分为三类：公共股票占 46%，固定收益占 27%，另类资产占 25%，其余资产为现金。这些资产类别中的每一个都为投资者所驱动的可持续发展提供了不同的机会，从而需要在整个投资组合中采取多方面的策略。“可持续投资可能涉及选择有正面影响的证券和出售有负面影响的证券，并从此类证券选择中产生环境、社会和治理（ESG）的阿尔法”的观点虽然很有价值，但考虑到最大的资产所有者的规模，实施起来具有挑战性。对于投资于如此规模和长期经营的资产所有者的投资者来说，简直是无处可逃。鉴于其面临全球股票风险，其投资收益反映了全球经济前景。他们对资本市场的稳定性非常感兴趣，为的是保护他们的资产。因此，全民所有者不能轻易退出市场或撤出投资。由于他们对系统风险避无可避，因此需要解决这个问题。在全球规模最大的 20 家资产所有者中，多家全球养老基金

[如日本政府养老投资基金（GPIF）、挪威银行投资管理公司、APG、Stichting Pensioenfonds Zorg en Welzijn（退休关怀与福利组织）（PFZW，前身为PGGM）、加州公共雇员退休系统（CalPERS）和加拿大养老金计划]被认为是可持续投资的领头羊。这些资产所有者已经精心设计了资产配置以反映其负债，并在资产类别内制定了旨在解决整个投资组合和系统性风险的战略。其中一些全球资产所有者已经建立了投资规范，根据其可持续性影响，将某些公司或行业排除在外。对于APG，被排除的投资对象包括制造集束炸弹等杀伤性武器的公司。而对于加州公共雇员退休系统（CalPERS），被排除的投资领域则包括烟草、供个人使用的攻击性武器，以及大部分收入来自动力煤生产，或严重侵犯人权的公司。

固定福利基金

最大资产所有者中的养老基金通常对其受益人负有固定福利义务。这种顶替了工作寿命期间的收入水平的养老基金承诺寄托了人们的期望，以及对投资组合收益的要求，需要小心管理。如果实现的投资收益不足以支付养老金承诺，雇主或国家将被要求增加对养老基金的缴款。由于代际义务，养老基金以实现可持续性为目的。管理养老基金的受托人负有审慎、忠诚和谨慎的信托义务，必须在不偏袒任何特定受益人的前提下，履行这些义务。因此，提取退休储蓄的养老金领取者对近期稳定的现金流感兴趣，而未来的受益人对未来几十年可能无法提取的现金流有同等的要求。

养老基金还展现了可持续性的另一个特征，即资金的循环流动——将资金部署到产生收益的投资中，为经济提供资本，然后在受益人应享权利的整个生命周期中，获取这些收益。当这种资金流出现严重外流时（Ambachtsheer、Fuller和Hindocha，2013），养老金缴款必须予以增加，以弥补维持生活水平的缺口。

随着预期寿命的延长、医疗费用的增加，以及老年人的需求，养老基金投资者面临着固定且不断增长的负债。覆盖到期负债的资产配置选择受到两个长期趋势的影响。第一个是人口趋势，第二个是金融趋势。

预期寿命的增长速度超过了退休年龄的增长速度，其结果是，退休时间在工作年限中所占比例更长，而工作年限就是储蓄积累的时间。当西奥多·罗斯福在 1912 年美国总统竞选中提议设立联邦社会保障基金时，当时男性的预期寿命只有 51 岁，因此每个典型的劳动者的退休时间很短。这意味着，相对于终生储蓄缴款而言，需要从社会保障中支付养老金款项的预期时间很短。到 20 世纪末，随着人类福利的可喜进步，劳动者的预期寿命已增长到退休后的 15 年，而女性则接近 20 年。人口结构的进一步变化与出生率有关，由此，在经济中的劳动人口与退休人口的比例已经缩小，以至于主要经济体面临退休人口激增和劳动人口减少的局面，而劳动人口通过税收给养老基金缴款占融资的很大一部分。在中国、日本、德国和美国等不同的经济体中，人们看到了潜在的影响。

除了影响资产配置的上述这两种人口结构变化之外，投资者赖以产生用于支付养老金和其他负债的收益的主要资产类别（股票和债券）的所得收益也在下降。对于大多数资产所有者而言，自 20 世纪 80 年代以来利率的下降已经迫使资产配置承担更大的市场风险和（或）增加缴款，以填补收益缺口。

主权财富基金

主权财富基金有不同的目标，旨在支持其政府在国家或地区层面制定的福利目标。挪威养老基金就是一个例子，它将石油生产的收入进行多元化投资，以形成投资组合，为挪威人民创造收益。中国、澳大利亚和新加坡政府的主权财富基金同样旨在提供一种储蓄工具，将盈余资金用于投资，以抵御未来的经济困境。科威特主权财富基金也有类似的保护国家的长期意图。在海湾战争期间，科威特被伊拉克入侵，石油生产因两国冲突受到重创。在此期间，科威特主权财富基金应运而生。主权财富基金在重建经济和恢复石油收入的同时，保持了科威特的偿付能力。对于沙特阿拉伯而言，其主权财富基金正在积累资产，政府打算为这些资产提供财源，将经济从纯粹靠单一的石油产业向更广泛的多元化转型。

固定缴款基金

与设定受益基金不同，固定缴款（DC）基金不保证劳动者在美国退休时获得确定的支付。固定缴款基金发起人对每位雇员的缴款进行出资，并允许雇员在退休时提取这些缴款的应得收益。固定缴款基金被打造为单独的风险承担账户，不与其他账户合并。固定缴款基金通过计划发起人提供的计划选项，为个人投资者提供一定程度的投资选择。与机构投资者相比，固定缴款基金参与者对公共股票的配置往往更多。他们的配置也更体现顺周期性，对宏观经济状况更加敏感：固定缴款基金参与者在经济衰退期间大幅减少了对股票的敞口（Sialm、Starks 和 Zhang，2015）。一些研究发现，个人投资选择受到共同基金名称变更的非理性影响（Cooper、Gulen 和 Rau，2005）。贝利（Bailey）、库马尔（Kumar）和武（Ng）在审视了大量在美国主打折扣交易佣金的券商投资者样本后发现，这些行为有偏差的投资者通常在基金风格和费用、交易频率和时机方面作出错误的决定，导致业绩不佳（贝利、库马尔和武，2011）。有证据表明，固定缴款基金参与者没有适当地分散他们的投资，并且对退休基金投资方式的选择自由可能会使工人的境况变得更糟［艾哈迈德（Ahmed）、Barber 和 Odean，2018］。艾哈迈德等进行校准模拟，表明相对于没有选择的私人账户，固定缴款基金的配置选择会导致效用的降低和收益缺口风险的增加。然而，也有证据表明，总体而言，个人投资者对市场周期领先指标的反应是理性的、有前瞻性的。一项研究发现，基金投资者会改变其投资组合的风险，以应对不断变化的经济状况，随着经济预期改善而增加风险，并在预期经济衰退时，降低风险（Chalmers、Kaul 和 Phillips，2013）。

固定缴款基金的个人投资选择方式限制了集体行动向投资管理者施压以限制费用的可能性。一项基于350.0401万份固定缴款基金计划（资产总额1200亿美元）的数据对固定缴款基金的研究表明，平均一份固定缴款基金计划中的费用和投资选择范围限制导致年成本超过指数基金0.78%（Ayres 和 Curtis，2015）。这些费用加起来会降低固定缴款基金在退休时期的价值。为了说明复合投资成本的累积影响，戴维斯、卢孔尼克和皮特—沃森（2016）通过一个假设的例子，概述了三姐妹的储蓄行为，姐妹三人分别住在美国、英国和荷兰。由于她们每年支付的投资费用存在差异，因此在退休期间，美国和英国的姐妹可能需要比荷兰的姐妹多储蓄50%，才能在退休后获得相同的年度养老金。另一项分析得出的结论是，在1990年至2012年期间，美国固定受益计划每年比固定缴款计划的业绩高出0.7%。即使在控制了规模和资产配置之后，这种差异仍然存在，这表明可能的解释是固定缴款账户中的费用较高（Munnell、Aubry 和 Crawford，2015年）。约翰·博格尔（John Bogle）曾经在致力于建立费用最小化的公募金融中介机构 Vanguard 工作。在该公司度过漫长的职业生涯之后，他抨击美国投资管理行业的一系列做法，这些做法抬高了规模最小的投资者的成本（博格尔，2016）。固定缴款基金计划发起人最近专注于降低计划费用。卡伦研究所编制的年度行业调查指出，费用审查连续第三年成为计划发起人为提高其信托合规性而采取的首要行动（卡伦研究所，2019）。

固定缴款基金的另一个令人担忧的方面是持股的透明度有限，以及基金参与者影响经理人选择代理投票和与投资组合公司接触的能力有限。对于构成基金持股的发行人，投资者可能掌握的信息非常有限。

整个社会对可持续性的日益关注为管理者提供了一个窥探自己投资组合的机会。在配置客户的资金时，投资管理者也面临着要对自己的选择负责的压力。近年来成立了新的团体，他们向基金经理发送电子邮件，呼吁他们投票支持公司的可持续发展提案。这些请求不具有法律效力。固定缴款基金投资合同的治理结构中，除了通过营销部门，还必须与其客户进行对话。这导致一些投资管理者面临来自公民社会团体的请愿，呼吁投资管理者发挥积极作用，确保部署客户资金的时候，兼顾到可持续性。例如，一群活动人士指责规模最大的资产管理公司黑石集团（美国的一家债券基金管理公司）在支持与气候相关的股东决议方面，落后于其他主要投资者（汤普森，2019）。随着投资管理者自己成为上市公司，使得他们在为自己的股东服务方面有利益牵扯，局面已经趋于复杂化。投资管理者越来越多地通过声明、CEO 愿景宣言和签署良好实践的倡议，例如责任投资原则（PRI）和气候相关财务信息披露工作组（TCFD），来阐明他们的可持续发展方式。一些金融机构甚至成立了利益相关者委员会或咨询机构，以回应批评，并提升公司对其作为中介角色的社会期望的理解。例如，富国银行成立了一个利益相关者咨询委员会，以研究“满足欠缺服务社区的财务需求、多样性、社会融入、环境可持续性”的方式（Kilroy，2017）。在富国银行就其未经客户许可而为客户开设存款和信用卡账户的指控达成和解后，该委员会成立。

还有其他固定缴款基金设计的例子，提供了承担更大的责任并与参与者的利益保持一致的选择。澳大利亚的行业基金模式提供了一个由雇主和工会代表拥有平等代表权的治理机构（Volpato 和 Scheerlinck，2015）。同样，在美国根据《塔夫脱—哈特莱法案》成立的基金也采用类似的结构设计。治理结构与受益人在系统风险方面的利益最密切一致，这反过来又会促进一种环境，在这种环境中，可持续性可以通过资产配置来表现。有些投资管理者专门瞄准了机构资产所有者和散户投资者对可持续性的兴趣日益增长。总体而言，机构投资者的压力似乎使得投资组合中的环境和社会指标有所改善。迪克（Dyck）等对 2004—2013 年期间来自 41 个国家的 3277 家非美国公司开展了一项研究，结果发现机构持股比例越高，公司的环境和社会指标越高，并认为两者之间是有因果关系的（Dyck、Lins、Roth 和 Wagner，2019）。

系统参与的价值

在其题为《退出、呼吁和忠诚》的学术专著中，阿尔伯特·赫希曼（Albert Hirschman）构建了一个框架，来分析服务的消费者可以通过两种方式对质量下降作出反应的情况：消费者要么停止购买服务（退出），要么选择提醒服务提供者并试图引起改变（呼吁）（赫希曼，1970）。退出通常与市场关系相关，在这种情况下，建设性对话的机会和动机较少，重复互动的可能性也不大。话语权通常是现代政治制度的一个特征，它需要一个强有力的机制来宣泄公民的不满。赫希曼的研究成果建立在卡尔·波兰尼（Karl Polanyi）的论点之上，即现代市场经济和现代政治国家是工业化之后调节人际关系的互补系统（波兰尼，1944）。赫希曼认为，在客户忠诚的情况下，他们专业的、丰富的知识可以使他们的呼吁在促进富有成效的变革方面非常有效。由于普遍所有者几乎没有可行的退出选项，它与投资管理者和公司管理层的沟通可以明显提高效率并降低代理成本。在赫希曼式的框架中，有效的沟通需要做的不仅仅是退出市场交易的威胁。在金融生态系统中，这意味着在投资组合公司中实现增值变革的可能性可能与其股票预期收益的协方差一样重要。此外，面对规模最大的公司，国家监管权力的衰落迫使一般所有者参与集体行动，以推动监管层付出努力。

一些规模最大的资产所有者已深入参与增加投资组合配置，以实现可持续投资战略，并推动被投资公司进行变革。规模最大的资产所有者——日本政府养老投资基金已将其看重的环境、社会和治理因素纳入其投资原则，并预计将其持有的日本股权的10%配置给环境、社会和治理（ESG）资产，并且也是责任投资原则组织（PRI）的签署方（Takeo和Shigeki，2017）。挪威议会为主权财富基金制定了一套指导方针，这些指导方针要求基金不应被投资于助长违反基本道德规范、制造某些类型的武器、以煤炭为支柱开展经营或生产烟草的公司（挪威政府全球养老基金道德委员会，2017）。美国纽约州审计长托马斯·迪纳波利（Thomas DiNapoli）承诺，在未来十年内，将纽约州共同退休基金的可持续投资额翻一番，达到200亿美元，将大约占到在其管理下的流动资产的10%。此外，迪纳波利将建立一个不以基金环境、社会和治理（ESG）政策为重点的投资管理者“监视名单”（Butera，2019）。

加州公共雇员退休系统（CalPERS）的全民所有者战略

由于2007—2008年爆发了国际金融危机，CalPERS的资金状况（缴款率）从100%以上，猛跌到略高于60%。这场危机引发了一系列新举措，以改善融资状况、识别系统风险并制定降低系统风险的战略。投资组合层面和系统范围的努力是重点所在。

CalPERS在2013年打出了由十项投资理念组成的一套“组合拳”，阐明了构建其资产配置方法的基础，包括负债驱动的资产结构、长期的投资期限、与更广泛的利益相关者观点的一致性，以及全方位的风险观。

投资组合层面的努力：CalPERS将其预期的未来年度收益率降至7%，从而增加了参与成员的预期当前贡献。这一点，加上加州州长对养老金福利条款的修订，意味着假设达到7%的目标收益率，预计30年之后，该计划的资金将全部到位。

CalPERS增加了对私募股权的配置，并通过其在同业公会——机构有限合伙人协会（ILPA）的成员资格，正在为普通合伙人赚取的私募股权费用制定最佳实践报告框架。于2015年启动的《机构有限合伙人协会（ILPA）透明度倡议》旨在通过建立费用和费用报告的共同标准，以及投资者和基金经理之间的合规披露，来应对共有的报告和合规挑战。该倡议强调了私募股权管理行业内许多标准做法的费用、不同的期限和不透明性。CalPERS 借鉴了加拿大和澳大利亚的其他资产所有者采用的例子，正在探索创建新的工具。其目标是通过调整费用、延长期限、要求管理人员纳入和报告 CalPERS 原则，来实现利益一致。此次重调整将有望使 CalPERS 获得可扩展的私募股权资产类别敞口，并提高洞察力和责任感。

系统化的努力：CalPERS 长期以来代表公民投资者参与集体行动（参见本书第 2 章中的“ClimateAction100 +”计划和第 8 章中的“人力资本管理联盟”，这是 CalPERS 支持的两个此类倡议）。CalPERS 定期建立新的组织机构来代表投资者，与政策制定者就金融市场监管进行洽谈，与世界银行和经济合作与发展组织等国际机构联手制定可在新兴市场推广的国际标准，并构建了一个面向资金可持续投资的整体战略。

结束语

加州公共雇员退休系统（CalPERS）的示例说明了一种特殊方式，通过这种方式，可持续资产配置可以远远不止于均值—方差优化和利用一组有限的可量化风险开展资产配置。很明显，选择证券进行投资只是资产所有者工作的一小部分。现代投资组合理论促进了这项工作，尤其是在近乎有效的市场背景下，为业绩归因和针对主动投资管理的咨询搭建了一个明晰的框架。它还为确定委托投资管理的最佳方式提供了一种重要方法。现代资产组合理论的其他方面，特别是它对风险性质的非常有限的描述，以及忽略投资组合选择和系统结果的相互依赖性，这些都是有待商榷的。

投资者开始探索全新的配置和合同订立形式，以确保他们的长期目标与金融中介机构的短期自身利益之间的利益一致。此类措施包括从制定合同，以允许资产所有者保留对公共股权管理人代理投票的控制权，到在私人市场建立量身定制的投资工具，再到与资产所有者在期限、费用和价值方面保持一致。责任投资原则组织（PRI）和国际公司治理网络等投资者网络为其成员制定了指南。这些指南在资产所有者和投资管理者之间建立合同范本，以协调利益关系，否则可持续性只能间歇性地实现，并且仅限于在市场机会驱动决策的范围内。这些举措强调了资产所有者集体行使话语权的必要性，赫希曼表明，这比在反复互动中退出要有效得多。在下一章中，我们将要应对一个更具难度的挑战：当投资决策更加分散时，如何维护反馈循环。

第 11 章　影响力投资

在 2007—2008 年国际金融危机之后，许多人认为，仅仅追求财务利润是不可持续的，并且和长期的社会利益相悖。在第 1 章，我们概述了可持续金融的四个潜在驱动因素：公民投资者的出现和投资决策权的代际转移；面对全球化的公司权力，在司法权上受到地域约束的监管机构显得相对无力；对地球环境安全界限的广泛关注；为金融活动寻找道德基础和有益于社会的目的。这些驱动因素共同作用于将财务目标同环境目标、社会目标相结合的投资活动。

在第 4 章，我们概述了在委托—代理问题的背景下，将一系列绩效指标扩展到财务回报之外的决策理论逻辑。第 5、6、7、8 和 9 章则概述了在推进一系列非财务绩效指标（比如环境管理、和谐利益相关者关系）的同时所带来的财务利益。第 10 章探讨了投资者可用的投资组合分配方法，这些方法旨在减轻对社会生态系统和自然生态系统的不利影响，同时确保可持续的财务回报。同属《帕尔格雷夫影响力金融研究系列丛书》的早期书籍阐述了影响力投资领域的一些学术观点，深入探讨了影响力投资领域的工具、机制和主体（斯皮斯—克纳福尔和舍克，2017）。

影响力投资社区的既定愿望是超越仅仅减轻经济活动的不利影响，还要鼓励投资于明显改善社会的企业。可以理解的是，套用这种笼统的话来说，影响力投资的概念具有广泛的吸引力。在谷歌搜索上，“影响力投资”一词的搜索量在稳步增长。影响力投资的概念源于认识到某些投资活动可能需要将非财务目标作为主要目标，而财务回报作为次要但也算重要的目标。这种将投资的主要目标视为社会效益的观点在年轻一代中尤为普遍。根据2018年对来自36个国家/地区的一万多名“千禧一代”人士的调查结果，分别有43%和39%的受访者将“创造就业机会”和“改善社会”确定为企业的两大优先事项，而只有25%的受访者认为“创造利润”是企业的主要经营宗旨（德勤，2018）。如果这些观点与受访者的年龄对应起来，那么期望投资者会回避一心一意地追求财务回报，转而采用混合价值创造模式，也许是一件不足为奇的事情。影响力投资是针对特定投资策略的一个很大众化的全新标签，有望成为这样的混合价值创造模式。

定义影响力投资

全球影响力投资网络（GIIN）将影响力投资定义为“旨在产生正面的、可衡量的社会影响和环境影响以及财务回报的投资”（全球影响力投资网络，2017）。全球影响力投资网络（GIIN）给出的定义将意图放在首要位置：它假设传统投资活动可以带来社会价值，但刻画出“影响力投资”特征的，是产生社会影响和环境影响的意图。在全球影响力投资网络（GIIN）列举的影响力投资的四个核心特征中，意向性是排在第一位的。全球影响力投资网络（GIIN）列举的其他三个核心特征是投资设计中的影响力数据运用、影响力绩效管理，以及对影响力投资增长的贡献（全球影响力投资网络，2019）。经济合作与发展组织在其赋予“社会影响力投资”的定义中，也将投资者意图列为影响力投资的一个关键特征（经济合作与发展组织，2019）。

可以想象的是，关于影响力投资的准确界限，是一个存在争议的问题。全球影响力投资网络（GIIN）对“意图”的强调，催生了一个有点不太成熟的概念。意图不是关于行为的可衡量或客观可验证的属性。意图的存在与否，不能被投资者以外的任何人证伪。投资者可以事先声明善意，但俗话说："通往地狱之路，常由善意铺就（译注：好心也会办坏事）。"相反，投资者可能抱有内心的善意，而客观上第三方可能无法辨别这些。原则上，关注"意图"意味着认为自己投资是为了获得有益的、可衡量的非财务影响的任何投资者都是影响力投资者。例如，某位激进风格的对冲基金经理投资了一家上市公司且自称对公司的环境实践施加影响，只要他努力衡量自己的非财务影响，他就可以自称为"影响力投资者"。另外，根据全球影响力投资网络（GIIN）的定义，如果某个逐利型投资者无意造福社会，但仍投资致力于开发具有显著社会效益的救命药的公司，他也不会被归类为影响力投资者。在"意向性"的考验之下，代表公共利益的政府作出的投资理论上可以被描述为影响力投资，但在声称对影响力投资进行分类的各大文献或数据库中，政府在卫生、教育或基础设施方面的投资通常不被描述为影响力投资。尽管全球影响力投资网络（GIIN）和影响力投资社区的一些观察人士看重"意图"，但它不能成为该概念的决定性特征。因此，影响力投资特征的一些替代表述没有提及意向性（见下文）。

原则上，关于全球影响力投资网络（GIIN）的定义将社会影响和环境影响与财务回报放在同等重要的地位。这也许是该定义更突出的方面。在承认非财务目标至少与财务回报同样重要的情况下进行投资，可能是一个起到决定性作用的属性。关于影响力投资的一本首创性书籍（其中一位著作者是创造该术语的核心人物）指出："影响力投资认可的是，投资可以追求财务回报，同时也有意识地应对社会挑战和环境挑战"［巴格勒凡（Bugg - Levine）和艾默生（Emerson），2011］。根据这一标准，影响力投资与社会责任投资（SRI）或基于信任的投资就没有了区别，后者排除了具有负面社会影响或环境影响的投资，并愿意在必要时，接受此类排除导致的回报损失。正如我们在第 10 章中指出的那样，可持续资产配置，包括对社会负责的投资、一流的环境、社会和治理（ESG）、证券选择、积极参与、有针对性的行业配置和原则性排除，都是一个获得可持续回报战略的重要组成部分，这个战略旨在从作为全人类遗留下来的金融资本、人力资本和自然资本中，产生可持续的回报。巴格勒凡和艾默生指出，对于“影响力投资”一词的制定者来说，“社会责任投资和道德投资似乎背负着道德上的义务或个人的规范判断，以及负面情况筛查的历史记录（重点避开什么类型的公司）”。客观定义的“影响力投资”应该不考虑源于道德义务的意向性，反而包括可能源于非道德义务的其他形式的意向性，无论这些意向性的好坏，这是不合理的。意向性是一种内在的、无法证实的感觉，怎么可能不是“个人的规范性的判断”？

全球可持续投资联盟（GSIA）对影响力投资的定义更为实在：

> 影响力投资指的是旨在解决社会或环境问题的定向投资。影响力投资包括社区投资，其中资本专门针对惯常得不到充分服务的个人或社区，或为具有明确社会或环境目的的企业提供融资（全球可持续投资联盟，2019）。

全球可持续投资联盟（GSIA）专注于基于社区的投资以及对具有明确社会或环境目的的企业的投资，这也是影响力投资的共同特征，尽管它们并未被列为全球影响力投资网络（GIIN）的四个核心特征之一。全球影响力投资指导小组是在英国担任八国集团轮值主席国期间成立的社会影响力投资工作组的一个后续接任小组，它也采用了更具包容性的定义。它指出：“真正的影响是可以衡量的，……推动大规模变革……并为每个人带来好处”（全球影响力投资指导小组，2019）。正如斯皮斯—克纳福尔（Spiess - Knafl）和舍克（Scheck）指出的那样，“迄今为止，仍然缺少对‘影响力投资’一词的一致且无争议的定义”（斯皮斯—克纳福尔和舍克，2017）。

虽然影响力投资的界限有些模糊，但它是作为一个单独的类别存在，通过对特定人群的调查和数据库标明了这些投资活动在全球层面的大致规模。全球影响力投资网络（GIIN）的研究团队提供 GIIN 的调查及其自身成员（比如新风投网络，使命投资者交易所和印度影响力投资者委员会），创建了一个影响力投资者数据库，并辅以全球其他影响力投资网络。根据全球影响力投资网络（GIIN）估计，全世界共有 1340 家知名影响力投资机构，它们共同管理的资产总额约为 5020 亿美元（全球影响力投资网络，2019）。尽管与股票市场的规模（截至 2016 年至少为 70 万亿美元）相比规模较小，但影响力投资行业充满活力，它一直在快速增长，未来可能会经历更快的增长。到 2020 年，影响力投资行业所管理的资产高达 1 万亿美元（Freireich 和 Fulton，2009；O'Donohoe、Leijonhufvud、Saltuk、Bugg - levine 和 Brandenburg，2010）。显然，这个 5020 亿美元的估计值不牵涉更广泛的可持续投资策略，例如 ESG 相关的投资就已超过 30 万亿美元（全球可持续投资联盟，2019）。

影响力投资的演变

投资是一个古老的概念，它包括投入时间、精力和资本，以获得未来的回报。以实现非财务目标为目的的投资自古以来就存在，比如获得军事或政治好处、实现社会和谐，甚至统治世界。“商人必须致力于与自然和社会负责任的、和谐的关系”这一概念植根于中国儒家准则，这套准则可上溯到公元前 5 世纪（Wang 和 Juslin，2009）。在解释一个儒家（思想）时，孔子的弟子荀子（公元前 316—237 年）写出了先义后利、以义制利的义利观：“所以，以商业利益为先的道是行不通的，因为不是正道。社会正义必须先于商业利益，这才是正道（先义而后利者而荣，先利而后义者辱）。”我们通过对公司形式历史的回顾，发现在最早的股份制公司面世之时，其社会目的与财务回报密不可分（见本书第 3 章）。巴格勒凡和艾默生指出，在 17 世纪英国的贵格会信徒和接下来殖民时期美国的震颤派教徒（译注：震颤派是美国的一个教派，教徒禁欲独身，聚居一处，崇尚俭朴生活）中，社区福利目标在投资活动中占据的中心地位是显而易见的（巴格勒凡和艾默生，2011）。或许投资活动有点像吃东西，可以说一边摄入热量，一边实现其他目标，比如满足口腹之欲、发现新口味和食谱、结交朋友以及减少对环境的影响等各种目标。基于“投资的唯一目的或者主要目的是确保财务回报”这一概念给出的定义可能过于狭隘，正如“饮食主要是为了摄入卡路里”的这个说法是一个非常不全面的描述。

开发性金融公司：影响力投资的前身

1948 年英联邦开发公司（CDC）和 1956 年世界银行旗下的国际金融公司（IFC）等金融机构的建立，标志着现代形式的社会影响投资的开端（O'Donohoe 等，2010）。在各国政府和捐赠的资助下，英联邦开发公司和国际金融公司通过为影响力投资项目提供锚定资金，对发展中国家进行投资。这些项目如果取得成功，将吸引后续私人资本以进一步扩大规模。这种类型的初始公共投资旨在带来积极的信息溢出效应，只有愿意牺牲一些经济回报来换取社会利益的先行者才能产生这种溢出效应。

例如，国际金融公司与一些私人和公共合作伙伴一起资助了“照亮非洲”项目，该项目旨在开发和推广离网太阳能照明产品。该项目于 2009 年在肯尼亚和加纳进行试点，为 3200 多万非洲人提供了价格合理的照明。非洲有 6 亿人没有接入电网，主要依靠煤油灯和蜡烛照明（“照亮非洲”项目，2019）。煤油灯质量低劣，可能对健康和环境造成危害。借助小额信贷机构和众筹平台的小额贷款，“照亮非洲”项目向消费者提供太阳能产品。与此同时，提供价格合理的电力和使用更清洁的能源也带来了显著的社会效益和环境效益。“照亮非洲”项目的成功（Castalia Strategic Advisors，2014）可能为随后专注于为东非的离网照明和电器的预付费开展融资的私营企业提供了动力。例如 M – KOPA、Off – Grid Electric、Azuri Technologies 和 Mobisol。

表 11.1　投资谱

社会价值			混合型			财务价值
慈善事业	社会投资	项目相关投资	影响力投资	环境、社会和治理投资	对社会负责任的投资	传统投资
纯粹的赠款，不期望财务回报	产生社会影响和一些财务回报的投资	产生社会影响并期望至少收回本金的投资	针对公司的投资，这些公司的主要经营目标在于实现社会效益和环境效益，同时提供有竞争力的财务回报	针对公司的投资，这些公司追踪环境、社会和治理绩效衡量指标	对存在社会问题和环境问题的公司不予考虑的投资	仅以财务回报最大化为目标的投资

资料来源：根据 Advantage Ventures Analysis（2011）和欧洲风险投资慈善协会（EVPA，2016）的资料进行整理，https：//evpa. eu. com/about – us/what – is – venture – philanthropy。

我们概述了“影响力投资”一词是如何从社会和环境目标以及财务回报的融合演变而来的。如表 11.1 所示，影响力投资处在横跨慈善事业和传统投资两个极端投资的投资图谱的正中间。慈善组织主要分配赠款，并寻求社会影响最大化，而不考虑财务回报。而传统投资无论影响如何，都追求利润最大化。这两种截然相反的途径作为独立的经济活动类别持续存在。

在 20 世纪 60 年代和 70 年代，投资图谱的中间部分开始出现。出于对越南战争的担忧，一些传统投资者开始寻求社会价值调整，具体做法是避免投资于在社会和环境方面存在问题的公司，例如烟草公司、制酒公司、武器制造商、雇用童工的公司，以及来自“流氓国家”的公司。这些筛选负面社会和环境影响的投资虽然仍然以利润为导向，但在后来被称为“社会责任投资”（SRI）。反对越南战争的抗议者还要求各个大学捐赠基金从国防承包商撤资，这种投资趋势鼓励企业承担起更大的社会责任。后来，可持续（或环境、社会和治理）投资从社会责任投资演变而来（见本书第4章）。

与此同时，福特基金会和洛克菲勒基金会等慈善组织也在考虑各种选择，以使它们的赠款活动更具影响力，并持续更长时间。它们率先以低息贷款的形式进行社会投资，以替代赠款发放，例如为经济适用房项目提供资金。在仍以社会影响为目标的同时，偿还的贷款和应计利息也补充了资金池，使得这些基金会更具可持续性。大约在50年前，福特基金会首开先河，发起了第一个项目相关投资（PRI）。项目相关投资旨在产生有益的社会影响，但至少包含对本金回报的期望。项目相关投资通常是美国的各大慈善基金会所采用的策略。在美国，《国内税收法》要求基金会每年至少支出其资金的5%。根据相关规定，项目相关投资也被视为赠款，因此可以纳入基金会5%的强制性捐赠要求范围，即使支出的资金最终会被收回。

影响力投资的概念出现在2000年左右，是发展金融、项目相关投资和社会企业（在第15章中有所讨论）以及可持续投资（Trelstad，2016）融合的产物。“影响力投资”一词是在2007年新创造的，当时洛克菲勒基金会在其设在意大利的贝拉焦中心（Bellagio Center）召集相关投资者举办了一次会议，讨论如何将一项投资的社会绩效和环境绩效与其财务状况更好地结合起来（Jackson，2012）。已经参与社区发展金融、小额信贷机构和绿色技术投资的早期投资者出席了这次会议。虽然针对混合价值的投资并不是一个新概念，但与会者一致认为，现有资源不足以解决持续贫困、社会不平等和环境退化等问题。鉴于发达国家不断下降的海外援助和国内社会支出，必须动员私人资本来扩大创造社会效益和环境效益的企业规模（Freireich和Fulton，2009）。

让利与非让利的影响力投资

从影响力投资的演变过程中，可以清楚地看到，影响力投资有两个前身：一个来自慈善事业，另一个来自责任投资，也因此产生了两种类型的影响力投资：一种影响力投资是为了产生更大的影响，而牺牲一些财务回报，而另一种影响力投资旨在产生社会影响，同时提供市场回报。各大基金会先行发起的社会企业和项目相关投资的慈善源起于有让步的投资，因为投资者愿意为社会受益而获得低于市场的财务回报。而传统的社会责任投资和环境、社会和治理（ESG）投资的投资至少需要市场回报率。大多数投资者都以财务回报为导向，并将影响和财务回报视为可以权衡和取舍的。

2018 年全球影响力投资网络（GIIN）对 229 名影响力投资者开展的一项调查显示，2017 年，影响力投资总额为 335 亿美元，64% 的受访投资者预计其投资可以达到市场回报率，20% 的受访投资者预计其投资低于但接近市场回报率，16% 的受访投资者预计其投资低于市场回报率，以保本为主。超过 90% 的投资者还报告称，他们达到或超过了他们的预期投资目标（全球影响力投资网络，2018）。

影响力投资的生态系统

自从“影响力投资”一词继洛克菲勒基金会在意大利召开的那次会议之后被传播给更广泛的受众以来，众多利益相关者采用了这个术语，这个术语与社会影响力投资和社会金融也是相互通用的。利益相关者可分为四类：拥有资本的资产所有者（比如高净值人士［HNWI］）、部署资本的资产管理人（比如基金管理人）、服务提供商（比如银行、咨询公司和设立标准的机构），以及也许是最为重要的资本用户（例如小企业）（Jackson，2013）。图 11.1 描述了影响力投资生态系统，以及不同利益相关者是如何相互影响的。

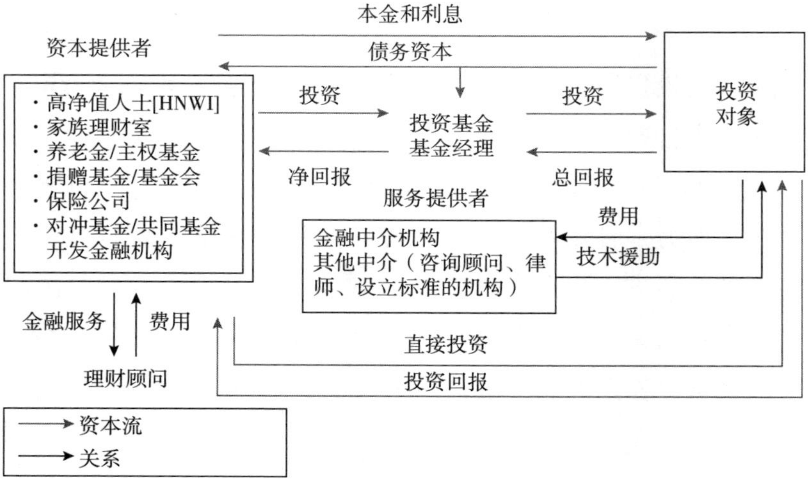

图 11.1 影响力投资生态系统

［资料来源：根据世界经济论坛——投资者与行业分论坛、德勤华永会计师事务所（2013）的资料进行调整］

资产所有者和影响力投资基金

在影响力资本的众多提供者中，主要的提供者包括高净值人士（HNWI）、家族理财室和基金会。与风险资本投资者（见本书第 14 章）类似，影响力投资者（至少是非让利的投资者）预计具备较高的风险承受能力，适合投资于小型企业和初创企业。此类投资更适合富有的个人和家族理财室，他们对为数更少的利益相关者负责，并且在行使投资自行决定权时，更能相机行事。由于交易规模小，投资的单位尽职调查成本高，以及针对这些投资主观评价的社会影响，养老基金和保险公司等主流机构投资者可能会被排除在外。由于对受益人负有信托责任，机构投资者可能会发现，很难为了社会和环境收益而牺牲财务回报去冒险进行非让利投资范围以外的投资。

高净值人士和家族理财室一直是影响力基金的主要资本提供者。

高净值个人及其家庭主要担心的是财富的代际损失，影响力投资被视为增强家族凝聚力和扩充遗产的一种方式，尤其受到年轻家族成员的欢迎。据估计，五分之一的家族理财室都拥有某种类型的影响力投资产品。

对于可能更愿意资助新想法和促进创新而不承担长期财务责任的基金会而言，影响力投资也很有吸引力。从这个意义上说，基金会的影响力投资可能是一个类似于风险资本家投资初创企业的过程（Berry，2016），有时被称为“风险慈善”。基金会可以作为“基金会银行”来运作，通过贷款、贷款担保、股权和固定收益工具来进行投资，而不是提供赠款（Salamon 和 Burckart，2014）。大多数基金会在影响力投资上的支出不超过其捐赠资金的 10%。例如，2017 年，福特基金会承诺从 120 亿美元捐赠资金中拨出 10 亿美元，用于与自身使命相关的投资。这是因为许多影响力投资被归类为与使命相关（致力于基金会的使命，同时产生市场回报），因此不能纳入基金会的强制性捐赠要求，这一点与有让利的项目相关投资（PRI）不同。不过，也有明显的例外，例如赫伦基金会（F. B. Heron Foundation）于 2012 年决定将全部资产用于影响力投资（Heron，2018）。在 2018 年早些时候，内森·卡明斯基金会（Nathan Cummings Foundation）也发布了同样的声明，将其近 5 亿美元的所有资产用在有助于减少社会不平等和缓解气候变化的投资上（内森·卡明斯基金会，2018）。TONIIC 是一个专注于深化其影响力投资承诺的投资者网络，发布了关于选择将其投资组合 100% 投入影响力资产的投资者的一份调查（TONIIC，2018）。

尽管发展金融机构在投资资产规模方面并非具有重大影响力的投资者，但它们是促进创新的重要参与者（参见前文关于发展金融的内容）。例如，世界银行和国际免疫融资基金开发了一种疫苗债券，利用向散户投资者发行债券的收益，直接为发展中国家提供部署疫苗的即时资金，并在援助机构兑现它们的承诺时还本付息（Jack，2008）。发展金融机构通常更愿意提供具有促进作用的锚定资金。例如，泛美开发银行投资了 New Ventures Mexico，后者给中小企业（SME）提供咨询，这些中小企业的目标是在当地社区产生积极的社会成果和环境成果。非洲开发银行集团为瑞士信贷负责管理的 5 亿美元 Agvance Africa 基金提供了 1 亿美元的锚定资金。Agvance Africa 基金对位于非洲的农业综合企业（译注：农业综合企业包括农业设备、用品的制造、农产品的产销、制造加工等）进行投资（非洲开发银行集团，2012）。

主权财富基金也管理着大量的资产，通常以国家发展目标为重。尽管许多公司确实纳入了环境、社会和治理标准，但它们的大部分投资并非受影响力驱动。这方面的例子不多，例如阿布扎比和马来西亚的主权基金，它们都将缓解社会问题作为既定目标。然而，有人可能会争辩，通过有意关注国家发展能力，主权财富基金可以被视为更广泛意义上的影响力投资者。

大学捐赠基金对投资者的影响不大。然而，鉴于来自学生和校友们推动可持续投资和撤资一些特定公司的压力，一些拥有大量捐赠基金的大学越来越关注对社会负责的投资。

虽然荷兰养老基金 PGGM、苏黎世保险公司、英国保诚和美国资产管理公司 Nuveen 是经济适用房、小额信贷和社区银行的机构投资者，但养老基金、保险公司和其他负债受限投资者等主流投资者对影响力投资作出的贡献仍然有限。鉴于它们的信托责任，主流投资者更有可能投资于能够产生市场回报或高于市场回报的影响力基金。

目前，大多数主要影响力投资者都位于欧洲和美国。大部分资产却部署在发展中国家。81%的投资者的总部位于美国、加拿大、西欧和大洋洲（全球影响力投资网络，2018）。大多数投资者和被投资者之间的这种地理位置差异意味着，在影响力投资生态系统中的两个最重要的利益相关者之间，在知识、观点、语言、社会传统和文化视角方面，存在巨大差距。关于发展中国家投资者的缺位，有一种解释是由于监管限制所致。尽管来自新兴市场的亿万富翁人数有所增加，但发展中国家的高净值投资者迟迟不采用这种相对较新的投资理念。在亚洲开发银行（2011）进行的一项调查中，投资者认为，投资机会的影响力的相关信息缺乏、准入缺乏和金融工具多样性缺乏是影响力投资量增加的障碍。

服务提供商

除了资产提供者和基金经理以外，其他实体也是影响力投资生态系统的一员。大型银行和金融机构正在组建团队，致力于开发新的投资产品，或研究将投资与影响力相结合的方法，被投资企业正在酝酿收集运营和影响力数据的创新方法，以准确衡量社会回报。学术界正在开始对影响力投资产生的社会效益进行更严格的评估（Dichter、Adams 和 Ebrahim，2016）。

还有例如咨询公司、律师事务所和标准制定组织等其他中介机构，它们与基金会、基金经理和个人投资者合作，以促进实现它们对影响力投资的愿景。它们还在搭建平台、制订行动计划和设计评估工具，以鼓励和引导新进入者。世界经济论坛和联合国可持续发展目标（SDG）等国际论坛和政府间组织也有助于提高公众意识和影响力投资的形象。

最后需要指出的是，将政府、慈善机构和企业的力量相结合的合作伙伴关系可能具有产生最大社会效益的潜力（Buffett 和 Eimicke，2018）。世界各国政府正在与私人投资者合作，共同开发创新型金融工具并探索能够产生社会影响的投资工具，这些目标都不是单打独斗就能实现的。当然，政府在为影响力分配资本方面的作用不仅限于公私合营的范畴。正如我们之前指出的那样，人们可以认为，政府的大多数投资符合意向性定义下的影响力投资。

投资对象公司

根据全球影响力投资网络（GIIN）最新的影响力投资者调查，大多数投资者（54%）同时关注环境影响和社会影响，40%的投资者只关注社会影响，剩下只有6%的投资者仅仅关注环境影响（全球影响力投资网络，2018）。作为单一地区，美国和加拿大获得的投资最多，其次是拉丁美洲和加勒比地区，以及撒哈拉以南非洲地区。在影响力投资者管理的资产中，约有54%部署在发展中国家。

如图11.2所示，获得资金水平最高的产业部门是粮食和农业、小额信贷和其他金融服务、住房，以及能源。发达国家的住房和能源部门获得了更多资金。在发展中国家，大量人口仍然面临粮食短缺，大型银行的服务仍然不足。因此，发展中国家在农业和粮食部门获得了更多的影响力资金，小额信贷紧随其后。新兴市场的影响力投资始于向妇女和农民提供小额贷款的小额信贷机构，毕竟这些人很难从传统的银行获得信贷便利。大型商业银行通常不为农村地区提供服务，并且还要求手头没有现金的农民提供抵押品。最近，影响力基金已开始投资于农业和公平贸易部门，以帮助提高较贫穷国家的农民的生活水平。

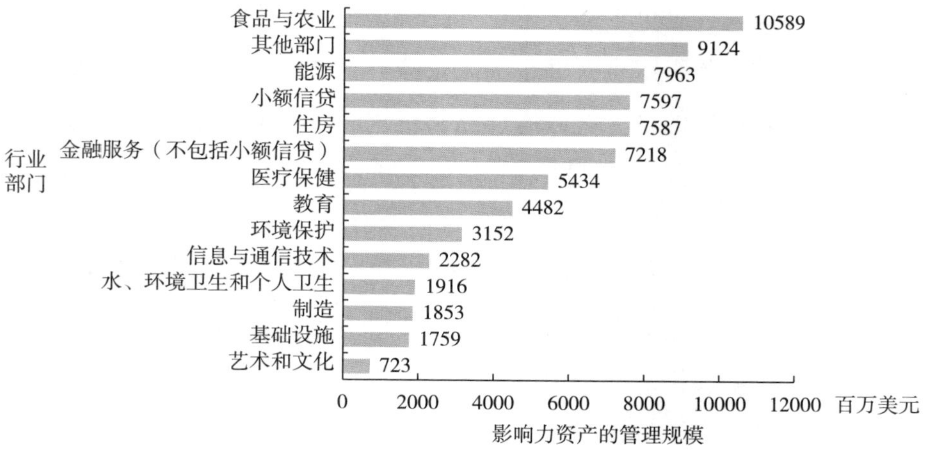

图11.2　按行业划分的影响力资产配置

［资料来源：根据全球影响力投资网络年度影响力投资者调查（2018）进行整理］

投资工具

影响力投资是一种投资方法，涵盖了所有资产类别，包括现金和现金等价物、固定收益、房地产、基础设施、公共股权和投资基金（Emerson 和 Smalling，2015）。例如，社区银行提供了存款证明、储蓄账户和货币市场账户，但这些银行只向以社会成果和环境成果为目标的组织提供贷款。虽然在影响力投资中所采用的大多数工具与传统投资中使用的工具相似，但影响力企业的特殊挑战，以及将影响力管理嵌入投资过程的愿望，还是需要新型金融工具的出现。例如，阿尔梅尼（Armeni）和费雷拉·德·博内（Ferreyra de Bone）（2017）指出，相对于对初创企业的传统投资，影响力投资者面临的挑战包括更高的信用风险、更低的预期回报、更长的投资期限、更具风险且更慢达到可观规模的渠道，退出后还能保证企业履行影响力使命的机会的有限性，以及投资资本的更高单位交易成本。阿尔梅尼和费雷拉·德·博内描述了在拉丁美洲影响力投资中运用的债务、股权、封闭式基金和赠款的一些替代交易结构。全球影响力投资网络维护着一个报告和文章库，这些报告和文章讨论了影响力投资者用来投资于关注社会影响和环境影响的初创公司现有和全新的融资结构。

固定收益：绿色债券、社会影响力债券和基于收入的贷款

能够产生稳定现金流的影响力投资可以包括政府和企业发行的长期和短期债券，这些债券的收益将用于有利于环境和社会的项目和企业。例如，国际金融公司（IFC）曾经发行了一种三年期绿色债券，债券利率与美国国债利率挂钩，以资助有助于降低发展中国家排放的各个项目。在后面的第 14 章，将会对绿色债券展开更详细的讨论。

还有非传统的债券结构，例如社会影响力债券。社会影响力债券的称谓众多：绩效支付债券、成功债券或社会福利债券。尽管被贴上了债券的标签，但社会影响力债券并不是一种固定收益投资工具，因为它的回报取决于交付的社会成果。社会影响力债券主要是为私人投资者设计的，允许他们为社会干预提供资金。如果社会干预取得成功，政府会通过成功激发的成本节约（费用节省），来承担财政支出。但是，如果社会干预不成功，投资者将失去本金和定期回报。当提供的社会事业实现预期结果的成本高且风险大的时候，政府原则上能够设计一种社会影响力债券，将与试行实施相关的风险转移给私人投资者，只有当项目成功的时候才需投入财政资源，来向投资者支付本金和回报。

传统上，这些债券旨在实现良好的社会效果，例如教育和减少累犯（发生），并旨在政府预算和慈善捐款削减的当下，以充分利用私人资本。这是近期出现了一个现象。第一个社会影响力债券产生在 2010 年，为英国囚犯改造计划提供资金，当时筹集了 500 万英镑（Disley、Rubin、Scraggs、Burrowes 和 Culley，2011）。这个计划与 2000 名短期服刑的囚犯合作，为他们提供为期 12 个月的心理健康、住房和就业支持，并将累犯率降低了 9%，比 7.5% 的预定目标要高（Anders 和 Dorsett，2017）。结果，从监禁率下降所节省下来的开支中，投资者获得了除本金外 3% 的年回报率。自 2010 年以来，已在英国发行了 32 种社会影响力债券，在美国发行了 10 种，还有 19 种在其他 14 个国家发行，总市值为 5.14 亿美元（Floyd，2017）。

近年来，澳大利亚、加拿大、英国和美国都发行了社会影响力债券。然而，债券结构的复杂性可能使评估和制定存在争议（Jackson，2013）。在第 13 章，我们讨论了环境影响债券——一种旨在为环境保护融资的社会影响力债券。

阿尔梅尼和费雷拉·德·博内（2017）描述了关于基于收入的贷款的例子。这些贷款工具要求被投资企业定期支付与收入、现金流或其他财务指标挂钩的款项，直到偿还了原始投资的固定倍数为止。这些工具通常包含灵活的付款时间表，包括很长的初始付款日期，以及相对较长的宽限期。它们避开固定到期日，允许一直还款，直到预定倍数的款项偿还完毕。需求红利结构（圣克拉拉大学，2013）将支付限制在一定比例的自由现金流（25% ~50%）内，这样企业就有足够的现金流用于再投资。需求红利贷款促进了还款的季节性变化，也是农业企业的一项关键创新。在孟加拉国农业小额贷款的背景下，一项随机对照试验（RCT）的结果表明，在维持借款人须遵守的规定和低违约率方面，具有季节性意识的还款计划与常规还款计划一样有效（Shonchoy，2014）。

实体资产投资

正如在第 14 章中将进一步解释的那样，实物资产融资远比初创企业所发生费用的融资要容易。然而，在影响力投资背景下的实物资产融资需要把重点放在实现市场利率回报，同时确保对严重依赖于政策举措的、具有挑战性的现金流情况产生影响。在美国，许多市政债券基金的目标是投资于构成当地公共产品的实物资产，包括经济适用房、绿色基础设施、废弃物管理和可持续交通。发达国家的房地产影响力投资以经济适用房项目为主。例如在美国，低收入住房税收抵免对经济适用房项目起到了鼓励作用，具有年度预算，用于向针对低收入家庭出租房屋的新建和翻修的费用提供税收抵免。私募股权基金正在资助发展中国家开发经济适用房。例如，主要专注于非洲影响力投资的 Vital Capital Fund 已承诺投入 9200 万美元，在安哥拉建造 4 万套经济适用房以及社区设施，并提供清洁水、教育、卫生和电力等服务，同时目标获得 20% 的投资财务回报（Vital Capital Fund，2015）。可再生能源和可持续基础设施也是吸引影响力投资者高度参与的领域。

私募股权/风险投资基金

由于影响力投资企业的规模通常很小，大型机构投资者通常会避开对其直接投资。相反，作为有限合伙人，它们更愿意将资产分配给私人投资基金，然后将资金投入到面向低收入人群和（或）环境保护的企业。由于这些基金中的大多数只对满足净资产门槛要求的合格投资者开放，因此非合格投资者和公众很难获得有关此类基金的详细信息。ImpactAssets 和 ImpactBase 维护符合其标准的私人影响力投资基金公开数据库。ImpactBase 在其数据库中列出了 426 只基金，平均目标管理资产（AUM）总额从固定收益基金的 4200 万美元到实物资产基金的 1.75 亿美元不等。2019 年 4 月，ImpactAssets 列出了资产管理规模超过 2.5 亿美元的 10 只基金，它们也是责任投资原则组织（PRI）签署方：Bamboo Capital Partners、Calvert Impact Capital、Creation Investments Capital、DBL Partners、Developing World Markets、MicroVest Capital Management、Mirova Natural Capital、North Sky Capital、The Lyme Timber Company 和 Turner Impact Capital。这些基金将清洁技术、经济适用房、自然资源与保护，以及营养、健康和保健列为被投资企业的主要关注领域。这些基金公布的主要可持续发展目标是：可持续发展目标一：消除贫困；可持续发展目标七：廉价和清洁能源；可持续发展目标八：体面工作和经济增长；可持续发展目标十：缩小不平等；可持续发展目标十三：气候行动；可持续发展目标十五：陆地生物。

其他资产类别

对于散户投资者而言，他们可以通过投资与影响力相关的共同基金和以环境、社会和治理（ESG）为关注重点的交易型开放式指数基金（ETF），来同时实现财务目标和社会目标。例如，开放式共同基金 Columbia Threadneedle Social Bond Fund 给三分之一学生生活在贫困线以下的地区投资了学校基础设施，这一比例是美国平均水平的 1.5 倍。这家基金的基金经理与影响力测量咨询公司 Sustainalytics 合作，发布对其债券投资组合的社会影响力和环境影响力的年度评估。Swell Investing 和

Change Finance 等新兴金融科技公司旨在让更广大的公众和公民投资者能够接触到影响力投资。Swell Investing 是一个在线交易平台，允许散户投资者投资组合公司最低 50 美元，这些公司从事绿色技术、清洁水、零废弃物、可再生能源、疾病根治和健康生活（Swell，2019）。Change Finance 开发了以影响力为重点的 ETF，让小投资者可以在证券交易所交易，同时将不以环境、社会和治理（ESG）为关注重点的公司排除在外。

鉴于“有意”寻求社会影响的上市公司数量有限，2013 年在伦敦成立的社会证券交易所（SSE）允许投资者对大约 50 家符合社会证券交易所（SSE）标准而被认定为“具有社会影响力的企业”的公司的股票进行交易。通过与总部位于英国的受监管的电子交易所 NEX 的合作，社会证券交易所的职能与传统证券交易所类似。世界上的其他地方也有类似的交易所，包括新加坡的 Impact Exchange、南非的 SASIX、加拿大的 Social Venture Connexion，它们都推动了影响力驱动型公司的私募和众筹活动。

有人批评说，在被投资企业通常没有既定的社会效益目标的情况下，对公开交易股票的投资不涉及“意向性”。鉴于意向性缺乏可验证性，同时也很容易表达虚假的意图，也许影响力投资不应该由意向声明来界定，而应该由衡量和管理影响力的实际努力来界定。

挑战与进步

虽然混合价值方法将影响力投资置于资本主义和慈善事业的交叉点上，但这种融合也许也给自己招来了最多的批评——也就是影响力投资能否有效地为这两个不同的目标服务。传统看法认为，当政府和慈善机构关注公共产品和社会福利，而让私营部门关注效率和利润时，资本主义市场经济的运作方才是最有效的。

附加值检验

布雷斯特（Brest）和博恩（Born）（2013）认为，只有当影响力投资增加了社会成果的数量或质量，并超出了社会中性投资者所能实现的范围时，才会产生影响力。似乎一个完美的投资机会也可能吸引传统投资者，他们与影响力投资者一样可能产生同样多的社会影响（尽管是无意识的），因此在一个庞大且充分竞争的市场中，追求平均市场回报的影响力投资者可以为投资对象提供什么附加值，这一点并不明确。当然，除非影响力投资者被允许作出财务上的让利，以换取社会影响力——但这就变成基金会开展的项目相关投资的范式。从这个意义上说，价值意向声明比不作出财务让利的价值创造更容易实现，但前者更符合环境、社会和治理（ESG）的投资要求，或者社会责任的投资策略。严格意义上讲，这些并不属于影响力投资的范畴。相反，在传统资本可能无法支持具有高风险的新兴企业的情况下，影响力投资将在创造积极价值的过程中，通过"附加值"检验。从这个角度来看，如果只有有限的资金来施加影响力，则应当将其用于以其他方式根本找不到投资者的项目。

按照这个逻辑，只有在财务让利的情况下，公共市场的影响力投资才真正不同于传统投资，而传统投资不会作出财务让利。有人可能仍会争辩说，如果两个目标之间存在未开发的协同效应，投资者可能会通过同时追求社会回报和财务回报，来获得更好的结果。例如，通过致力于对社会负责的企业行为，公司能够提升其品牌形象和员工忠诚度，从而降低员工流动率和提高生产率。换言之，致力于社会目标的公司可能会吸引更长期投资者，避免困扰上市公司的短期行为，从而促进利润可持续（Robb 和 Sattell，2016）。然而，如果企业社会责任行为和针对社会影响力的目标能够带来额外的经济利益，那么追求利润最大化的公司同样有可能在竞争激烈的大型市场中，对这些机会加以利用。

迄今为止，描述非让利的影响力投资所带来的附加值的学术研究成果很少（Clarkin 和 Cangioni，2016）。由于缺乏数据可以帮助他们得出超出第 5 章中概述结果范围的结论，即社会责任投资的表现与常规投资没有显著差异，经济学家开展的缜密的实证研究数量有限（Kreander、Gray、Power 和 Sinclair，2005；Lobe 和 Walkshäusl，2016；Robb 和 Sattell，2016 年；Schröder，2007）。

影响力评估

虽然影响力投资在投资界、新闻出版物和世界各国领导人中受到了广泛关注，但阻碍其发展的一个长期存在的问题是缺乏一个被广泛接受的衡量影响力的框架。如果创造影响确实是目标，也许更重要的是评估给投资对象创造的价值，而不是担心投资者可能享受不到附加效益。如果我们要说服更多的投资者为了影响力而进行让利的投资（非让利投资尚未通过附加值检验），那么我们需要更多的数据，来证明这些投资是否真正造福于社会或环境，且在多大程度上造福于社会或环境。影响力评估将确保我们的期望得到满足，我们的有限资源不会被用错地方，特别是在目标人群为穷人和边缘化人群的情况下。如果没有足够的影响力数据（大多数影响力基金都是新近成立的，很少有影响力基金提供时间跨度超过几年的数据）或没有一个标准化的框架来记录进展和建立跟踪记录，机构投资者就将很难向更广泛的利益相关者群体证明增加影响力投资参与度的合理性。

近年来，这方面也取得了一定的进展。研究人员和从业人员正在努力改进影响力衡量系统。更多的公共数据已经可供使用，影响力投资社区也采用了许多社会和环境指标。例如，由全球影响力投资网络（GIIN）、洛克菲勒基金会、B Lab 和 Acumen 建立的“影响力报告和投资标准”（IRIS，2018）在社会维度和环境维度上体现了标准化的指标，投资者可以使用这些指标来跟踪他们的影响力表现（另见本书第 4 章）。

与晨星和标准普尔的评级系统类似，位于美国的非营利性组织 B Lab 推动的全球影响力投资评级系统（GIIRS）设计了一套通用指标系统，旨在对公司和基金的员工、治理、社区和环境的表现领域进行独立衡量和评级（另见本书第4章）。其他影响力评估工具，例如由睿智基金（A-cumen Fund）和“社会投资回报”（SROI）工作网络开发的工具 Pulse，致力于实现社会影响力的货币化。此外，由于影响力投资情况是各种各样的，个人投资者也正在划定自己的路线，来设计专有指标和衡量工具。尽管作出了这些努力，影响力投资者的自我评估方法和严格程度存在很大差异，需要更多的努力来协调标准化的、分散的各个系统朝着共同目标前进。

更重要的是，影响力评估需要将结果与产出分开。产出是指投资公司生产的产品或服务，结果是指产出对环境或社会的影响。影响力报告与投资标准（IRIS）和全球影响力投资评级系统（GIIRS）公开提供的标准指标通常衡量投资产出，例如建造的学校数量和分发的蚊帐数量，但不衡量入学率增加和疟疾病例减少等结果。全球影响力投资网络（GIIN）报告表示，超过95%的影响力投资者声称，他们衡量和报告社会影响和环境影响（全球影响力投资网络，2018）。然而，仔细研究一下这些报告就会发现，报告中所采用的大多数指标都是产出类的——比如投资的美元金额、创造的岗位数量和服务的人数，所有这些都是必要的基本财务和运营指标，但仅有这些还不够。事实上，关注产出有时会带来问题，例如当小额信贷机构报告未偿贷款金额的时候，这可能是负债情况的指标，并与影响力呈负相关。

另外，与结果相关的指标——受益人的工作类型、收入和性别构成，以及学生的在校表现及其毕业率——构成的数据可能更加难以收集和区分来看。因此，我们无法轻易得出关于“影响力投资是否惠及预期受众并取得了预期长期效果”的结论。现在，不妨以一个旨在提高贫困地区入学率的学校建设项目为例。即使我们观察到入学人数有所增加，我们也不确定政府同时期出台的政策或资助计划是否对入学人数增加也起到促进作用。我们还必须考虑新学校的招生是否只是从现有学校转调过来，如果确实是这种情况，预期的社会影响力会被削弱。此外，新学校的建设和维护可能会减少原本可以流向公立学校的资源，或只是带走了最优秀的学生——所有这些都是需要考虑和消除的负面影响，尤其是当它们可以比干预本身更具全局性的时候。正如杰克逊（2013）所指出的那样，“在贫困社区实现有意义的社会影响力的过程是复杂的、微妙的、动态的，而且实际上往往是不确定的”。因此，为了确定任何因果关系，必须采用类似于社会科学研究中使用的评估方法，例如在参照组的帮助下进行随机对照试验。可是，如果影响力投资者真的相信他们自己的干预是绝对正向的，那么拒绝对参照组实施同样干预是不合道德的。

从小额信贷机构中，我们也可以吸取各种经验教训，例如世界银行扶贫协商小组收集大量成果数据，并对其小额信贷项目进行随机评估。其他方法可能包括旨在评估个人福祉结果的参与式方法，以及结合从项目评估领域借鉴而来的所谓变革理论。变革理论将指定一个模型，这个模型呈现了某个项目的潜在逻辑、因果关系、假设、影响和预期结果。然后，通过收集绩效数据，可以根据实际经历的过程和结果，对该模型进行测试（Rogers，2008）。

为了说服更多投资者加入影响力领域并证明增加影响力投资的合理性，评估各个产业部门是否有足够的合理投资机会是很重要的一环。否则，资本激增可能会产生泡沫。当前市场缺乏向最需要资金的环节发出信号的相关信息。由于缺乏知识、指导方针和绩效基准，新投资者进入市场的速度很缓慢。另外，鉴于对未来增长的高度预期，新进入者可能会高估市场潜力。小额信贷机构面临着类似的挑战，这也是制定标准化影响指标的另一个原因，以便可以客观地记录该产业部门的发展。

估算财务回报可能是一项具有挑战性但也是我们所熟悉的工作。

预测社会和环境结果，然后对其附加价值，是相当困难的。影响力投资者需要将影响力衡量视为绩效衡量以及企业的基本管理实践，而不仅仅是出于市场营销或品牌推广的目的。由标准制定组织网络 Bridges Impact 发起的“影响力管理项目”促进并协调了一项以结果衡量影响力的工作，该项目首次解决了迄今为止已确定的若干个评估问题。国际金融公司（IFC）已经推行了影响力管理运营原则，这是管理投资基金的一套最低门槛，旨在测量财务回报的同时，促进可衡量的积极的社会影响或环境影响（Mirchandani，2019）。

其他挑战依然存在。缺乏统一的定义和清晰的界限正在给影响力投资生态系统造成混乱，使得吸引新资本、实现评估标准化变得更加困难，并导致人们对影响力投资的规模和盈利能力产生偏见。更不用说，如果要把影响力评估做得好，通常要花不少的费用。

我们已经探讨过，如今影响力投资所面临的众多困境都可以追溯到其两个截然相反的根源——一个根源来自寻求少做坏事、多做善事的投资者，另一个根源来自力图把可运用的手段扩大到赠款以外（比起负 100% 的投资回报有所改善）的慈善家。作出让利的投资者是在浪费我们的资源来追求财务回报吗？还是说，非让利的投资者通过将他们的目标与社会影响力相结合，来创造额外的社会价值呢？理论和数据似乎都不支持后者（Brest、Gilson 和 Wolfson，2018）。但是，如果不作出让利的投资者被排除在外，并且采用影响力投资最严格的定义，再排除了与环境、社会和治理以及项目相关的投资，那么就只有让利的投资充斥其间，这对于传统投资来说，可能是一个狭窄、吸引力也不够大的概念。同时，纯粹意义上的慈善家也不接受：在促进社会平等或环境可持续性方面，利润驱动型企业应当得到同样的认可（Bugg - Levine 和 Emerson，2011）。

最后，关于影响力投资的最狭隘定义的适用范围很小，导致存在两个重要的局限性。第一个局限性是显而易见的：相对于联合国可持续发展目标的投资需求规模来说，影响力投资领域可动用的少量资金是微不足道的。第二个局限性则更加微妙。随着市场规模的扩大，不仅投资资金有所增加，利益相关者的数量和多元化程度也随之增加。限制参与的投资类别的受欢迎程度是不可持续的，因为广大民众无法感受到其正当性。例如，我们在第 6 章中对成本收益分析的回顾，证明了其作为专家分析工具的价值。然而，我们注意到，成本收益分析说服利益相关者的能力因缺乏参与性基础而受到限制。考虑到金融生态系统的作用，显然无论有意或无意、有附加值或无附加值，所有投资都会产生影响，无论好坏。考虑到第 1 章中描述的金融生态系统的三大基本作用，并从更广泛的角度来看，也许基于明确的意图，或对投资与结果之间可证明的、直接的因果关系进行明确区分，是吹毛求疵的做法。如果关于影响力投资的定义足够有包容性，可以涵盖多种投资方法，从而涵盖更多的利益相关者，那么关于意向性或附加值的专家声明作为正当性来源就变得不那么重要了。被广大负责任的投资者自愿地、广泛地采用，这本身就可以成为意向性和有附加值的证据。

前方的路

影响力投资者通常有望在社会风险投资的早期阶段进行投资，具有更高的风险和长期的盈利能力。就其本身而言，影响力投资经常充当种子资金。维持社会变革通常很复杂，并且受制于非投资者所能控制的更大规模的社会因素和政治因素。许多影响力基金是新近出现的，没有长期的运营记录。尽管发展速度迅猛，但影响力投资仍方兴未艾，在吸引主流资本方面，面临很多困难。然而，随着更多数据和公认标准的出台，市场变得成熟，有理由对其未来潜力持乐观态度。

与传统金融相比，影响力投资已经取得了长足进步，具体表现在避开单一底线方法并将急需的资金引导到传统资本无法资助的社会项目方面。然而，即使影响力投资具有变革性的可能性，它仍然在很大程度上遵循投资者至上的模式，即首先关注投资者的盈利，同时再关注投资的社会效益。对于影响力投资者而言，最终目标都是促进变革，无论是过渡到更可持续的经济，还是为穷人提供更多机会。然而，我们现有的机构已经发展到维持现状，包括财务激励制度和组织结构防止新参与者轻易打乱现有精英利益。此外，影响力投资者和投资对象的地理位置之间的差距可能会诱发新殖民主义态度，这是全球发展金融的长期特征。例如，可再生能源项目对土地的掠夺往往会对当地社区造成无法弥补的伤害，而当地社区本应当成为此类项目的受益者。

斯皮斯—克纳福尔和舍克强调了影响力投资的另一个重要方面。他们指出，影响力投资之所以受到重视，是因为发展问题越来越复杂（斯皮斯—克纳福尔和舍克，2017）。它们的解决方案需要多个利益相关者之间的协作。市场效率的一维驱动不太可能解决得了复杂的社会问题，比如贫困、儿童死亡率、饥饿、医疗保健和教育缺位，以及获得清洁空气和清洁水。这些社会问题迄今仍然困扰着世界大部分地区。为了使影响力投资市场获得持久的、广泛的正当性，其重点必须从投资者转移到更广泛的利益相关者，这与我们在第 4 章中的分析不谋而合。从这个意义上说，也许缺乏附加值是值得庆祝的，因为宣称投资者相对人微言轻，并把投资对象提升到与投资者相提并论的地位是其中一个重要原因。鉴于最著名的影响力投资者和大多数投资对象之间的权力和财富是完全不对等的（Giridharadas，2018），做到这一点很困难，或许是不可能的，但也许值得我们努力争取。正如社会影响力投资特别工作组主席罗纳德·科恩（Ronald Cohen）爵士（2013）所说，我们需要在包括政府、慈善机构、私营企业在内的每个利益相关者方面，“针对处理社会问题的方式，掀起一场深刻的文化变革”。罗纳德·科恩提出的许多变革建议都是针对政府领导能力——比如建立影响力投资的生态系统和市场、清除法律障碍，并成为社会成果的大买家，例如通过社会影响力债券的途径（社会影响力投资特别工作组，2014）。也许已经是时候将资本主义从投资者至上的模式转变为参与性的利益相关方模式了（Armeni 和 Whelan，2018）。这样的一种模式是由社区参与共同设计、管理和拥有影响力项目的一种方法。比如影响力投资者网络，Transform Finance，它旨在确保影响力项目产生的价值超过其提取的价值，并且在所有利益相关者之间的风险和回报是平衡的（Transform Finance，2018）。

公共部门越来越难以独自应对环境和社会挑战。令发达国家和发展中国家的政府发愁的是，由于债务问题和财政紧缩，政府预算下降。有限的资源限制了慈善组织能够解决社会问题的范围和规模。全球大多数资产都属于私营部门。我们在本章中回顾的影响力投资是集中不同利益相关者的力量、以应对包括气候变化和社会不平等在内的全球挑战的一种方式，但我们需要在寻求新的伙伴关系、新的解决方案和新的想法方面持有开放和大胆的态度。

第 12 章　去中心化金融

在第 9 章中，我们回顾了投资者的分类，重点强调了需要融合不同类型的投资者，以解决任何特定可持续发展挑战中面临的融资需求问题。在第 10 章和第 11 章中，我们概述了投资者在宏观资产和微观资产分配中发挥的潜在有益作用。在第 10 章中，我们描述了大型资产所有者作出的自上而下的投资组合选择。在第 11 章中，我们重点关注了自下而上的直接影响力投资。本章关注的是中间层。社区是如何借助当地小型投资者和大规模地区资金来源，为有资本需求的本地公共产品提供融资的？哪些比较有前景的机构无需借助高度集中的全球金融生态系统或国家金融生态系统，来增加投资者和发行人之间的储蓄流动？是否可以像规模最大的资产所有者那样，通过采取集体行动扩大其在规模最大的中介机构及全球性公司谈判中的发言权，建立跨地理界限、由不同类型投资者组成的社区？这些联盟能否作为小型责任投资者与发行人之间的融资、反馈渠道？我们试图通过回顾小规模发行人和投资者自发组织行为的例子，并询问这些例子的哪些方面属于地区可持续生态系统中有前景的部分来回答上述问题。

去中心化决策的价值

在第 5 章中，我们简要讨论了去中心化反馈回路的价值以及一系列相互关联、价格不断变化的市场具备的潜能。从系统的角度来看，对相对稀缺性变化作出响应的价格体系是金融生态系统中最重要的技术，可缓解对于集中决策者而言不明显或不重要的分散的稀缺性。在本章中，我们将更加深入地研究这一思想。需要牢记的是，价格体系既不像我们希望的那样影响深远，也没有我们想象的那样包含各种信息。让我们回顾一下埃莉诺·奥斯特罗姆提出的观点：中央集权国家所采取的生硬、无效的监管措施会对公共产品个人用户的分散监控活动产生排挤效应（埃莉诺·奥斯特罗姆，2010）。如果中央监管机构声称负责解决系统性风险，小型投资者将会被误导，产生虚假的安全感，而金融中介结构则会撤销成本高昂的尽职调查工作，因为它们可以在危机爆发时理所当然地指责监管机构。分散监控的宝贵的社会价值将始终无法得以实现。

在第 3 章中，我们注意到，在 19 世纪的美国，自愿性公司治理标准似乎已经达到了足够高的水平，以至于 1790 年至 1860 年间企业融资规模呈现出爆炸式的增长，尽管当时美国没有出台任何中央法规防止出现管理人员渎职问题［赖特（Wright）和西勒，2011］。在整个 19 世纪，美国市政债券市场稳步发展，且随着国家发展及城市化的推进，该市场在为资本密集型城市供水基础设施提供融资方面发挥了重要作用（卡特勒和米勒，2006）。该市政金融市场是目前世界上规模最大、最具多样化的市场，在没有中央监管机构甚至任何评级机构提供对发行人的信用风险进行一致评估的协助下竟然发展了一个世纪［普拉茨（Platz），2011］。

认为监管机构负责将系统性风险降至最低，而投资者可以专注于自己的投资组合回报的想法显然是一种幻想。在第 10 章中，我们描述了在未设立全球监管机构且国家监管机构无能为力的情况下，规模最大的资产所有者为解决系统性风险问题而采取的其他的集体金融行动。我们认识到投资者的选择与系统风险相互依存，这表明我们可将金融生态系统视作埃莉诺·奥斯特罗姆（2010）描述的公共资源（CPR）。奥斯特罗姆指出，精心设计的实验研究表明，孤立、匿名的个人会从公共资源中过度采掘。与博弈论的预测结果相反，允许实验参与者彼此交流往往会减少这种情况。如果投资者对系统性风险保持警惕并将其纳入尽职调查工作中，他们就有可能引导其投资组合远离这些风险。如果投资者与他人交谈，就会促使他人效仿选择自己的投资组合。如果足够多的投资者对系统性风险实施类似评估，旨在破坏稳定活动的资本就会枯竭。

这种投资生态系统就类似于蜜蜂跳摇摆舞。成群的蜜蜂从蜜蜂“侦查员”通过分散的集体决策过程发现的多个准筑巢点中选择一个。当一个蜂群需要寻找新蜂巢点时，约有5%的蜜蜂充当“侦查员”，搜索候选蜂巢位置。如果它们找到一个好的候选蜂巢，“侦查员”就会返回蜂群并按一定的概率跳摇摆舞。摇摆舞的长短代表了蜂巢的质量。舞蹈还会激励其他“侦查员”独立验证候选蜂巢的质量。当在特定地点聚集大多数“侦察员”时，所有“侦查员”都会返回蜂群给出提醒。几天后，所有“侦查员”都指明同一个高质量的蜂巢点。没有一只蜜蜂能比较所有地点［维舍尔（Visscher）和卡马津（Camazine），1999］。蜂群通过招募“侦查员”和群体感应的自发过程作出决定（戈尔曼、哈格曼和米勒，2015）。这种通过招募“侦查员”和群体感应进行集体决策的过程在蚁群甚至是细菌群中非常普遍（阿特金森和威廉姆斯，2009）。

我们注意到，企业社会绩效和企业财务绩效之间存在着微弱的关系（见本书第5章），这种关系虽有违直觉，但却可促进集体行动。如果投资者期望在短期内实现非财务尽职调查的货币化，他们参与集体行动的动力就会降低。如果发现一个好蜂巢点的侦查蜂以牺牲其他蜂群利益为代价享受蜂巢带来的好处，他们就几乎没有动力提醒蜂群其发现的好地点。只有当环境、社会和治理（ESG）在短期内没有提供丰厚回报时，投资者才会有动力说服他人认识到问题的重要性。这种说服工作应该是“双向”的，一方面提醒其他投资者某个投资者产生的系统性忧虑，另一方面从迥异、独立的风险评估中寻求验证。

多中心化金融

埃莉诺·奥斯特罗姆引用多中心化治理结构的早期研究工作作为其研究公共财产资源分散管理的灵感。“多中心主义”一词是由文森特·奥斯特罗姆、查尔斯·蒂布特和罗伯特·沃伦（Robert Warren）在对美国大都市区政府所做的分析中提出的（文森特·奥斯特罗姆、蒂布特和沃伦，1961）。文森特·奥斯特罗姆等人谴责了当时流行的观点，认为大都市区政治区划的多样化是一种病态现象。传统观点认为“政府机构太多但政府工作力度不够”。对于这个假定的问题，通常的处理方法是建议组织成立规模更大的政府机构，形成一个庞大的中央大都市区主管部门。相比之下，文森特·奥斯特罗姆等更喜欢研究在形式上相互独立的多个决策中心的潜在价值，这些中心形成了一个他们称之为“多中心”的系统。他们认为，大都市区设立的宗旨是提供地方公共产品，而地方公共产品的影响与特定的“公众”有关。某些公共产品可能会影响到整个国家，而还有一些公共产品可能影响一个社区。小城镇可设立公园，而空气污染控制一般由国家或更高级别的机构实施。在地理位置上相距甚远、各方交易技术成本相对较低的全球化世界，“公众”在某些情况下可能会构成地理位置分散但拥有共同目的的成员。

例如，作为加利福尼亚州养老基金受益人的退休人员可能居住在加利福尼亚州、康涅狄格州、哥斯达黎加或是中国。尽管这些退休人员所在的地理位置比较分散，但他们都希望资本监管工作在这些司法管辖区都不造成损害。文森特·奥斯特罗姆等认为，在大都市区内，不同公众需求及能力的交叉和分歧将决定多中心的合适水平。这意味着规模具有内生性：当公共产品的属性可以衡量或具有可衡量的替代品时，其供给量可以扩大，相应的供给者可以是一个庞大的政府机构。当属性不可衡量时，由于小社区监测成本较低，乡镇议会及对话等非金钱代表的地方渠道必不可少。不同的公众偏好、乡镇议会间的竞争，再加上一些居民用脚投票，将导致对地方公共产品质量和数量有不同偏好的居民划为不同的类别。各乡镇议会在提供地方公共产品方面的竞争，加上退出的可能性，是一种有助于推进实验进程，提升恢复力的招募和群体感应形式。即使在碳等全球污染物的背景下，多中心规模在促进减排方面的监管效果比全球监管效果有效得多［科尔（Cole），2011］。

我们可以从公共财产资源的多中心管理的认识中汲取哪些教训，以帮助我们实现分散监控在金融生态系统中的价值呢？规模介于庞大的国家或公司与利己主义的个人之间的社区进行公共财产资源管理，可促进不具威胁性的规模实验，并带来学习和交叉影响。埃莉诺·奥斯特罗姆认为，"与早期的理性选择理论相比，人类拥有更为复杂的动机结构及更强的解决社会困境的能力。设计各机构强制（或推动）利己主义的个人取得更好的结果一直是政策分析家提出的主要目标……我们需要询问不同的多中心机构如何帮助或阻碍参与者的创新、学习、适应能力、可信度及合作水平，及在各种规模上实现更有效、更公平、更具可持续性的成果"（埃莉诺·奥斯特罗姆，2010）。实现这点的要素是什么？奥斯特罗姆列出了鼓励个人间合作及避免公共财产资源发生公地悲剧的六个基本特征：

1. 所有参与者之间的交流具有可行性。
2. 参与者的声誉众所周知。
3. 人均边际成本（MPCR）较高。
4. 以低成本进入和退出具有可行性。
5. 参与者的时间跨度更长。
6. 一致认可的制裁能力。

在金融生态系统中，为测试新方法并从新方法中学习而建立的多中心社区可能会采用上述全部或部分特征。例如，基于区块链的去中心化金融，其主要目标就是允许所有参与者参与交易，无偿公开声誉，降低交易者的进入和退出成本，并使用智能合约来实现低成本监控及制裁（见下文）。这意味着要对那些由中央机构切实监管的公共产品的可衡量属性和那些最好留给蒂布特分类过程的不可衡量的属性进行区分。

分歧是去中心化的信号

不同投资者对激励机制、社会凝聚力、多样性或气候风险等最紧迫的系统性风险见解不一。没有一部全球性法规可以满足全部或者绝大多数投资者的需求。众所周知，不同的 ESG 评级机构的排名侧重点不同。即便考虑了评级机构间的方法差异，六家评级机构发布的发行人排名相关性依然很低［夏特吉（Chatterji）、迪朗（Durand）、莱文（Levine）和图布尔（Touboul），2016］。这一点通常被认为是有问题的。令人难以理解的，不同的评级意味着企业的社会责任不可相提并论。夏特吉等警告称，“这些结果引发人们对社会评级有效性的质疑，而社会评级影响了世界各地的管理行动，并指导着数万亿美元的投资”。理解多中心管理的性质和价值意味着，不同的社会评级实际上提升了金融生态系统的弹性。如果一家评级机构能够衡量社会责任的概念，那么根据单一评级分配的“数万亿美元”的资本不太可能推进金融生态系统社会责任的履行。正如多中心治理认识到不同的公共产品涉及不同的“公众”一样，不同的企业社会责任也会涉及不同的“社会”。那种少数评估机构可以衡量对这些“社会”产生影响的想法是一种不切实际的幻想。在第 5 章和第 9 章中，我们讨论了困扰多种金融生态系统风险评估方法的分析，存在单一文化和背景的相对同质性。在第 10 章中，我们提到了现代投资组合理论的影响，该理论过分关注极为有限的风险衡量，且建立在以大多数投资者对未来有对称预期的原则之上。

由于主流投资经理的分析框架处理分歧的能力不足，所以他们可能会对评级差异表示担忧。然而，正如凯恩斯指出的那样，长期价值投资者一定是事前的逆向投资者——超额收益只能来源于与普通投资者大相径庭的投资（见本书第1章）。不同评级提供了差异化招募方法。如果每种不同的评级都与根据其评级理念分配的资本相关联的话，我们就可以获得一种群体感应方法，该方法代表了最常见的非金融风险评估方法。

预期差异整合是金融生态系统发挥作用的关键要素，这通常意味着要将可衡量的评级和不可衡量的判断整合到证券选择流程中。阿玛尔·毕海德分析了秉持机械论的中心化银行的作用，评级机构在评估抵押支持证券引发全球金融危机信用风险时使用的后顾型统计模型。他写道，“与老式市政债券或公司债券不同……多层次资产支持证券不可能与最终借款人联系；评级机构和发行人不得不依赖统计模型而非个案判断”（毕海德，2010）。毕海德指出，从信贷决策中删除判断会严重违反上述奥斯特罗姆的特征列表。投资人和最终借款人之间的沟通是不可行的：每种证券可能有数十万项基础抵押贷款。借款人的声誉是通过不完善的量化措施来衡量的——在现代抵押银行市场，利用面对面互动来进行判断已被完全消除了。人均边际成本较低。由于资产支持证券交易场合并非流动市场，退出对于投资者而言代价很高。社区主要参与者的时间跨度很短。具体而言，对证券进行打包的银行通常会在构建交易体系时赚取佣金，但不会作为长期投资者持有这些债券。银行内部似乎没有设立针对让客户背负价值可疑的证券或评级机构错误评估证券的制裁机制。

资本管理

在第9章中，我们提到过，面对许多可持续发展挑战，需要认真管理各利益相关者资本。这就需要对不同类型资本来源的优缺点展开开放式研究，包括社区合法性甚至是非个人资产支持证券。鉴于毕海德对机械论中心化的批评以及证券化资产打包缺乏人为判断的事实，证券化在可持续金融生态系统中是否具有任何价值？如果抵押支持证券市场未能满足关于奥斯特罗姆绝大多数的合作先决条件，我们为什么要将这类资产视作可持续金融的潜在工具呢？答案在于金融必须服务于不同情况和参与者。排除任何特定工具或指定特定的一揽子解决方案都将属于傲慢的行为。正如多中心治理拒绝预判政府供给特定地方公共产品的适当规模一样，多中心化金融也不能对任何特定工具产生偏见。金融决策的本质是以分散的方式，针对现金流预期、到期日、波动性及其他金融和系统性风险来源的具体情况，设计出有效的解决方案。

这些方案不应针对的一个维度是地理位置。某些证券化批评者偶尔会怀念“老式的银行业务”，在这种业务中，银行向其认识的借款人借款。这一古朴的概念听上去心旷神怡，让人联想起波兰尼大转型以前的时期，那时的经济和社会关系都被植入相同的网络中（波兰尼，1944）。当我们意识到权力分配不均的情况下，在一个小的地理区域范围内融合社会经济网络可能会对借款人构成很大限制时，这种立场背后的逻辑就不复存在了。而且，如果地方银行只向它们认识的人放贷，银行最终会得到一个地理位置比较集中的投资组合。资产支持证券化之所以有用，是因为它允许投资者资本跨越地理障碍。在不出现逆向选择和道德风险问题的前提下，随之产生的地域多元化问题可大幅降低资本成本。

证券化的优点

贷款风险可分解成与可衡量因素相关的部分及需要判断的部分。如果贷款人要作出判断，则需要对借款人有所了解，因此，与借款人的地理相邻是有帮助的。但是，如果将贷款收益用于易于衡量的资产，通常会有其他地区的贷款人愿意承担资产风险。证券化允许发起行以较低的预期回报将最具可衡量性的风险转移给其他投资者。证券化为银行提供了低成本、固定期限的资金，使其无须持有流动性、低收益资产以满足提款要求［卢茨基纳（Loutskina，2011）］。规避最容易估值的风险可使银行腾出更多的资金，将其分配给流动性更差、更难以估值及更难以衡量的风险。

假设一家银行向上千家抵押借款人借款。通过数千家庭的统计平均值，可以很方便地衡量价值。抵押贷款未来现金流的现值取决于借款人的信用风险以及相关抵押品（房屋）的价值。借款人的信用风险比房屋价值更难以衡量，这是因为在必要情况下，银行可出售房屋收回贷款。但是，借款人不能被出售，亦不能被迫努力工作偿还贷款。数千借款人的统计平均值差异将明显超出其房屋的差异。正是从这个意义上讲，实物价值通常比人力资本的价值更容易评估（及融资）。因此，主要风险为基础担保品价值风险的抵押贷款利率通常远低于直接向个人借款人提供贷款的利率。证券化允许使用银行资本为难以转移给不太知情者的部分信贷风险提供资金，以促进信贷扩张。

证券化提供了一个可能产生问题的正反馈循环。由于贷款人对适当贷款规模的评估受到近期达成交易的房价的影响，房价的不断上涨会增加放贷意愿，进而抬升房价［瓦锡特（Wachter），2018］。为切断该反馈循环，发起人必须保持严格的承销标准，这样，资产价格就不会进入信用引发的泡沫中。当发起人不特别了解借款人（例如，在美国，很大一部分贷款是由和借款人无任何其他关系的非银行贷款人提供的）且从交易达成中赚取高额费用时，系统内部几乎没有维持信贷质量的动力。在这种情况下，系统的招募和群体感应功能就会逐渐失去稳定性：它们会诱导系统群体追随错误信号，因为“侦查员”会从它们能够出售给群体的每个地点获取高额佣金。

绿色银行

在消费者层面为清洁能源和能效基础设施融资比通过公用设施发

电企业为可再生能源投资融资更为困难。我们将在第 14 章中讨论大规模部署可再生能源的融资问题。在本章中，我们在去中心化金融的背景下，讨论了为降低能源消耗所必需的消费者投资进行融资的特殊问题。由于相对于投资规模，审查小规模投资的可行性和回报潜力成本很高，所以，去中心金融的问题出现了。金融中介机构的一项重要任务就是筛查投资的可行性。每次投资筛查需要安排固定时间。因此，筛查成本随投资次数而非投资的货币价值的上升呈线性增长。当投资足够相似或足够标准时，在筛查过程中就可能出现一些规模效益。

由于终端用户间的成本效益比存在明显差异，在住宅能源效率投资出现了另外一个困难［奥尔科特（Allcott）和格林斯通（Greenstone），2012］。能源效率投资可产生私人利益和公共利益，尽管有些利益会在所谓的反弹效应影响下，因之后能源消耗量的增加而减少。例如，Figus、特纳（Turner）、麦格雷戈（McGregor）和卡特里斯（Katris）（2017）考虑了支持提升英国住宅能源用途的能源效率对能源的影响。他们发现，因能源效率提升所带来的 GDP 增长比提高效率的直接私人收益带来的家庭收入更高。在美国，不同地区的能源效益差异很大，因此按地区定制融资激励措施非常重要（卡拉威、福利和麦考密克，2018）。许多获得显著的私人能源效率收益的终端用户无需公共补贴激励措施。相反，对于那些节能价值占家庭收入比例较高的用户即低收入家庭而言，很有可能难以获得信贷以促进能源效率改进（吉林汉姆和帕尔默，2014）。终端用户之间的差异意味着，全国性的融资指导方针将导致资本的分配不当。

那么，我们如何根据终端用户划分，借助证券化为环保资产投资提供融资，且不会引起抵押贷款泡沫呢？绿色银行为我们提供了一个以有益方式管理不同类型资本，对清洁能源资产进行融资的例子。绿色银行属于公共实体、准公共实体或非营利性实体，旨在利用有限的公共资本加速清洁能源配置，吸引私人资本投资清洁能源项目。正如证券化有助于用低成本资本为风险易于衡量的资产提供资金支持一样，绿色银行的宗旨是通过吸引私人投资为最容易估值的可再生能源资产提供资金，进而利用稀缺的公共资本。预计此类私人资本所需的资本成本，将低于个人借款人试图依赖自己的信贷能力为此类资产提供资金所能达到的水平。如果获得成功，绿色银行可提高低收入消费者的负担能力，使这些消费者更容易获得清洁能源。图 12.1 给出了绿色银行提供资助的初始资本流的简化流程。

一家银行从纳税人处获取资金，为清洁能源资产融资。纳税人对清洁能源资产的需求与支付能力之间存在一定的差异。与其他一些纳税人相比，有些纳税人更愿意也更有能力提供清洁能源资产资金。其他纳税人可能不了解环境影响的价值，但对具有稳定回报特征的易于估值的长期资产融资很感兴趣。除作为纳税人提供间接资金之外，绿色银行等资本管理机构允许那些更倾向于清洁能源资产的投资者作为为此类资产提供资金的私人投资者。如果投资者居住在其他司法管辖区，但希望通过投资来实现地理多元化，这将是他们为此类资产提供资金的唯一方法。

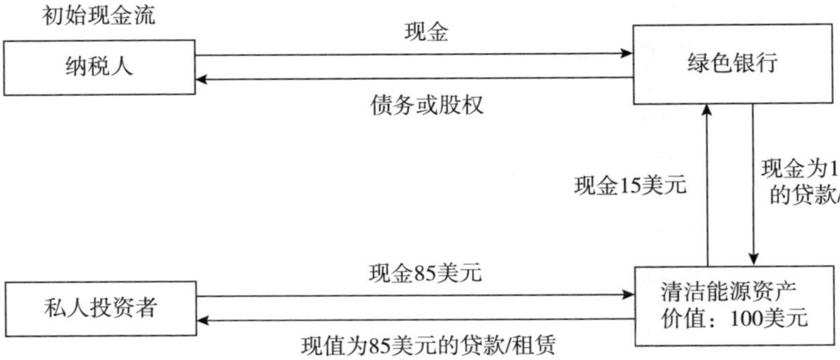

图 12.1　绿色银行初始资本流动

［资料来源：根据普罗布斯特（2014）改编］

绿色银行采用以下融资工具来利用公共资金：

1. 直接投资：私人投资者可直接向绿色银行出资，出资形式为优先股权和次级或高级债务。

2. 共同投资：由于绿色银行的参与提供了隐含的公众支持，私人投资者更有可能与绿色银行共同投资。

3. 增信：绿色银行可为地方银行和社区银行提供贷款损失准备金，这些银行直接向家庭借款人发放贷款购买清洁能源资产。由于贷款准备金通常仅占贷款总额的一小部分，因此该工具可多次利用公共资本。

4. 仓储：绿色银行向地方银行授予信用额度，在打包出售或证券化之前汇总标准化能效贷款或可再生能源贷款。

5. 证券化：由于基础现金流的新颖性及缺乏统计记录意味着大多数贷款人最初不擅长构建此类资产，所以，绿色银行开创了可再生能源和能效资产证券化的先河。

6. 能力建设：绿色银行可帮助开发必要的专业知识及软件来构建贷款和证券，这些贷款和证券的潜在价值由可再生资产和能源效率提升所带来的节能情况来决定。

康涅狄格州绿色银行是美国第一家绿色银行，成立于 2011 年。该行由康涅狄格州立法机构设立，其既定目标是在创造就业机会、支持当地经济发展的同时获得更为清洁、更加便宜、更具可靠性的能源（康涅狄格州绿色银行，2019）。银行按每千瓦时 0.001 美元向康涅狄格州电力用户收取附加费，由此获得年度财政支持，每户每年 7 ~ 10 美元，每年总共收取 2700 万美元。由于该行能够利用私人资本撬动公共资金，2011 年至 2018 年间，它已经能在这一适度公共资金水平下增加 13 亿美元的清洁能源投资。2016 年记录的项目显示，银行每投入 1 美元的公共资金，就会额外增加 6 美元的私人投资。康涅狄格州绿色银行协助开创了商业地产评估清洁能源（C - PACE）融资计划，该计划是一项以加快能源效率提升为宗旨的公私合作计划。C - PACE 计划允许房屋业主使用作为后续房产税一部分偿还的贷款来为效率提升提供资金。由于该贷款以房产留置权为担保且房产税的违约率极低，私人贷款机构为此类能源效率改进发放低息贷款（伦纳德，2014）。在下文中，我们研究了康涅狄格绿色银行不寻常的太阳能信贷证券化实例。

住宅太阳能信贷证券化

康涅狄格州绿色银行于2019年4月完成了价值3900万美元的新型太阳能家庭可再生能源信用证（SHREC）的证券化（康，2019）。证券化对通过住宅太阳能投资计划（RSIP）产生的太阳能家庭可再生能源信用证进行货币化。住宅太阳能投资计划激励房主安装太阳能基础设施。作为该激励措施的回报，银行获取由此生成的可再生能源信用证。可再生能源信用证是可交易的信用证，代表通过可再生能源生成的1兆瓦时的电能。康涅狄格州公共事业公司必须购买太阳能家庭可再生能源信用证，以符合该州及地区清洁能源目标（如可再生能源投资组合标准和地区温室气体倡议）。过去的证券化是对住宅太阳能电力装置的能源价值或相关税收抵免进行打包。太阳能家庭可再生能源信用证交易是第一次实现唯一被证券化的资产是可再生能源信用证的证券化。

此次出售由两批太阳能家庭可再生能源信用证组成，该信用证由14000个总装机容量为105兆瓦的住宅太阳能光伏（PV）系统组成。银行聘请了当地承包商来检测每个住宅太阳能装置产生的可再生能源的水平。当由于天气变化和季节性原因导致能源输出低于预期水平时，银行就会提醒房主解决该问题。由于房主可以从产生的电能中获得价值，所以有动力迅速处理问题。这种安排可确保证券化设想的太阳能家庭可再生能源信用证在证券的整个生命周期内实际生成。

银行会对太阳能家庭可再生能源信用证进行汇总，并在15年内按预定价格于每年分批出售给康涅狄格州两家投资者拥有的公用事业公司。通过证券化，银行能够预先收到资金，作为未来从两家公用事业公司购买太阳能家庭可再生能源信用证的费用（KBRA，2019）。

可再生能源资产证券化提供了一个资本供给与环境影响之间存在非常直接联系的例子。因为证券化只剥离投资者有兴趣进行融资的资产，所以可以非常清晰地显示投资者兴趣及借款人需求的信号。绿色银行有助于将不同类型的投资者整合，从而满足各终端用户投资于能效基础设施的特定需求。由于大多数绿色银行都专注于特定区域（美国各州及其他相对较小的国家），它们更有可能准确评估清洁能源投资的地方环境效益。太阳能家庭可再生能源信用证的例子体现了地方发行银行对价值创造实施了非常严密的监控。此外，绿色银行等准公共实体会受到严密审查。在这种情况下，巨额交易费用或佣金不太可能成为此类证券化的特征。英国绿色投资银行成立于 2012 年，但后来于 2018 年进行了私有化改革。该行因将业务重点由英国转向国际项目而备受批评（特维尔，2019）。2016 年，英国议会环境审计委员会敦促各部长，如果该行的既定目标得不到新私人所有者的保护，就不要支持拟议的私有化（Materials Recycling World，2016）。

特定环境资产的证券化在金融生态系统中形成了一种招募和群体感应的形式。如果绿色银行能够积累足够规模的特定环境资产，将其打包，以使统计平均值变得有意义，银行就能够吸引愿意承担可衡量、易于估值风险的投资者了。如果投资者认为证券化回报是合理的，绿色银行将资金循环用于更多证券化便是可行的。假设绿色银行对资产实施监控（如太阳能家庭可再生能源信用证），那么分配给环境资产的资本将对监控活动起到支持作用。

主题投资

如果难以将特定资产与企业其他资产分开会怎样？在太阳能家庭

可再生能源信用证实例中，投资者会选择只投资住宅可再生能源信用证。面对大多数环境或社会投资机会，不太可能通过这种方式将资本流动与特定影响关联起来。当多种混杂因素并存时，难以证明这些因素的直接影响，这意味着我们无法确定投资者是否会将不太直接、难以衡量的环境影响和社会影响纳入其风险及回报评估中。幸运的是，就上市公司而言，投资者似乎降低了对环境产生有利影响的公司的资本成本。一般而言，增加投资财务风险的公开披露可降低资本成本（Botosan，2006；Easley 和 O’Hara，2004）。多项研究发现，自愿披露整体 ESG 可持续绩效也会对股权成本产生明显的负影响（达利瓦尔、李、曾和杨，2011；El Ghoul、Guedhami、郭和米什拉，2011；Ng 和 Rezaee，2015；沙夫曼和费尔南多，2008）。

信息流可降低借款人的资本成本。这里的难点就在于信息的多维性及处理难度。有兴趣为特定类型的影响提供资金的投资者必须阅读大量信息，才能了解特定投资是否会产生投资者希望产生的影响。这就使得资金用于单一证券的特定影响变得更加困难。投资者可通过主题投资将资本引导至更广泛的影响聚合中。从广义上讲，选择在一系列可持续指标上表现较好的证券是主题投资的一种形式。从去中心化的角度来讲，主题投资之所以有价值就在于不同投资者可选的主题种类繁多，特别是如果这些选择可由广泛的投资者作出且成本低廉的话。这就需要就一系列特别定义的可持续指标对发行人给出不同的评级，并以忽略不计的成本提供给投资生态系统。

在第 9 章中，我们回顾了可持续发展会计举措的社会网络分析。结果显示，在评估上市股权的非金融衡量指标时，英美占主导地位，而欧洲大陆、拉丁美洲、英语非母语的亚洲和非洲大部分地区的代表性不足。由于这种有局限性的来源降低了衡量上市发行人可持续发展绩效集中努力的合法性和地方适用性，所以这是有问题的。许多上市发行人是在许多地区经营业务的全球性公司。由于对可持续性的看法可能因地区而异，对当地可持续发展绩效的衡量因而变得至关重要。美洲开发银行（IDB）专注于为拉丁美洲和加勒比地区的发展项目提供融资。该行率先从地区角度而非全球角度对该地区有重要影响的大型上市跨国公司开展可持续发展绩效评估（参见下文）。

在 IndexAmericas 中将 ESG 与可持续发展相结合

2016 年，美洲开发银行提出了一种量化在拉丁美洲和加勒比地区拥有重要影响力的上市发行人的环境、社会、治理（ESG）及可持续发展绩效的方法。该方法针对 157 个关键绩效指标评估了 6000 家发行人（嘉雷安诺，2018；美洲开发银行，2019）。与其他机构采用的方法相比，美洲开发银行将其对该地区的可持续发展目标与上市发行人的政策和活动的一致性进行评估。银行每年公布被评估公司中的前 100 家发行人，这些公司分布在不同的行业部门。行业杂志《拉丁贸易》为排名前 100 位的发行人颁发奖项。

美洲开发银行推进当地类似的可持续性评估工作，该工作在该地区国家层面上进行评估。2018 年，美洲开发银行和阿根廷证券交易实体阿根廷证券交易所（BYMA）针对阿根廷上市发行人推出了可持续发展指数。

美洲开发银行由 48 个国家拥有，其中包括美洲地区 26 个借款国和美洲地区外的 22 个非借款国。借款国总共拥有美洲开发银行董事会 50% 以上的投票权。美洲开发银行是该地区最大的多边融资来源。因此，IndexAmericas 得到了本地拥有者和本地参与者的背书。该机构的使命是专注于地区可持续发展，而非贷款国利益或利润的最大化。

IndexAmericas 发行人名单代表一个公司投资组合，包括为该地区可持续发展分配资本的主题投资。由于该名单是公开的且由当地背书，所以从原则上讲，其他投资者可将其纳入自己的投资策略。这种用于地方可持续发展的信息处理是投资生态系统一种有价值的运行形式。

可持续投资范围外的主题投资是很普遍的。主题投资是指构建与市场投资组合明显不同的投资组合，旨在通过接触经济中的长期结构性趋势来获取回报。主题投资可能涉及与有机物、可再生能源或人工智能及机器人技术发展相关的证券投资组合。投资者可选择一些其认为可能会出现激增的主题，从而带动相关投资组合的增长。由于主题投资的投资组合结构与市场投资组合设计存在差异，所以必然会避开对现状进行投资。由于主题投资需要一种特别的叙述方式，且可能比被动投资更容易吸引个人投资者，所以它深受寻求增加客户与其投资组合参与度的财务顾问的欢迎（切尼，2016）。Ellevest 是一家专注于女性投资的投资顾问和在线投资平台，提供专注于性别视角投资的主题影响力投资组合。多项研究表明，女性教育对经济增长起到了促进作用。通过消除性别工资差距、歧视和暴力以及将性别多样性纳入到投资分析和投资组合构建过程中，充分利用女性才能，可释放新的回报来源（昆兰和范德堡，2017）。与被动投资不同，主题投资体现了招募和群体感应的特征。近年来，旨在模仿主题投资组合的交易所交易基金（ETF）数量在不断激增。

主题投资面临的挑战是确保主题投资组合的构建成本低廉，广泛可用且受到广泛视角的影响。如果主题投资组合的费用高昂，其构建可能成为产生高额投资费用的借口。当以黑盒方式构建主题投资组合时，需要投资者相信少数专家比群体拥有更大的智慧，这一原则显然与去中心化金融背道而驰。在主题投资组合由不同社区构建且可以以极低的成本广泛使用时，这些投资组合可能显示了广大投资者的兴趣。它们不仅表明投资者对新想法的兴趣，也可能预示着公司和营销人员应该注意的趋势。

主题投资组合构建者是如何利用群体智慧的？有没有办法借助投资界的协作生态系统，利用奥斯特罗姆建议的自我组织和自我监控方式，使开源编码能够充分利用个人智慧呢？Quora 等协作式问答搜索平台，能够对来自个人提出的特定问题给出特定的回答，这些问题对于其他观察者而言很有价值。挖掘那些很有价值但又不以操纵为目的的众筹投资理念是否可行？这就需要听取各种人对上市发行人的意见，同时最大限度地公开意见者的动机。以下两项举措似乎都有这样的意图。一个是 JUST Capital，这是一家每年对美国人开展调查的非营利机构，调查的目的是“确定在界定当今公正的商业行为时最重要的问题”（JUST Capital，2019）。调查完毕后，JUST Capital 根据优质工作、公平薪酬、丰厚待遇、员工受教育的情况、对当地社区的支持、客户隐私和环境影响等指标对发行人进行排名。JUST 的发行人排名每年公布一次，2016 年首次开始公布排名。

另一个是 Motif Investing，它是一种试图汇集群体智慧的有趣的商业模式。2012 年，Motif 创建了一个投资网站，用户可在网站上购买由 30 只股票组成的主题投资组合，如专注于社交媒体或移动互联网的投资组合。当时，主题投资 ETF 的功能比较类似，但 Motif 向投资于30 只股票的主题投资组合用户收取 9.99 美元的费用，费用金额相对较低，没有持续产生的管理费，而 ETF 则通常收取持续产生的管理费用（罗比麦德，2012）。Motif 模型的有趣之处就在于任何人都可以构建自己的主题投资组合，并将其提供给其他 Motif 用户。这样可以减少构建新投资组合的时间和费用，明显使投资组合构建的视角和理念更具多样化。在 Motif 推出该功能后 5 个月内，Motif 共构建了 15000 个客户投资组合，是当时美国开放式共有基金数量的两倍［瓦桑（Vasan，2013）］。Motif 几乎消除了投资组合构建的壁垒，有助于实现各种主题投资绩效的跟踪。虽然该方法提供了招募，但由于在平台外投资的资金远多于在平台内资金，所以群体感应更为困难。

主题投资仍然缺少一个重要的多中心治理功能，即无需交易即可进行沟通的能力。我们在第 4 章提到过，为地球投资意味着要听取数十亿人的声音，他们没有流动资金进行投资，但仍然受到全球公司行为的影响。多中心治理重视通过小城镇论坛提供的反馈循环，在这些小城镇，当地公共产品的性质既不会被标准化也不易于扩展。理想情况下，主题投资者和其他人不仅可以交流他们选择的投资组合，还可以交流他们的初步想法、投资组合的工作草案以及他们对未来的初步理论。这种分析过程的公开可以促进与投资学科相关的社会学习。不同的可持续发展投资者按照不同方式评估发行人的 ESG 相关行为。

此外，深思熟虑的投资者在面对理性分析时，会被说服改变自己的想法。行使辩论权的可能性是全球各地对抗性法律体系的基石。哥伦比亚大学可持续投资管理项目的一些校友创办了一家名为 Sustain Investing Co. 的初创公司，该公司的宗旨是促进上市发行人针对具体的 ESG 行动展开友好讨论，并将最终见解转化为参与式投资组合。Sustain 是一个社区驱动的投资基金，对任何对可持续投资有兴趣的人员开放（Sustain Investing Co. ，2019）。整个社区都可以查看成员的对话历史记录。至关重要的一点是，Sustain 要求成员经过深思熟虑的评论对发行人的持续行动投赞成票或反对票，从而对公司行动记录作出合理评估。与集中式 ESG 评级机构不同，Sustain Investing 提供了一个以基层组织为主导的、分散的、有治理意识的平台，将群体智慧聚合到公司对行动敏感的评级中。

区块链的潜力和陷阱

奥斯特罗姆提出的关于合作的六个先决条件指出了可持续金融生态系统的多个方面。首先，必须降低投资者和发行人之间的匹配及交易成本。其次，如果在不产生成本的情况下对市场参与者的完整声誉进行宣传是比较不错的。再次，须降低发行人和投资者的准入成本。最后，市场内的低成本监控和制裁（如通过简单的声誉更新）将对不良行为构成限制。区块链或分布式账本系统（DLT）有望以低成本将其中许多功能整合到新的交易架构中。

区块链的功能

区块链是连续排序的数据集系列（称作“块”），其中，每个块列明多项交易，标记为 TX1 到 TXn（见图 12.2）。每个块还包含前一个区块（称作“父块”）的散列值、时间戳和随机数，随机数是验证哈希值的协议中发布的任意随机数（仅能使用一次）。

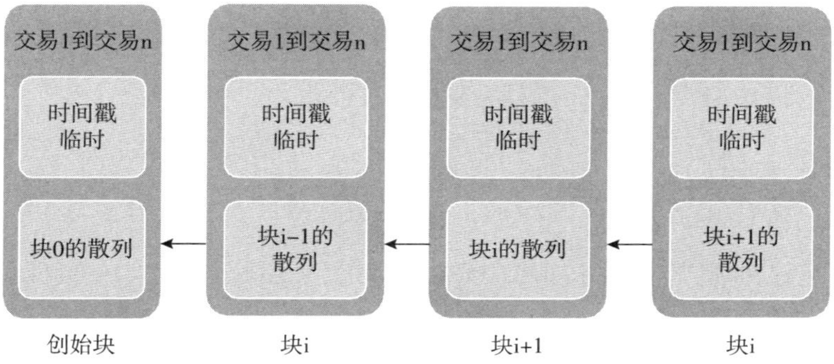

图 12.2　区块链实例

［资料来源：根据郑、谢、戴、陈和王（2017）改编］

区块链由新块扩展，因此代表交易历史的完整分类账。这组元素保持了整个区块链直至最早构建块时的完整性（称作“创世块”）。整个区块链副本由网络上的分散节点维护。对区块链的每次节点添加必须经过大多数节点的验证。如果节点通过共识机制就新块交易的有效性和块本身的有效性达成一致，就可以将块添加到链中［诺费尔（Nofer）、贡贝尔（Gomber）、欣茨（Hinz）和席雷克（Schiereck），2017］。区块链的基本思想是由哈珀和斯托内塔（Stornetta）在他们为数字文档加时间戳的计算实用程序方案中提出的。因此，即便是结合时间戳服务，用户也不可能回溯或转发其文档（哈珀和斯托内塔，1991）。

熟悉老式复式记账账本的读者可将区块链可视化为同一个不断更新的账本账户，从一开始就记录所有交易，不因定期将累积余额结转到新账本而丢失历史信息。我们可在下列场景中对分布式账本进行可视化：一群方济会神父检查每个新交易区块的有效性，同意新块有效后将新块输入到自己的账本副本。添加新块时，之前的块永远不会被擦除或修改。

利用区块链，去中心化的节点网络可以定期就共享数据的真实情况达成一致。在没有特权中央中介机构的情况下，这种共享数据可封装多种在线交易的累积效应，包括非实物资产的支付和交换。由此产生的数字市场，可能会降低准入门槛，增加竞争的激烈程度。数字市场以加密方式将身份信息分发到多个节点，而非将其寄托于某个中介机构，可以降低隐私风险。最后，数字身份识别技术（DLT）可允许参与者对共享基础设施进行联合投资，而无需将市场力量分配给平台运营商（Catalini 和 Gans，2016）。例如，如果家庭成员选择在某社交网络平台上分享自己珍贵的照片，但平台要删除该家庭账户，这些照片就会消失。在 DLT 系统中，操纵者需要说服大多数节点删除这些账户，这会是一项十分困难的任务。

嵌入比特币的有机扩散过程或许是最著名的区块链应用，该应用采用类似于风险投资模式的高强度激励措施来奖励比特币平台的早期采用者（Catalini 和 Gans，2016）。庆幸的是，许多观察者已在质疑高强度激励的社会价值（阿德马蒂，2017）。嵌入到比特币挖矿中的激励结构不太可能为可持续发展的金融生态系统提供太多价值。区块链网络在共识机制、身份匿名性、协议效率和电能消耗以及交易批准流程方面与比特币模型有很大差异（Casino、达萨克利斯和 Patsakis，2019）。但是，在交易批准速度和区块链的不变性之间存在权衡。对有效性的计算检查较少的网络也会增加共谋攻击的风险，从而成功改变记录。

可持续发展金融的应用

可持续发展金融的三个潜在应用（预测市场、分布式公司治理和贸易金融）是显而易见的，且经常被讨论。

预测市场 预测市场是经典的去中心化设备，旨在聚集群体智慧。在预测市场上，客户可预测未来活动的结果，如谁可能会在竞选中获胜。预测正确的人赢钱，预测错误的人输钱。通常，赢家赢得的是输家损失的金额减去交易成本。玩家面临负和博弈，但在不确定性解决之前的预测概率为整个社会提供了有用的信号。预测市场的好处就在于可以避免因错误预测而可能导致的资本错配。Auger 是一个基于 DLT 的预测市场平台，无需任何中介即可运行，从而最大限度地降低了运营成本［彼得森、克鲁格，佐尔图（Zoltu）威廉姆斯和亚历山大，2018］。成本最小化可最大限度地提高改进预测的社会效率成本比。

公司治理 许多主要的金融中介机构已开始投资区块链和 DLT，证券交易所已提议使用该技术进行交易及跟踪公司股票的所有权（耶马克，2015）。诺费尔等人指出，当 2008 年摩根大通收购美国投资银行贝尔斯登时，向收购方提供的股票数量大于贝尔斯登账本上的流通股数量（诺费尔等，2017）。耶马克列出了使用区块链跟踪股份所有权对管理人员、机构投资者、小股东、审计师及公民社会的一些影响。例如，透明、实时的所有权记录可能会阻止激进主义投资者在一个市场上购买影响管理的股票，并在不同的交易所卖空股份，以抵消其在公司的经济利益。在我们上面描述的 Sustain Invest 实例中，社区成员可选择以协商一致的验证方式展示其股份所有权，以增加其声明和表决的重要性。基于分布式账本技术的公司所有权可能会将经济利益和股东参与结合起来，促进分布式治理，而这在当前制度背景下是难以想象的。

贸易金融 贸易金融是旨在降低出口商和进口商的信用风险的银行业务的总称。大多数出口商和进口商都是中小型企业［科尔根（Colgan），2019］，它们在现有过时的信用证系统中面临重大障碍和成本问题，该信用证系统根据交付过程中的里程碑来管理付款。ING 银行和汇丰银行为食品和农业公司嘉吉启动了一个使用区块链的实时贸易融资平台。通过该共享平台，供应链各方可实时查看库存记录并进行付款

（李，2018）。王等人为中小型企业提出了一个基于区块链的库存和应收账款融资系统，该系统可降低成本，使用智能合约为借贷和还款系统提供无缝对接（王、林和罗，2019）。

区块链的局限性

尽管区块链技术有望实现金融的去中心化，但由于对计算能力的过度需求、量子计算机非法密码分析的威胁及人类行为标准化和可衡量性的限制（或许这是最重要的因素），区块链技术的应用及完整性受到了极大限制。为验证每个新块的有效性，各节点必须执行 CPU 密集型加密记录。区块链加长记录的持续验证对计算能力提出了比较荒谬的要求（布迪什，2018）。验证比特币区块链交易的结构类似于几乎每个人在购买咖啡的同时计算他们的总财富和净财富。虽然计算机的计算速度比人类快得多，但这种设计在人类世界中似乎存在缺陷。因为在这个世界上，历史记录越来越无足轻重，而当下却越来越重要。区块链的架构旨在让我们记住一切。这是一台被赫伯特·西蒙认识到认知极限的情况下乐意粉碎的机器。

霍利切克等人认为在区块链和共享经济的背景下，信任的概念存在很大差异。他们指出，尽管区块链技术可以替代对可信平台提供商的部分需求，但无外部信任来源的区块链系统几乎转移到共享经济互动中［霍利切克（Hawlitschek）、Notheisen 和陶伯讷（Teubner），2018］。众所周知，当前的区块链架构可用量子计算机进行解码。最初设想区块链时，量子计算机还是一个很遥远的幻想，但现在它们似乎越来越具可行性［费多罗夫（Fedorov）、基克坚科（Kiktenko）和利沃夫斯基（Lvovsky）等，2018］。

结束语

区块链对于最终实现可持续的去中心化金融生态系统的局限性提供了希望，即人类直觉和判断的不确定性和自发性将继续塑造我们对可持续未来的共同追求。去中心化决策可明显增强生态系统中储蓄循环流动的弹性。多中心分布式治理的新模式包括一些结合区块链的模型，可以促进利益相关者与相关自然及人类系统的良性反馈循环。在下一章中，我们将回顾旨在实现自然资本基础设施可持续管理的新融资方法。

注释

1. 只要参与者保持理性，坚持利己主义且重复互动的次数有限，博弈论预测这可过度挖掘公共池塘资源。

2. 该流程目前被称作蒂布特过程。

3. 这意味着每个人对社会公益的贡献价值都很高。当参与者较少时，这种情况更有可能发生。

4. 参与者选择的内部制裁往往会增加合作和监督。另外，中央监管机构实施的外部制裁措施往往会对内部监督产生排挤效应。

5. 反弹效应是杰文斯悖论的一个例子。能源效率投资降低了能源使用的边际成本，从而导致后续能源使用输出的消耗（如热水或内部环境温度）增加。这导致能源消耗增加，尽管增加该部分抵消了能源效率投资带来的初始能源使用量减少。

6. 关于可再生能源和能源效率的一系列公司合作计划概述，如担保结构、账单计划和资产评估清洁能源（PACE）计划、绿色银行，请参见 Probst（2014）。

7. 作为披露事项，本卷的一位作者（博塞）曾担任哥伦比亚大学开展的、由美洲开发银行资助的与 IndexAmericas 相关的赞助研究的首席研究员。

8. 作为披露事项，本卷的两位作者（博塞和郭）在哥伦比亚大学的可持续发展管理项目中任教。

9. 哈希值是一个密码散列函数的输出，将前一个块自评为输入。散列函数将字母和数字输入转化为固定长度的加密输出。

第 13 章　生态保护金融和生态系统服务付费

引言

从整体视角来看，由地球上不断进化的各种生物群落组成的自然生态系统是人类福祉可持续的必要条件。生态系统包括海洋、沿海、内陆水域、森林、旱地、岛屿、山区、极地、耕地和城市土地。这些生物群落及其与人类的相互作用是地球上不可或缺的福祉来源。在全球无冰土地上，有 78% 的土地由具有重要的人类居住地用途或土地利用价值的生物群落组成（埃利斯和拉曼库蒂，2008）。我们可描述出从这些群落流向整个人类社会的直接利益，也可尝试使用第 6 章和第 7 章所述的环境评估技巧对这些直接利益展开评估。这也是联合国千年生态系统评估（千年生态系统评估，2005）研究议程及自然资本和生态系统服务估值工作的组成部分。我们在第 2 章提到过，根据一项经常被引用、以货币形式对全球生态系统服务进行估值的尝试（科斯坦萨等，2014）估计，这些服务的年度估值约为 130 万亿美元。

生态系统服务包括供给服务（水和食品供给等）、调节服务（洪水和干旱调节等）、支持服务（土壤形成和养分循环等）及文化服务（娱乐价值和精神价值等）。在这些服务项目中，其中一些具有直接的经济利益，利用偏好显示法比较容易估计它们的价值（见本书第 6 章）。其他一些服务则对时间价值和物质价值的概念有天生的抗性。通过狩猎、伐木和捕鱼产品的市场价值可以计算出使用价值的直接货币估值。相反，生物多样性在控制农业害虫方面的使用价值，以及湿地和森林在提供广泛的生态系统服务和娱乐价值方面的使用价值却往往被忽视，且难以评估（安藤和沙，2016）。此外，存在的价值只能通过条件价值评估方法来推测，而这些方法很少以市场交易为基础。

我们在第6章提到过，许多生态系统的公共货品属性意味着个体需求的横向总和对社会估值具有非常重要的作用。生态系统产出的社会价值对任何特定的个体而言可能都是很小的，小到无法引起任何市场交易或个人的任何努力。但是，加在一起，这些个体价值的（横向）总和是明显的，事实上，所有个体的价值总和对生态系统的所有产出而言必须是高度显著的（因为一个正常运作的生态系统对人类福祉至关重要）。

对于任何个体行为者而言，生态系统保护的私人价值小于维持生态系统所需的私人努力，这种现象通常被称为“公地悲剧”。这一“悲剧”与曼瑟·奥尔森的下列观点是一致的：通常，集体行为对个体的激励与社会收益不一致，但与个体人均收益和个体人均成本之间的差值一致（奥尔森，1971）。例如，如果个体渔民为了最大限度地增加自己的捕鱼量而忽略了过度捕捞可能会对生态系统产生的负面影响，那么他们的自我本位行为将导致鱼类种群数量低于再生所需的临界水平——这就是损害所有人长期利益的后果。同样的逻辑还适用于狩猎和伐木活动。当这些活动未得到适当管理时，从捕杀动物和采伐树木中获取直接使用价值的个体行为者可能就会导致这些物种灭绝。

根据20世纪中期占主导地位的学术世界观，逃脱“悲剧”或解决集体行动所面临问题的最佳方法包括通过对个体自我追求行为实施集中监管，或由单个利润最大化的所有者对共有资源进行私有化（奥斯特罗姆，2010）。这种监管或私有化被认为是消除伴随资源开采或土地利用变化的栖息地和物种丧失的负面外部性的唯一途径。埃莉诺·奥斯特罗姆与其他想法类似的学者一起，提出了新的观点来替代这种过于简单的观点。奥斯特罗姆将生态系统服务称为公共财产资源（CPR）。公共财产资源与公共产品不同。公共产品是指其消费不具有竞争性的产品，一个人使用公共产品不会降低该产品对另一个人的可用性。而公共财产资源的消耗是可以削减的或属于竞争性的，一个人使用公共财产资源会降低该资源对其他人的可用性。例如，城市化缩小了自然空间范围；大量用水消耗了地下水储备，减缓了河流流量；而农业则将栖息地变为农田。公共财产资源与私人物品（如食物和衣服）不同，它们提供的利益通常是非排他性的：将公共财产资源的利益限制在具体的个体身上是困难的或者是成本较高的。知识和社区防御是公共产品的两个例子，而湖泊和海洋生态系统是公共财产资源的例子。奥斯特罗姆指出，世界各地的学者和政策制定者受加勒特·哈丁“对公共池塘资源用户陷入过度使用和破坏的无情悲剧的描述”的过度影响，认为公共财产资源都没有被有效管理，且急于将私有财产权分配给他们。然而，奥斯特罗姆等的研究证实，许多公共财产资源是由一组相互作用的多中心治理结构给予保护和管理的，比如一些资源是由公共财产资源的用户出于对共同成本和收益以及干预措施多样性价值的共同理解而自行组织管理的。

保护活动的最佳规模是怎样的？据估计，每年需要提供 3000 亿～4000 亿美元的资金来保护和恢复生态系统，但目前仅有 520 亿美元用于该项工作（Huwyler、Käppeli、Serafimova、斯旺森和托宾，2014）。如果生态系统服务价值确实是估算的每年 130 万亿美元，3000 亿～4000 亿美元的花费也许还是被低估的，因为这笔费用仅占整体服务流量费用的 0.3%。通常，资产维护成本仅占总现金流 0.3% 的情况是很少的。这表明，对于整个生态系统而言，保护支出很可能会创造高回报。当然，由于外部性的存在，这种环境保护所能带来的高回报很难在私人投资中得以显现。尽管如此，我们依然尝试使用下述一系列公共和私人领域的环保融资工具鼓励更多的环保行为，有些成功，有些不一定很成功。

环保融资的定义

环保融资是一种金融结构安排，旨在重新调整激励措施，增加相对于消费的保护性回报。环保融资为社会环保提供地方化的货币激励，可鼓励监管或彻底私有化不合适或无效的适应多中心情况的差异化环保行为。环保融资使用一系列金融机制为生态系统保护和恢复提供资金，可将超国家政府、国家政府、次国家政府、慈善组织或私人投资者置于资助者或资本提供者的角色中。通常，最需要保护和管理、退化风险最大的生态系统是那些居民可用于环保的可支配收入较低的生态系统。正是这些生态系统最有可能产生很少的短期现金流及构成高度的长期风险。因此，私人部门资本对自然生态和自然资本的资助力度一直相对较小。慈善组织和国家政府一直是自然保护融资方面的主导力量，通过赠款、捐款和政府预算拨款等方式提供资助。

公共资本

现代考古研究表明，人类积极操纵森林生态至少已达 45000 年之久（罗伯茨、亨特、阿罗约 · 卡林、埃文斯和博伊文，2017）。人类于 45000 年前在婆罗洲和美拉尼西亚的热带森林中、36000 年前在南亚的热带森林中均建立了广泛、持久的定居点。因此，在森林管理的背景下，“公地悲剧”不可避免甚至在人类历史的大部分时间里广泛存在的情况是不可能的。或许最古老的社会保护形式包括高度重视森林的森林文化，山脉、河流、动物和参天大树的万物有灵论。伊（2012）描述了 12 世纪韩国、蒙古和中国东北地区具有文化和环保意义的国家仪式的制度化。同时代，印度东北部的阿霍姆统治者在皇家仪式上尊崇关键树种，承认他们的森林文化经济对森林生态系统的依赖性（Bhattacharjee，2017）。《大宪章》及其孪生文件《森林宪章》保障了平民从森林中获得食物的权利，当时森林是大多数商品服务的主要来源，且在诺曼征服后几个世纪里君主制的过度扩张威胁通过限制获得皇权而使农民挨饿（莱恩博，2008）。

现今，在缺乏重要公共财产所有权史的英美司法管辖区，通过收费及税收资助的国家土地收购已成为实现社会环保目标的一种方式。波士顿公园是一个城市公园，建于 1634 年，被认为是英语国家里最古老的，通过向人们征税来支持提供公共利益和私人利益的公共空间的相关案例（莱维特，2005）。1864 年，加利福尼亚州优胜美地国家公园首次被指定为州立公园。1872 年，黄石公园被指定为第一个国家公园。如今，有 60 个国家公园和 10000 多个州立公园得到美国政府保护，甚至有更多的土地得到了美国联邦政府资助的自然保护区计划的临时保护。

债务自然置换

虽然政府收入传统上一直是环保收入的一个重要来源，但是目前许多保护区都缺乏足够的财政资源，无法在创建后发挥有效作用，特别是在政府财政能力有限的欠发达国家。为改善这一状况，世界自然基金会（WWF）前任副主席托马斯·洛夫乔伊在 1984 年构想了一种金融机制，这是一种将债务置换自然保护资金的机制。该机制通过消除当地政府机构债务，换取债务国政府的财务承诺，通过当地的环保机构来资助保护项目而非传统的将债务一味转换成资产所有权。背负外债的欠发达国家缺少必要的资本来管理世界上一些最脆弱的自然地区，这是债务换自然可行的主要原因。世界自然基金会与其他环境组织一起在与玻利维亚、哥斯达黎加、厄瓜多尔、菲律宾、马达加斯加、波兰和赞比亚等国的早期谈判中开创了债务置换自然这一创新（阿西杜·阿克罗菲，1991）。

玻利维亚政府于1987年成为债务换自然的第一个国家。保护国际是一家总部位于美国的非政府环保组织（NGO），以10万美元的大幅折扣价购买了65万美元的玻利维亚债务，并与玻利维亚政府交换了该国政府设立的当地环保公司股份，用以保护贝尼河地区160万公顷的草原和森林。从理论上讲，债务换自然的目的是让各方受益。这可帮助债务国减轻外债负担，并将资金分配给国内（环保）支出，以创造当地就业机会而非清偿债务。当主权违约风险较高且价格大幅贴现时，对于债权人而言，清算以环保为导向、在不良债务收购方的持股是有益的。这样，作为国际捐助机构或当地执行机构的保护组织可能拥有一定的资金来促进其环保使命的履行。如果债务购买价格低于其面值并由债务国政府按面值赎回，环保组织最终会获得比选择直接支付国内环保费用更多的资金。

非政府组织按折扣价从商业银行购买债务的交换行为被称作商业债务换自然。但是，这些交换行为不一定通过非政府组织来实现。某些情况下，交换行为是两国政府间的双边交易中进行的，债权国通过免除部分债务来换取债务国政府的环保承诺。这些行为被称之为双边债务换自然。美国、加拿大、芬兰和法国是最早参与和负债沉重的发展中国家之间进行双边债务换自然的国家（卡西蒙、普劳斯和埃塞斯，2011）。

自1987年以来，债务换自然计划已为发展中国家的环保活动筹集了超过10亿美元的资金（谢赫，2018），尽管这与截至2015年6.7万亿美元的发展中国家外债总额相比是微不足道的（世界银行集团，2017）。其他积极参与债务换自然计划的国际组织有大自然保护协会、全球环境基金和莱昂纳多·迪卡普里奥基金会。在整个20世纪80年代和90年代，国家政府及国际环保组织每年通过谈判达成五项左右的协议，但此后每年达成协议数量减至两项（谢赫，2018）。这种下降情况是由于可在二级市场上购买商业债务的折扣减少而导致的（卡西蒙等，2011）。在早期的几十年，可按极低的利率购买债务，但其他债务重组和减免机制，例如重债穷国（HIPC）计划下的机制有助于降低违约概率和债务贴现率。

债务换自然计划因不支持当地工人，反而使债务国的本地精英受益而备受批评。环保项目成功与否最终取决于当地环保组织开展行动的能力，而该能力又反过来取决于这些组织的管理能力以及它们与当地社区及各政府机构之间的关系。如果没有政府支持性的政策和机构帮助，就很难实现有意义的环保目标。我们还注意到，有时债务减免带来的收入并未实现预期用途。

环保相关税收

通常，税收是政府收入的主要来源。税收有各种来源，通常税收接受者与税收来源之间并没有任何联系。各国可指定某些环保税，为环保活动提供稳定的收入来源。1937 年美国通过的《联邦政府野生动物恢复援助法案》（又称"《皮特曼—罗伯逊法案》"）规定的狩猎和捕鱼税就是一个例子。该法案对狩猎、游钓、户外娱乐设备用途的枪支和弹药以及机动船汽油征收 10% ~11% 的联邦消费税（世界野生生物基金会，2009）。这些税收收入用于野生动物保护和恢复，如维持鱼类种群、扩大栖息地、培训猎人及保护海洋等。1950 年，美国又通过了一项类似法案，即《游钓联邦恢复法案》（又称"《丹尼尔—约翰逊法案》"）。这两部法案每年可提供 11 亿美元的国家保护资金，自首次通过以来总资金规模已超过 200 亿美元（美国内政部，2018）。

大型政府资助计划

另外，大型政府资助计划也很常见，这些计划旨在为保护生物多样性所提供的生态服务和更广泛的环境保护行动提供资金。森林和湿地是重要的水流和水质调节系统，但是一直面临着被转化为农田和居住用地的压力。森林砍伐造成的严重威胁，导致2008年长江地区洪水发生泛滥。当时，中国制定了《天然林保护计划》（NFPP计划）和《坡地退耕还林计划》（SLCP计划，又称“退耕还林计划”），用于保护和恢复森林及草原环境，降低自然灾害风险，助力脱贫攻坚。前一项计划旨在保护天然林，控制森林砍伐，后一项计划则侧重于土地利用制度改革及新森林环境的创建。

NFPP计划是由政府强制实施的，而SLCP计划是一个自愿系统，拥有内置的市场参与激励机制。例如，在坡度超过25度的土地上进行耕作属于非法行为，但许多农民仍然选择在陡坡上耕作，以增加其微薄的收入。通过SLCP计划，政府提供激励措施来限制耕作。根据该计划，在斜坡上种植可防止水土流失的树木后，农民在树木创造经济价值之前可获得数年的补偿。1998年至2020年，这两项计划的总承诺投入为8000亿元人民币（折合1150亿美元），成为全球规模最大的由政府资助的两项保护和恢复计划（吴、刘、李、赵和赵，2009）。

根据第一次国家生态系统评估（2000—2010年），包括上述两项计划在内的国家保护政策在增加生态系统服务方面取得了成功，包括粮食生产、防洪、固碳、土壤保持、沙尘暴预防及保水等，但在增加生物多样性栖息地供应方面未能取得成功（欧阳等，2016）。其中一个原因可能是，为了进一步提高世界上最高的森林再造率，种植的许多树木仅是权宜之计，并不是本地的原生树木，因此可能无法长期存活以维持持久的生物多样性。大约在同一时期，中国还实施了其他保护计划，如北京和天津周围的荒漠化防治计划以及野生动物保护和自然保护区等计划［德朗（Delang）和王，2013］。

其他政府工具

在将收益用于环境和生态保护具有广泛合法性时，世界各国政府采用多种方式来增加税收用于环保。过去，特种邮票和汽车牌照的额外费用被分配到保护生态系统服务。最近，一些实行碳定价的地区也将部分收入分配到生态保护活动中。除税收之外，政府还经常发行绿色债券，为生物多样性保护提供即时资金（见本书第 14 章了解关于绿色债券的更多信息）。

慈善资本

政府预算分配在很大程度上取决于国家优先事项，这些优先事项可能是不稳定的，从而在长期努力中造成不一致，而长期努力正是生态保护过程的特点。20 世纪下半叶为保护运动的第二阶段。在这一阶段，慈善资本和政府资本同时用于土地征用、地役权保护及环境保护宣传计划（Huwyler 等，2014）。包括通过政府和私人捐赠方式设立的环境基金会在内的慈善组织不得不应对不同捐赠者的利益和时间框架，而这些捐赠者的想法可能并非始终与经科学验证的优先保护区域一致（世界野生生物基金会，2009）。此外，还有一些非政府环保组织，这些组织不仅筹集资金，还在保护活动中充分发掘它们的技术专长及其他资源。

保护信托基金（CTF）

生物多样性比较丰富的国家设立了保护信托基金，也称环境信托基金，为自然保护提供资金。有了稳定的投资收入流（如果管理得当），保护信托基金将成为在生物多样性保护方面最稳定的长期解决方案。虽然保护信托基金是独立的法人实体，但也确实与各国政府开展合作，致力于实现国家目标及各项国际公约，包括联合国可持续发展目标、《联合国气候变化框架公约》以及《生物多样性公约》。

第一家保护信托基金于1991年由不丹国家政府、世界野生生物基金会（WWF）和全球环境基金合作设立（Guerin - McManus，2001）。由于不丹没有大量外债可以参与之前讨论的债务换自然计划，所以，保护信托基金很有吸引力。截至2018年，全球已设立了90多家保护信托基金。其中，有大约38家保护信托基金参与了野生动物保护协会和保护金融联盟于2012年开展的保护信托投资调查，管理着8.532亿美元的资金［马赛厄斯和维克多林（Victurine），2017］。

大多数保护信托基金管理的是捐赠基金、缩减基金、循环基金或三者的组合。通过捐赠基金，投资收入用于赠款和项目资助，而捐赠资本本身则是永续的。对于缩减基金，每年都会花费投资收入和部分本金，从而导致基金最终在预先设定的时间范围内（通常为10～20年）降为零。理论上讲，循环基金可以不断接收和支出新收入；但在实践中，保护信托基金管理的大部分循环基金募资很快会耗尽，时间通常不到一年［马赛厄斯和维克多林（Victurine），2017］。如图13.1所示，2016年，保护信托基金的平均回报率为5%，与上一年度相比有所回升。相比之下，2016年全年，标准普尔500指数回报率为11.96%。但是，在2016年，与高校捐赠基金相比，保护信托基金的业绩要好得多，高校捐赠基金在该年度的回报率为负值（-1.9%）（共同基金研究所，2017）。保护信托基金业绩表现最好的一年是2012年，当时的回报率约为9%。

尽管保护信托基金为保护区管理提供可靠资金来源也为农村就业创造了更多机会，但却因其在衡量维持生物多样性或其他相关目标影响力方面工作不力而受到指责（博纳姆等，2014）。保护信托基金在检测和评估其赠款和资助项目有效性方面的近期工作还停留在讲故事的层面，并未达到一定的规模。

多边机构还提供直接贷款来资助保护项目。这些机构可能包括世界银行、联合国环境规划署（UNEP）、联合国开发计划署（UNDP）和区域开发银行，这些机构通常为地理覆盖范围较大的项目提供资金支持。区域开发银行有时向政府提供贷款，而非发放项目赠款。

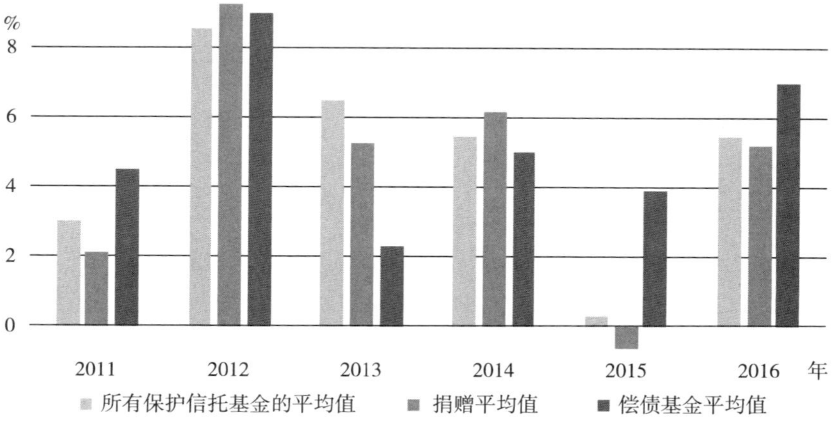

注：基于 38 位接受调查的保护信托基金参与者，这些参与者将平均 35% 的资金配置为期权，65% 的资金配置为固定收入及现金。

图 13.1　年度标称回报率平均值（2011—2016 年）

［资料来源：根据马赛厄斯和维克多林（2017），2016 年保护信托投资调查调整］

即使只是为了实现先前概述的 3000 亿～4000 亿美元的保护资金目标（如前所述，该目标可能还是下限），就目前的投资规模也需要增加 6～8 倍。即使政府和慈善机构在该方面依然占据主导地位，但期望通过大幅增加捐款、赠款及政府预算拨款来缩小差距的想法是不现实的。因此，实现目标的希望就寄托在作为生态系统服务受益者的消费者身上，希望他们可以充分补偿服务提供者。同时，我们还寄托于投资者，希望他们日益将保护融资视为一种可能产生有竞争力的经济回报的新资产类别。消费者和投资者经常与政府组织合作，共同构建创新融资工具，为所有利益相关方创造双赢结果。

生态系统服务付费（PES）

生态系统服务付费的概念是20世纪70年代后期出现的，当时被称作环境服务付费（Gómez - Baggethun、德格鲁特、洛马斯和蒙特斯，2010）。生态系统为人类提供多种服务，如商品、燃料、矿物质、蓄水、野生动物栖息地以及审美、娱乐和教育服务（千年生态系统评估，2005）。虽然一些生态系统服务和商品已经在运转良好的市场中提供，具有明确的直接使用价值（水和伐木），但是其他生态系统服务和商品（生物多样性和碳储存）因产权不完善，并表现出公共产品特征或公共财产资源特征。尽管各种PES工具的工作方式不同，但是它们都旨在通过形成市场/准市场标准来实现生态系统服务的商品化，并为了生态系统利益向生态系统所有者/管理者提供补偿，否则，这些利益往往会被“搭便车”。

根据纯粹的市场方法，私人各方能够通过协商达成合约，以克服外部性困难。一个众所周知的例子就是雀巢，这是一家私营瓶装水公司。雀巢公司与法国当地农民曾达成协议，向农民支付费用，以改变他们的耕作方式，防止含水层被硝酸盐污染。根据著名的科斯定理（科斯，1937），如果交易成本较低且产权明确，则在外部性背景下私下协商合约也是可行、有效的。但是，考虑到困扰许多公共财产资源的产权界定不完善的问题，符合科斯原则的生态系统服务付费实践，即受益人直接自愿向生态系统服务提供者付款的情况其实很少见。因此，其他类型的生态系统服务付费包括政府承担或通过税收和补贴强制他人付费。这种做法效仿了阿瑟·庇古的办法（庇古，1920），就是环境负外部性内部化可以通过环境税及补贴来实现。中国的SLCP就采用了这种方法，由政府为在陡坡上种植树木而非耕作的农民提供补贴。最后，我们还开发了生态系统服务市场（MES），人们在该市场上进行交易，而生态系统服务/商品价格由供需关系决定。全球各种碳市场和缓解银行就是其中的例子（见下文）。目前，关于生态系统服务付费的定义存在一些争议，且关于生态系统服务付费（PES）和生态系统服务市场（MES）之间的界限可能比较模糊（Sattler 和 Matzdorf，2013）。但是，从广义上讲，生态系统服务利用市场工具设定保护价格，而生态系统服务付费指的是任何提供生态系统服务获得金钱回报的情况。

碳金融

在保护融资特别是与生态系统服务付费相关的领域，碳金融无疑受到最多关注。1990 年至 2010 年，森林转化占人为碳排放量的 12.5%（霍顿等，2012），并导致土壤退化、生物多样性丧失及区域气候变化问题（罗宾内等，2018）。碳市场可在碳定价方面发挥很大作用，并为保护和恢复森林及促进可持续土地利用实践提供资金支持。

碳市场可采用以下两种形式中任何一种：一种是来自法定碳排放限额和交易制度的合规市场，另一种是买卖双方根据自我意愿确定碳排放标准进行自由交易的自愿市场。在限额交易制度下，总体排放水平是固定的，每家公司必须购买排污许可证才能达到规定的排放水平。现实中，该制度鼓励受监管的公司安装减排技术设备（洗涤器）或改用排放水平较低的清洁能源。另外，各公司可购买许可证。拍卖许可证产生的公共收入可用于森林保护。除购买许可证外，公司还可决定将资金用于“抵消”排放量的保护活动。从理论上讲，这两种方法都有助于为保护和减排活动创造收入。

然而，目前规模最大的合规市场欧盟排放交易体系（ETS）禁止通过再造林或植树造林方式实现碳抵消。在主要的排放交易体系中，新加坡和加利福尼亚州允许国内造林项目的碳抵消。因此，大多数森林碳汇额度价值 7420 万美元都是在自愿市场上交易的，如公司购买森林碳汇额度实现内部减排目标，而合规市场上的交易额仅为 4190 万美元

（Hamrick 和 Gallant，2017）。此外，向“REDD +”计划（减少伐木和森林退化产生的排放量以及在发展中国家保护、森林碳汇可持续管理的作用）还支付了 3650 万美元（Hamrick 和 Gallant，2017）。“ + ”是指保护及碳汇的可持续森林管理，为后续添加的，与再造林和植树造林有关。向“REDD +”计划付费仅限于对发展中国家，帮助它们维持其森林存量，该计划下的碳补偿项目不能在任何碳市场上交易。

尽管有这样的承诺，通过碳市场和“REDD +”资助的森林保护项目仍然很有限。据报道，碳森林补偿供应量远远超出碳市场需求量（林纳克、奥沙利文、罗斯和 Durschinger，2015）。并非所有合规市场都允许使用碳补偿。即使是那些使用碳补偿的市场，许多也对森林和土地利用项目有限制，因为这些市场怀疑，在发生森林火灾和其他意外损失的情况下，通过植树吸收的碳可能不是永久性的。同时，与安装屋顶太阳能或收集垃圾填埋场甲烷相比，森林补偿的过度供应是一个可能导致碳价格下跌的问题。碳金融应通过“REDD +”从发达国家政府获取规模空前的数十亿美元的资金实现森林保护，全面运作时最终资金规模应达到每年 300 亿美元（菲尔普斯、韦伯和 Koh，2011）。但是，到目前为止，大部分资金被用于“REDD +”准备计划，如参与国政府能力和技术能力建设，并没有用于森林碳项目的实际费用支付（弗莱、德雷斯勒、比舍尔和安德森，2016）。其中，在国际捐赠者承诺 29 亿美元的“REDD +”捐赠中，仅有 2.18 亿美元得到了支付（哈姆里克和加伦特，2017）。

缓解银行

美国于 1972 年通过了《清洁水法》，该法案授权美国陆军工程兵团（USACE）向那些会对湿地和溪流造成破坏的开发商颁发许可证，以换取关于在其他地区创造或恢复具有类似生态系统功能和价值的湿地或规模更大湿地的承诺。该规定为湿地缓解银行创造了市场，新建或新恢复的湿地形成了缓解银行，为任何购买者提供信用证，以抵消它们在商业开发中对湿地和溪流产生的损失。这些银行必须由美国陆军工程兵团和美国环境保护署批准和监管。

除湿地缓解银行之外，还有其他一些规模较小的缓解银行，如提供信用证以抵消濒危物种、栖息地损失的保护银行及水质银行。根据类型和所在地区的不同，湿地价格差异很大，从北卡罗来纳州河岸湿地的每英亩 36000 美元到弗吉尼亚州潮汐湿地的每英亩 653000 美元不等（萨基，2009）。目前，美国共有 100 多家缓解银行，而该国缓解信用证的市场价值将超过 1000 亿美元（科尔曼，2015），年交易额为 13 亿～40 亿美元（本道尔、莱斯特、利文古德、戴维斯和 Yonavjak，2015）。根据 Eco－Asset Solutions & Innovations（一家总部位于加利福尼亚州、专门从事美国缓解信用证评估的咨询公司）的数据，2019 年整体市场价值为 2000 亿美元左右。

作为这一体制的先行者，美国拥有全球规模最大、最发达的缓解信用证市场。虽然缓解信用证在美国通常被称作补偿性缓解，但在世界其他国家或地区更常被称作生物多样性补偿。截至 2015 年，全球已有 50 多个国家制定了相关规定，用生物多样性补偿来置换湿地、物种及栖息地损失（巴纳德、戴维斯、麦克卢奇和维多琳，2017）。尽管由联邦、州和地方政府代表组成的跨机构团队对缓解银行实施评估，同时负责批准银行可获得的信用证数量，但是对于监管机构而言，正确评估任何特定生态系统的生态损失并将该损失转化为货币价值仍然很有挑战性。此外，大多数缓解银行的湿地缓解站点都远离受影响区域，两地生态影响可能因地区而异，同时人造系统和自然系统之间可能存在细微差异，只有在较长时间后才会表现出来。

分水岭服务付费

除创建市场（总量管制、交易和抵消）之外，生态系统服务受益者可直接向提供者支付服务流量费。生态系统付费最突出的例子是分水岭服务付费，其中可能包括洪水控制、侵蚀控制、水质净化、水调节和娱乐。交易机制涉及下游用户向上游土地所有者支付可持续土地利用费用，以维持下游流水的质和量。这种机制可以是自愿的，也可以是政府调节的。

付费可能来自地方政府、自来水公司、私人农场、旅游公司、非政府组织和个人用户。例如，纽约市没有建造成本高昂的水处理厂，而是制订了一项计划，向 Catskills – Delaware 集水区周围的当地农民支付费用进行污染控制投资。随着农业集约化和城市化的发展，该集水区的水质下降。当地93%的土地所有者自愿参与了该计划，高于有效减少污染所需的85%阈值，因此，政府成功地为城市居民保留了优质饮用水来源，而成本只是建造水过滤厂的一小部分（邦德和梅耶斯，2010）。总共有 419 个为了保护或修复的绿色基础设施项目在全球 62 个国家的分水岭运行，2015 年的项目交易价值达到了 247 亿美元（班尼特和吕夫，2016）。然而，私人或用户资助的分水岭付费计划依然有限，而大规模项目通常由政府主导。政府可能更容易忽视人与地方之间的差异，从而导致效率低下问题产生。

养分交易

最近实施的另外一项发展计划是美国的养分信用交易，还被称之为“水质交易”。通过养分交易，农民自愿建设小型人工湿地，以减少农场养分流失，并自然滤去污染水道的多余养分。建造湿地而减少的多余养分被视为“信用证”，可由为了满足降低养分的监管要求的公司和市政主管部门购买。由于购买信用额度通常比建造清理设施更为便宜，因此养分交易系统可潜在地创造一个市场，为污染单位和农民带来双赢结果，同时最大限度地减少对环境的破坏。

养分交易计划在切萨皮克湾、大局溪流域和墨西哥湾的“死区”

等地区开展了可行性研究。尽管该工具具有明显的好处，比如通过释放市场力量为保护提供额外收入来源、为监管政策注入灵活性及为当地利益相关者提供额外收入，但它仍然是一个未经实践检验的概念。与以保护为宗旨的许多其他财务机制类似，通常很难对预期环保结果实施严格、科学的评估，比如许多生态系统的协同利益，包括生物多样性改善，都不易于量化。此外，分水岭间交易可能会以严重降低一条分水岭的水质为代价来改善另一条分水岭的水质。通常，这种趋势会加剧对环境公平的担忧。因此，有人提议，类似交易只应在同一分水岭内进行（丹尼森、赫尔弗里赫、米切尔森、普里茨拉夫和曼图特，2012），尽管这样做对市场规模带来的限制必然会降低流动性和市场渗透率。

旅游收入

旅游业是全球规模最大的产业之一。旅游业贡献了全球大约 10% 的 GDP。以自然为基础的旅游业，包括公园、狩猎、捕鱼、徒步旅行、观鸟和自然摄影，需要保护和以可持续方式管理面向游客的野生动物和自然栖息地。但是，如果管理不当造成过度旅游，就会导致野生生物灭绝，破坏栖息地，最后也会影响旅游体验。保护区进场费、物种相关使用费、游客及旅游经营者的自愿捐款以及位于高保护价值地区的酒店和机场收取的度假费等金融工具可在促进自然及生物多样性方面发挥很大的作用。这些类型的直接付费被视为获取或使用生物多样性的使用费。

然而，在一些国家，进入保护区所收取的费用并不是专门用于保护目的，而是进入国库用于实现其他目的。还有国家采用分层定价模式，根据游客的“付费意愿”向其收取费用。例如，在坦桑尼亚，政府发现对一些北部国家公园的需求十分缺乏弹性，所以即使提高了进场费，也不影响参观人数，反而会带来更多的收入。在莫桑比克，由于发现国际游客支付意愿比当地游客高很多，所以政府实施了一项制度，规定外国游客进入国家公园的费用高于国内游客。伯利兹市除了收取机场离境税之外，还会收取生态保护费。还有其他类型的娱乐许可费，如潜水费、狩猎费和特殊使用费，这些费用在赋予生态系统服务物种价值的同时，还可产生用于生物多样性保护的收入。

另外，还有其他一些间接市场机制试图将生态系统服务的价值与现有市场机制联系起来，比如渔业、农业和木材等。这些机制旨在通过对采用环保方法生产的认证木材、农业和渔业收取溢价来创造收入。消费者支付的额外价格可被视为绿色商品生产商参与可持续利用生物多样性的生态系统服务获得的补偿收入。鉴于目前农业和木材认证市场价值达到1900亿美元左右，每年可从溢价中产生100亿~300亿美元，以对生产商参与可持续实践提供补偿（帕克、克兰福德、欧克斯和莱格特，2012）。

政策风险是PES系统面临的一个重要问题。由于在所有PES项目开始之前都必须建立相关市场，政府机构薄弱、监管不稳定或政策短视都会显著影响PES项目的成功。难以确定土地或基础生态系统资产产权就是一个突出的例子。此外，证明PES项目可以带来额外好处一直具有挑战性。虽然我们一直在展示很多行之有效的PES计划，但依然无法确定是否可以在所有场景下复制积极的结果。PES机制的执行受到一系列实质性的批评（陈、安德森、查浦曼、叶斯帕森和奥姆斯特德，2017）。陈等列出了与PES机制执行相关的一些挑战，同时提出了多项建议来缓解这些挑战。第一项挑战是一旦将一个成功的衡量指标确立为付费基础，它就可能不再作为有效的衡量标准发挥作用。这是因为参与者会发现漏洞并加以利用，根据衡量标准获得成功，但没有实现其实际意图（牛顿，2011）。PES还可产生一种文化预期，即因没有污染而对污染者提供奖励，但这可能会颠覆生态系统管理规范。为降低这些风险，PES设计需要对更广泛的管理而非具体行动提供奖励。

在奥斯特罗姆框架背景下对PES项目还有一个批评是针对于CPRs

多中心管理而言，意味着政府或市场付费可能对 CPR 用户已形成的公民责任和自发组织产生排挤作用。原则上，将保护行为货币化的能力会削弱当地自我管理产生的自愿保护行为的激励。尽管在某些情况下，这种“排挤”已被证实（弗雷和奥伯霍尔泽—吉，1997），但在另一些情况下则并不构成障碍（伊托、弗埃、北野正人和小宫山，2018）。弗雷和奥伯霍尔泽—吉发现，在瑞士的核废料储存库现场，当公民认为接受邻避型（NIMBY）项目属于他们承担责任的一部分时，提供补偿会削弱这种接受度。另外，伊托等发现为保护农业土地进行的集体付费通常可改善当地监控效果，减少搭便车的现象。最后，需要牢记的是，PES 设计通常侧重于效率提升，而不一定是公平性改善。虽然许多 PES 计划涉及高收入人群向低收入人群付费，从而作为附加效应促进公平，但如果能将这点设计成为明确组成部分可能会提高其合法性及采用率。

生物勘探

生物多样性勘探或生物勘探是指在生态系统中寻找能够产生经济价值的新基因、化合物、微生物等。由于大部分生物财富集中于发展中国家，而技术和财富通常集中于发达国家，因此国际制药公司和发展中国家政府之间往往会签订生物勘探协议。制药公司通常向政府预付费用，以换取在生态系统中筛选有价值化合物的专有权。如果发现任何新的药物化合物并将其研发成商业上成功的药物，生物勘探所在国将分享利润，该利润可连同预付款用于保护目的。

鉴于全球医药产品市场规模巨大，人们最初希望生物勘探能够提供宝贵的保护资金。据估计，制药公司的生物勘探价值每年可能接近 20 亿美元（卡斯特罗和沃德，2006）。然而，由于面临重重困难，只有哥斯达黎加的一家与生物技术公司和研究机构签署协议的非政府组织国家生物多样性研究所（INBio）是有据可查的。政府允许 INBio 与各研究机构和公司在哥斯达黎加保护区合作开展生物多样性勘探，其 600 万美元的运营预算中有 70% 来自于公司和研究机构签订的合同。经各方约定，拿出 10% 的研究预算和一半的未来特许权费用于保护目的（2009）。

生物勘探过程非常耗时。在自然资源中发现任何有商业价值的生化信息或遗传信息之后，需要 10 年到 12 年的研发时间。该过程还具有很高的技术性。需要包括商业部门、研发国政府、学术界和当地社区在内的多个利益相关者具备专业知识才能对自然资源实施必要的勘探、开采和后期开发活动。虽然这一概念目前仍然很有吸引力，但这一过程所需的努力和资金可能是生物勘探协议案例匮乏的原因。就连 INBio 在最初获得成功之后也被政府接管了。然而，支持者认为，虽然目前的直接收益依然不多，但间接收益（如与作为东道国的发展中国家的农村发展相关的收益）可能是巨大的。例如，勘探过程可帮助提升当地人口的科学技术能力，让人们更了解其资源的经济价值。

环境影响债券

我们在第 11 章讨论过关于影响力投资的部分，社会影响债券允许投资者投资于对社会有益的项目，并从项目顺利施工所节省资金中获取回报。例如，旨在减轻儿童肥胖问题和改善药物滥用治疗的项目会为医疗保健体系节省大量资金，其中一部分可用于向项目投资者付费。社会影响债券的结构如下：部分初始投资由私人基金会提供担保，只有在项目失败时，基金会才会赔付。

借用社会影响债券的概念，环境影响债券（EIB）旨在通过私人资金为可促进环境保护和可持续发展的干预措施提供资助。环境影响债券可带来潜在的“多赢”局面，政府可从成本节约中获益，私人投资者可从投资回报中获益，公众从维护生态系统服务的长期利益中获益

（巴尔博厄，2016）。与社会影响债券一样，从技术上讲，社会影响债券并不属于传统上的债券，它是政府以成功为目的的付费/按绩效付费的合同，仅在获得资助的干预措施成功实现预定的环境成果时才支付费用，这与普通债券或典型的绿色债券有差别。后者确保收益用于环保目的，但不保证任何特定的结果。

依赖于结果的环境影响债券减轻了政府的执行风险，并将其转移给私人投资者。投资者评估干预及其结果间因果关系的强度，然后评估由此带来的成本节约潜力。投资者确定是否有良好的产生有利回报的机会。图 13.2 给出了环境影响债券的工作机制。

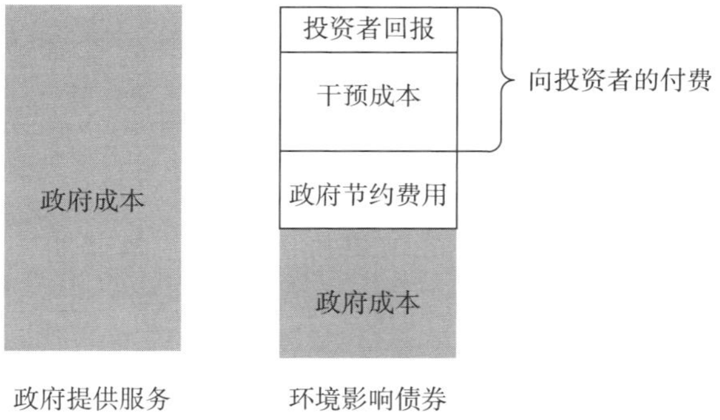

图 13.2　环境影响债券的工作机制

［资料来源：根据韦内克和哈夫曼（2013）调整］

位于华盛顿特区的哥伦比亚水务公司（其前身是哥伦比亚特区水务局）率先发行了环境影响债券，该债券于 2016 年从高盛城市投资集团和卡尔弗特基金会筹集到了 2500 万美元的资金，用于资助可吸收自然水、减少雨水径流的城市绿地。如果绿色基础设施在五年内顺利将雨水径流从既定基线减少 18.6%～41.3%，投资者可按 3.43% 的年利率获得补偿并偿还本金（环境保护署，2017）。

如果超出了目标（降幅高于 41.3%），投资者将获得 330 万美元的额外奖励。如果没有达到预期效果（降幅低于 18.6%），则从投资者处收回330万美元的奖励（环境保护署，2017）。从这个意义上讲，哥伦比亚水务公司的环境影响债券实际是一种支付固定利息、到期还本的债券，仅股息/罚金由业绩决定。环境影响债券旨在分担哥伦比亚水务公司和投资者在环境解决方案测试创新方面的风险。如果绿色基础设施有效，哥伦比亚水务公司会将系统扩展到整个地区，避免新建成本高昂的地下管道系统，对当地居民造成损害。公众还可从社区美化、水质改善和雨水及污水溢出量减少中受益。

基于受欢迎的程度及其创新方法，巴尔的摩和亚特兰大等其他城市也在发行环境影响债券，这些城市在合流下水道系统（即雨水和未经处理的污水在同一管道中被处理）和污染径流方面存在类似问题。另外，环境影响债券可潜在地保护和恢复环境。例如，路易斯安那州海岸保护和恢复管理局与环境保护基金和 Quantified Ventures 开展合作。后者是一家影响投资咨询公司，旨在探索在路易斯安那州沿海和湿地恢复融资中设立环境影响债券的可行性。目前，路易斯安那州正在处理严重的水土流失及海平面上升问题。美国林业局一直在与多家合作伙伴合力开发森林恢复力债券，这是美国西部森林恢复的一种 EIB 形式。

人们常常批评政府相对缺乏试验和创新能力，把提供环境和社会服务的优先次序置于服务效率和效力之上。当政府发现难以对绿色基础设施等未经证实的项目进行融资时，环境影响债券可促进实验、激励创新。原则上，基于干预成功而非仅仅实施干预的环境影响债券也符合新公共管理规范（贝恩，2001）。由于这种潜在的“多赢”结构，尽管环境影响债券最近才出现，但在利用私人融资提供有影响力的公共产品方面很有前途，所以引起了广泛关注。

由于难以界定和衡量结果，社会影响债券更适合项目目标更容易识别和量化的领域以及历史数据和成功证据更为丰富的领域。这些领域包括累犯、预防性医疗保健和住房问题等。基于上述原因，一些人认为，社会影响债券一直遵循成熟的模型，并未能像最初承诺的那样，在交付社会产品方面带来重大创新（阿雷纳、本戈、卡尔德林和基奥多，2016；古斯塔夫森—赖特、加尔迪内和 Putcha，2015）。另外，环境影响债券依赖于来自环境科学所建议的成果，这些成果更准确，也更容易定义和量化，这可能会减轻社会影响债券面临的一些挑战。

到目前为止，所发行的环境影响债券数量很有限。虽然实现双赢局面的概念很诱人，但我们必须清醒地等待更多的项目数据出现，了解该工具对不同社区和环境问题的适用性。例如，我们可以合理地假设该工具可以很好地吸引投资者对位于大城市、可产生稳定收入流的项目（如水利公用设施）的兴趣。另外，湿地和沿海恢复带来的收益可能很难实现货币化。例如，在路易斯安那州，特别是在没有收费或监管结构的情况下。

选出能够准确反映环境结果的衡量指标绝非易事。尽管环境产出和成果应比社会指标更容易实现标准化和量化，但缺乏绿色基础设施相关基础数据仍然是潜在投资者在实施尽职调查期间面临的重大障碍，尤其是当投资者回报取决于这些指标的表现时。灰色基础设施项目已部署几十年时间，但绿色基础设施在财务成本、环境产出及其他技术方面的良好记录要少得多（齐姆林、霍尔斯坦、布伦伯格、基帕尔斯基和唐宁，2015）。此外，与灰色基础设施相比，自然基础设施在不同地区和不同时间的表现差异很大（切尼夫和施瓦茨，2015），风险评估和绿色项目复制因而面临双重挑战。值得称赞的是，环境影响债券采用严格的监控和外部评估手段来评估影响，这一特点与许多传统金融工具截然不同。

考虑到历史比较短暂，我们目前仍然不知道环境影响债券是否可以扩展。检测和评估产生的交易成本可能比传统的绿色债券高得多，因此需要获得更多回报来证明提升发行量的合理性。然而，对于影响力和越来越需要社会和环境回报的其他主流投资者而言，除财务回报之外，社会和环境影响债券可能是满足这一需求的比较诱人的概念。

结束语

最早的生态保护形式是由政府收入提供的，其次是政府和慈善资本的组合。虽然政府资金继续在该领域占据主导地位，但远远无法弥补资金缺口。保护融资第三个阶段在25年前左右开始，此时，私人资本参与度开始提高，首先在美国，然后在发展中国家。然而，可能除了绿色债务之外，私人部门尤其是机构投资者参与保护融资依然很少。

本书反复强调的一个主题就是，许多针对环境影响的投资项目仍处于早期阶段，投资规模和标准化程度有限。对于机构投资者和分散的公民投资者而言，此类投资仍然存在过高的投机性和冒险性。此外，与小型项目相关的高交易成本和影响评估困难是常见的障碍。因此，为释放私人资本，需要增加和持续投入对试点项目的公共投资，以引导项目通过试点阶段。政府还必须创造适当的条件，如建立健全的机制和伙伴关系，以激励私有资本加入，就如同我们在确立碳定价或与私人投资者合作构建新型环境影响债券时所回顾的那样。

第 14 章　清洁技术创新融资和可再生能源转型

现有的能源系统无法满足全球需求。目前，在发展中国家，仍有 11 亿人口缺乏电力供应（国际能源署，2017）。改善能源获取现状是一个被广泛认可的发展目标，同时被作为联合国可持续发展目标七，即到 2030 年之前“确保人人获得负担得起、可靠和可持续的现代能源服务”。全球近 30 亿人口仍然无法使用清洁的烹饪设施，他们主要依赖燃烧木炭、煤油和木材，而这会造成当地污染，严重危害人体健康，尤其是妇女儿童的健康。即使在发达国家，能源系统的韧性也很不足，常常会因极端天气、自然灾害和过度依赖单一电力来源带来的破坏而暂时失灵。《巴黎气候变化协定》旨在限制化石燃料发电产生的温室气体排放，以减缓全球气温上升的局面，遏制全球变暖所带来的灾难性影响。据研究人员估计，为保证全球气温上升值在 2050 年之前不超过 2℃，88% 已探明的煤炭储量、35% 的石油储量和 52% 的天然气储量都将不能被使用（麦克格莱德和艾金斯，2015）。此外，煤炭、石油和天然气产品是生产塑料的主要原料。减少不能回收的一次性塑料造成的污染是可持续发展目标十四（水下生物）的关键组成部分。

低碳经济转型是可持续发展议程的重要组成部分，清洁技术投资可在不妨碍经济增长也不影响经济且实用的能源的情况下促进转型。在对全球能源系统的综合分析中，布拉德福德（2018）证实，过去两个世纪全球能源使用量的增长与当时国内生产总值的增长大致相关。在物理术语中，“能源”是指做功的能力（即能量转移）。国内生产总值（GDP）旨在衡量一个经济体在特定时期内完成的“工作量”，尽管此时“工作量”的含义有所不同。如果全球 GDP 持续增长，发达国家和发展中国家的能源需求仍会增长。如果在促进全球福利水平改善的同时减少碳排放量，可再生电力在能源结构中的比例将要明显上升。除可再生电力投资外，环境安全界限范围表明需要进行创新投资，以减少许多制造流程中的材料使用量。例如，在第 5 章中，我们讨论了如何减少储能技术中钴使用量的创新需求。

清洁技术研发融资面临的挑战

从本质上讲，新清洁技术的研发及部署的融资风险比现有技术更大。显然，新技术的运营历史不长，无法降低认识到的投资风险。转型融资的一大障碍是传统化石燃料技术的技术锁定及路径依赖性（波尔金，2017）。如果用可再生技术取代化石燃料发电，需要持续投入大量资金，且很有可能造成现有生产流程、生活方式及文化和商业环境发生巨大变化。由于现有技术的广泛应用，在短期内比新技术更容易融资。对可再生能源和废物预防的投资不会从基础设施的辅助投资中受益，这些辅助投资是一个由互补的中间过程组成的精细演变的生态系统，大量下游应用和分布式知识（从哈耶克意义上讲）大幅降低了碳氢化合物能源生产和相关化工行业的边际生产成本。但是，正如布拉德福指出的那样，基于边际分析工具（如边际成本估计）的投资选择在现有系统受到动态、复杂干扰的背景下并不合适（布拉德福，2018）。在化石燃料资产可能处于搁浅资产的背景下，要保持丰富能源福利流动的可重复性，就需要对可再生能源技术进行投资，以便该技术在发电组合中占据更大份额。在本章中，我们研究了为低碳经济转型提供必要现金流的现有的和新的融资形式的潜力。

清洁技术发展的不同阶段

清洁技术（cleantech）又称“绿色技术”，是指减少经济活动对环境影响的产品、服务和生产过程。清洁技术可包括下列一系列相关技术：(1) 可再生能源的生产和存储；(2) 环保活动相关技术，如绿色基础设施建设（自然的、具有成本效益的雨水管理）和（使用可再生及再生能源的）绿色交通；以及（3）通过回收和废物处理等方式来提高能源和材料效率。在 21 世纪的前二十年里，清洁技术投资特别是可再生能源投资急剧增加。加迪、西瓦拉姆、琼斯和韦曼（2017）将清洁技术公司分为五类，首先按开发周期长短进行排列，周期最长的排在前面：

1. 针对太阳能、生物燃料、电池、照明和其他应用（如新电池存储技术的开发）开发新材料、工艺或化学品的公司；

2. 利用新方法整合现有硬件组件并达到商业化的硬件集成公司（如特斯拉制造电动汽车）；

3. 分析能源使用数据并试图通过促进客户行为改变来提高能源效率的清洁技术软件公司（如 Opower 对电力使用量的统计分析，以优化公用事业单位对发电量的部署）；

4. 提供交钥匙融资以部署成熟技术项目的部署融资公司（如大型太阳能农场 SunRun）；

5. 包括能效咨询公司和废物处理公司在内的其他公司（如 TerraCycle）。

所有新技术的开发过程都要经历六个阶段，从基础研究到全面商业化，如表 14.1 所示。政府对理论研究机构和大学的资助通常可促进第一阶段的基础研究。通常，基础研究对政府或私人行为者不会立即产生明显的实际效果。尽管目前尚未建立特定机制来确保基础研究的效用，但哪怕对于最神秘的纯粹研究而言，也可以列出许多富有成效但却是意料之外的最终应用（见下文）。第二阶段包括应用研究，研究目标通常设想为“现实世界”中存在的一些最终效应。应用研究一般由政府拨款提供资助。直至20世纪80年代，这类研究还一直由一些发展成熟的大型公司使用自我现金流资助，如施乐和AT&T（詹韦，2018），尽管在“股东价值”最大化的管辖下大部分资助这类研究的资金来源已经不复存在了。

表14.1　　清洁技术研发的不同阶段及资金来源

1	2	3	4	5	6
基础研究	应用研究	原型开发	预商用试验	部分商业化生产	完全商业化生产
资金来源					
		死亡之谷			
政府补助	政府补助 企业补助	家人 朋友 天使投资人 家族办公室 众筹 企业利润	天使投资人 家族办公室 众筹 企业利润 风险投资（第四阶段后期）	风险投资 私募股权 公共股权 市场 企业并购	私募股权 公共股权市场 企业并购

资料来源：波尔金（2017）和法兰克福学派——联合国环境规划署（UNEP）中心/彭博新能源财经（BNEF）（2018），作者修订。

新技术面临第一和第二阶段的政府支持与第五和第六阶段的最终商业化之间的艰难过渡。第三和第四阶段被恰当地称为“死亡之谷”（弗兰克、辛克、迈纳特、罗杰斯和拉帕佐，1996）。高科技领域企业家必须自立更生，并充分利用一系列资金来源，包括家人、朋友、家族办公室以及众筹（针对相对较小的资金需求）。某些情况下，如果其技术有可能取代威胁与其竞争的大公司的现有现金流，一些公司可能会进行原型开发投资，以实现专利申请。风险投资和其他类型的机构私募股权融资通常在预商用试验后期及之后的时间才可出现。一旦某项技术获得部分商业可行性（如公司能够在发生亏损的情况下创造收入），则进入公共股票市场首次发行股票、从债权人处获取资金或将公司出售给战略买方就会相对容易一些。

与其他颠覆性技术一样，清洁技术表现出与技术和政策不确定性相关的高风险，任何新产品及服务的扩展都可能需要很长时间且早期知名度较低。风险投资模式的前提是许多被投资公司将会失败，且最终成功决定因素在事前并不明确。只要成功的回报足够大，足以抵消失败造成的损失，该模型就具备可操作性。风险投资生态系统必须通过成功企业的销售（或“退出”）定期补充现金储备量。如果开发周期过长，风险投资生态系统将无法对新企业进行投资，因为其资本在第四和第五阶段就已被投资组合中的公司捆绑。风险投资基金常见的“退出”策略是：被投资方要么被规模更大的成熟公司收购，要么通过首次公开募股（IPO）在证券交易所公开上市。

政府资助基础研究的非预期性后果

第二次世界大战期间，政府资助纯科学性质的基础研究在美国实现了制度化，并在冷战期间一直存在（哈特，1998）。基础科学研究资助对于政府或私营部门行为者没有明显的直接用途。这种资助有时必须秘密进行，甚至对资助者也不开放。“动态编程”是数学领域的一个分支，致力于将多阶段决策问题表述为平稳马尔科夫过程的函数，是由斯坦福大学数学教授理查德·贝尔曼构思并发展的（贝尔曼，1952）。贝尔曼在兰德公司时是斯坦福大学的一名数学教授，而兰德公司由美国政府提供资助，为美国空军和其他国防机构提供研究和分析服务。贝尔曼随后在其自传中表示，他发明了“动态编程”这一术语，因为需要起一个不会引起国防部长查尔斯·欧文·威尔逊质疑的名字。威尔逊既是当时的国防部长，还是兰德公司项目的最终老板。贝尔曼认为，整个空军尤其是威尔逊都会对基础数学研究怀有敌意：他需要一个“即使是国会议员也不会提出质疑”的名字［引自德雷福斯（2002）］。

随后，动态编程成为了一种重要的计算工具，在工业工程、统计分析、供应链管理、图形识别、人工智能、资源保护、地下水和农作物管理、最优投标策略和期权定价等领域都有应用。

天使投资人

历史上，富裕家庭和天使投资人往往在传统银行业和金融业缺席的领域寻找有价值的投资机会。在大众融资背景下，超越信息不对称挑战的需求对天使投资特征的资助者和创新者间建立密切的个人关系起到了至关重要的作用。天使投资人为早期创业公司提供资金，对申请人进行认真的尽职调查，并为被投资人提供有价值的建议和人脉资源。以自身名义提供投资的天使投资人不会产生代理人问题，也不会收取可能导致资助者和企业家动机错位的费用。

虽然天使投资没有实现制度化，但总体上构成了早期融资的重要来源。美国新罕布什尔大学风投研究中心进行了一项关于天使投资的调查，估计 2017 年的投资总额达 230 亿美元，平均交易规模达到 388000 美元（索尔，2018）。勒纳、Schoar、索科林斯基和威尔逊（2015）在对 21 个国家的 13 个天使团队的研究中发现，天使投资人对被投资公司的增长、业绩和存续及其后继融资有积极影响。有趣的是，天使投资人的积极影响与项目所在国的风险投资活动及企业家友好度无关。该结果表明即使在风险投资未制度化的区域，个体天使投资人及其网络也是公司早期发展的关键及有益的资金来源。

天使投资人的重要性及其超越信息不对称和代理人问题的能力，使其成为一个很有前景的渠道，可为清洁能源经济转型的某些方面提供资金。经济合作与发展组织（OECD）确定了一系列广泛的政策措施，以鼓励天使投资的规模及成熟度（威尔逊，2015）。这些措施包括企业家和投资者培训、天使投资人网络的建立和发展、孵化器及加速器投资，以及众筹平台的开发与维护。

风险投资融资

从结构上讲，风险投资（VC）基金也是一种私募股权（PE）投资。私募股权基金是从普通合伙人管理的外部投资者（技术有限合伙人）处获得的投资基金。普通合伙人赚取的费用约为投资资本的2%、利润的20%，还可从有限合伙人和被投资公司获得其他费用或开支报销。私募股权基金通常收购重组私人或上市公司。通俗意义上，私募股权一词与风险投资的区别就在于风险投资基金相对于其他传统私募股权基金的特殊策略。传统意义上，PE 基金会收购所有行业领域大型成熟公司的控股权，而风险投资基金倾向于收购处于早期发展阶段的小型公司的少数股权，通常在技术和医疗保健等高科技研发领域。由于私募基金的被投资方的现金流相对比较稳定，所以该基金能够通过杠杆收购方式及无追索权债务为其大部分收购活动提供融资。风险投资基金通常以股权为收购提供融资。风险投资基金通常采用为期十年的合作伙伴关系：在前五年对一系列初创公司（通常为 10 ~ 20 家）进行投资，然后在后五年将初创公司售出。虽然私募股权和风险投资一直是清洁技术创新的重要资金来源，但前者参与了通常呈现低风险、低回报特征的后期周转和扩张活动融资，而后者则专注于具有高风险、高回报特征的早期成长阶段企业的融资。

风险投资和私募股权的资金来源都是机构投资者，如养老基金、保险公司、主权财富基金、基金会和捐赠资金，以及管理富裕家庭资产的家族理财办公室。家族理财办公室以及天使投资人本身也是早期融资的重要贡献者。由于需要将资产与长期负债匹配起来（见本书第 10 章），养老基金及保险公司等一些机构投资者确实有能力对清洁技术创新现金流状况进行投资。但是，规模最大的资产所有者对特定投资的最低门槛要求相对较高，如 2500 万美元，但同时不能超出该项目所需总投资额的15%。这两条规则的结合意味着规模最大的资产所有者通常无法对可再生能源或清洁技术中较小的新兴机会进行投资。

风险投资基金通常在企业发展的多个阶段进行投资。在“种子”阶段，投资额通常低于100万美元。后续阶段（称之为A轮融资或B轮融资）的投资规模约为1000万美元，而轨迹后期的最后一轮融资或增长轮投资规模可能达到1亿美元以上。无论融资轮次如何，风险投资基金都预期在三到五年内退出，如果被投资方在此期间无法采用有意义的退出策略，则该投资可能会被注销。因此，风险投资基金倾向于开发周期比较短的初创公司。由于这种趋势，风险投资行业会集中在非常有限的领域。勒纳（2012）指出，计算机和电信行业的风险投资比例从1974年的35%升至2000年的79%。勒纳将此归因于这些行业的创新周期相较医疗保健、零售、能源和运输领域要更短。

清洁技术在风险投资交易中的份额由1996年的1%增长至2010年的10%（卡明、亨里克斯和萨多斯基，2016）。2007年，著名的硅谷投资者约翰·多尔指出，“绿色技术的发展前景比互联网的发展前景更为广阔，这可能是21世纪最大的经济机遇”。此外，世界各国政府加强了针对采用清洁能源的激励措施。例如，美国国会针对风能和太阳能等许多可再生能源提供税收抵免优惠。德国和中国也针对可再生能源提供了大量的激励措施。许多清洁能源公司专注于商业上尚不可行但已从公共研发及发展基金中受益的技术。风险投资似乎是弥补这一差距的适当工具。然而，清洁技术初创公司的风险投资资金一直不太稳定。融资额在2008年金融危机发生之前首次达到峰值，可能是由于公众对气候变化的认识不断提高及化石燃料价格急剧上涨导致的（见图14.1）。由于金融危机期间发生信贷紧缩，风险投资资金在2009年急剧下降。

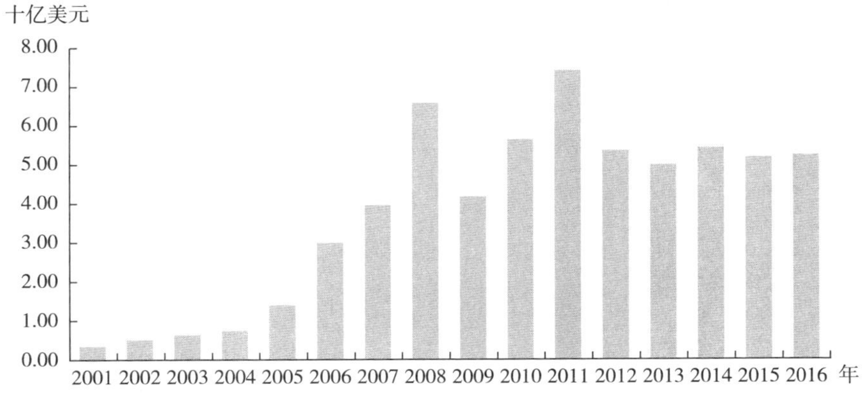

图 14.1　美国清洁技术领域的风险投资

［资料来源：根据萨哈和穆罗（2017）调整］

尽管 2011 年清洁技术领域的风险投资资金出现反弹，并再次达到顶峰，但由于页岩气革命明显降低了天然气价格，很多初创公司尤其是太阳能等可再生能源领域的初创公司未能扩大规模。根据风险投资家设想的经济模式，化石燃料价格将不断上涨，这种模式将导致可再生能源产生前所未有的竞争力。天然气造成的污染量不到煤炭污染量的一半，天然气价格于 2008 年达到每 1000 立方英尺 13 美元的峰值，但随后出现逆转趋势，在 2012 年跌至每 1000 立方英尺 3 美元，此后一直维持在该水平（美国能源情报署，2018）。

由于硅制廉价光伏电池的出现及石油天然气价格处于低位，清洁技术公司在短期内很难竞争，尤其是那些试图开发太阳能光伏发电替代技术的公司。例如，曾被美国前总统巴拉克·奥巴马奉为“经济增长引擎”的创新型太阳能光伏初创公司 Solyndra 在其成立仅六年后就于 2011 年申请了破产保护。信贷危机和 IPO 的严重缺乏实际上关闭了再融资或退出清洁技术投资的渠道。

或许更为重要的是，风险投资首次认识到能源公司并没有按照其选择的时间表运营，即在三到五年内交付成果。与轻资产的软件和互联网初创公司相比，颠覆性清洁技术通常是重资产的。建造可再生技术开发所需的物理基础设施通常不止是若干名天才工程师和一个车库就可完成的，因此，清洁技术领域的资金障碍更加严重。另外，随着石油天然气价格的下跌，清洁技术初创公司（原则上属于化石燃料能源行业的颠覆者）对于石油巨头而言并不是有吸引力的收购目标。与更有可能被制药公司收购的医疗初创公司相比，大型能源公司很少收购有前景的清洁技术初创公司。因此，风险投资者更倾向于投资清洁技术软件解决方案，而非硬件和材料投资。例如，成立于 2007 年的软件及服务提供商 Opower 在 2007 年至 2010 年期间获得了多轮融资，并于 2014 年上市。与生物技术和软件公司相比，在失败率和资本回报率方面，风险投资对清洁技术的投资表现要差得多。在美国，由于上述因素，风险投资资金从 2011 年达到峰值后开始下降（见图 14.1）。2011 年之后，清洁技术早期的风险投资几乎消失不见了。在剩余资金中，许多资金转向投资风险较低的后期企业（加迪等，2017）。

全球范围内，中国在清洁技术领域的风险投资占比最大，2017 年为 53%，而美国占 32%，居第二位（见图 14.2）。尽管有些初创公司取得了一定的成功，如特斯拉（特斯拉于 2004 年筹集到了 750 万美元，2005 年筹集到了 1300 万美元，并于 2010 年通过首次公开募股退出，当时公司估值为 16 亿美元），但这些公司可能不太适合风险投资（Crunchbase，2019）。为应对风险投资家对早期清洁技术公司投资兴趣减弱的局面，《巴黎协定》强调了早期可再生能源技术融资的重要性。比尔·盖茨和其他亿万富翁投资者发起成立了突破能源联盟，汇集资金用于清洁技术的早期投资。最近，一项价值 10 亿美元的基金已经启动，目的是帮助清洁技术公司实现规模化。

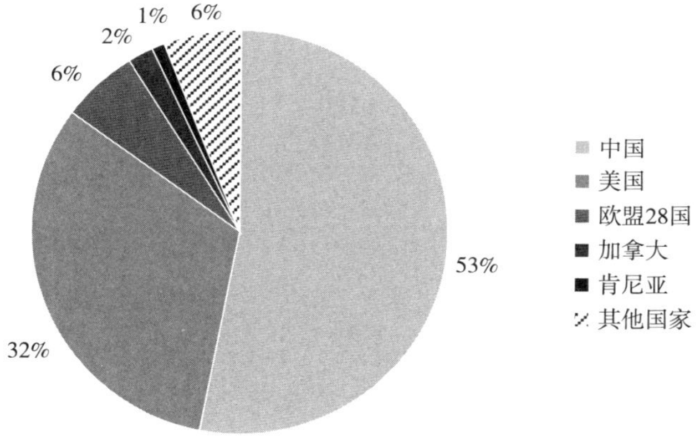

图 14.2　2017 年各地区针对清洁技术的风险投资

［资料来源：根据 NEXT 10（2018）调整；原始资料来源：Pitchbook，LLC］

政府激励的作用

虽然天使投资和风险投资可为具有高风险和低资本密度的上游企业提供资金，但在可再生能源领域部署下游创新方面所需的资金对于风险投资而言规模太大，而对于传统银行来说也风险太大（马祖卡托和塞米纽克，2018）。可再生能源发电厂就符合这一描述。由于风险投资家面临重重限制及困难，其他不太需要获得短期回报且拥有更多资本的私营部门投资者可接管这部分投资，以获得长期收益。我们获得的教训是不要试图遵循倾向于清洁技术软件的风险投资模型，而是要想方设法鼓励其他资本形式为对绿色转型至关重要的材料和流程提供资金，包括养老基金、保险公司、主权财务基金甚至是家族理财办公室在内的机构投资者必须参与到为清洁技术部署提供资金的过程中。要让这些资产所有者参与其中的秘诀就在于开发低成本的尽职调查和指导方法，否则，相关的成本对于规模最大的资产所有者而言过于昂贵。

政府对可再生能源的直接投资是有依据的，这是一个资本密集型行业，需要比风险投资或私募股权更多的资本来扩大行业规模。虽然公共投资很重要，但政府在尽职调查和投资选择方面往往效率低下，缺少正确判断评估市场纪律的必需经验和文化。由于缺乏直接的政府投资或所有权，包括金融和创新政策工具在内的“市场拉动和技术推动”政策可用于影响清洁技术行业的创新和投资（米根特、波尔金、肖克、陶布和冯·弗拉德，2017）。

例如，政府采用现金返还、上网电价补贴、贷款担保和补贴等工具来增加创新清洁技术产品的需求量，这会对清洁技术创新产生激励作用。许多政府对可再生能源提供补贴，而上网电价和贷款担保形式的补贴往往使私营部门的投资相形见绌。例如，美国国会为许多可再生能源提供生产税收抵免优惠，如风能和太阳能的 30%（美国国税局，2018）。2009 年，Solyndra 就从美国能源部获得了总额 5.35 亿美元的一笔贷款担保，后来因为公司破产，这笔贷款成为了该计划的起诉对象（美国能源部，2009）。该计划还在 2010 年为特斯拉提供了 4.65 亿美元的贷款，帮助特斯拉扩大了生产线，并成功推出了其 S 型轿车（美国能源部，2010）。

从 2006 年到 2014 年，德国对可再生能源的补贴翻了近两番，从 58 亿欧元增至 214 亿欧元［波赫林格、兰迪斯、雷尼奥斯（Reaños）、安琪儿，2017］。此外，2018 年，全球可再生能源产能最高的中国发放的补贴占太阳能上网电价的 34% ~52%（穆迪，2018a，2018b）。向中国可再生能源公司授予的信贷额度常常使美国公司相应的贷款相形见绌。中国地方政府经常通过提供税收减免优惠及廉价土地来支持清洁技术的发展。除直接提供创新资金之外，政府采购计划还可填补早期风险投资退出后留下的空白。

根据国际能源署估计，化石燃料（包括石油、煤炭和天然气）及电力的补贴仍然高于可再生能源补贴（见图 14.3）。2015 年，化石燃料补贴总额达到 3300 亿美元（由于油价下跌，补贴数额低于 2012 年的水平），但与可再生能源的1500亿美元相比，仍然是其补贴数额的两倍多（国际能源署，2017b）。大部分化石燃料补贴是发展中国家发放的；美国等发达经济体一般不提供化石燃料的消费补贴（但美国通过税收抵免和贷款担保来支持能源生产）。全球清洁能源投资从2004年的620亿美元增至2014年的3600亿美元，一直在快速增长。然而，近年来，该增长趋势有所放缓，2017年降至3340亿美元，仅占全球1.8万亿美元能源投资的19%（国际能源署，2018）。

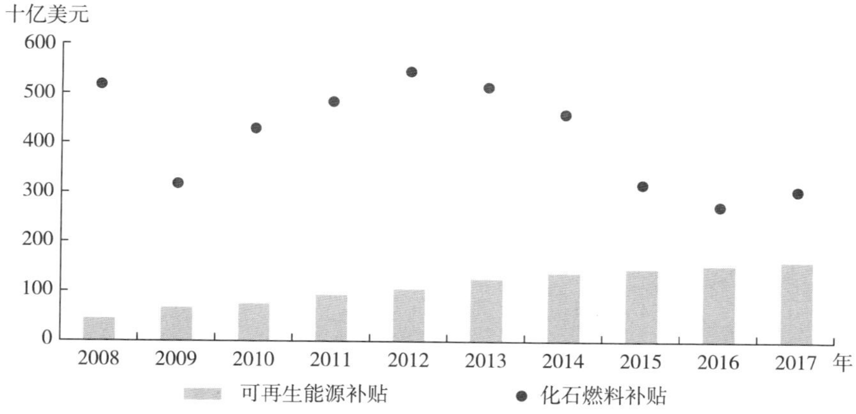

图14.3　可再生能源和化石燃料的全球补贴

［资料来源：根据国际能源署（2016和2018）调整］

虽然补贴有助于鼓励早期创新，但具有不可避免的暂时性和不可持续性特征。随着可再生能源发电能力的迅速提升，补贴预算很可能会吃紧。相反，如果企业认为补贴属于暂时的，它们就不愿意作出长期规划了。例如，西班牙曾是太阳能发展方面比较领先的国家，慷慨的补贴使得该国太阳能发电量达到政府最初规划数量的十倍。2008年国际金融危机后，税收支持戛然而止，许多太阳能公司倒闭（Webb，2011）。可再生技术创新造成的成本显著下降会加剧这些问题，从而降低补贴的有效性，并造成很高的成本。从长期来看，我们在第13章讨论的碳税和碳交易可以更加有效地推动可再生能源的创新活动，有利于提升其长期竞争力。而政府补贴有时会过度鼓励再生能源产业，导致产能过剩。

《世界能源展望》中的估计值涵盖了对最终用户（家庭、工业和企业）消耗的化石燃料补贴及化石燃料产生的电力消耗补贴。浅绿色栏显示了国际能源署对可再生能源补贴最激进的估计值。

政府补助和研发投资的税收优惠待遇有助于推动更多的技术取得突破（技术推动）。早期研究成本高昂且与短期盈利能力没有直接联系，因此私营部门参与者的资金往往不足。这与外部性经济理论一致，对于早期科技研究而言可能很严重。公司很容易从清洁技术的基础研究中获得好处，从而削弱了公司直接投资基础研究的动力。对能源效率、能源节约、燃料转换和电力脱碳的各项法律要求是在更广泛的经济环境中促进脱碳基础研究商业化的一项关键公共干预措施（杰勒德和德恩巴赫，2018）。

最后，我们可针对机构投资者制定创新政策。例如，清洁技术中风险投资的初步发展与美国加利福尼亚州政府的“绿色浪潮”计划密切相关。2004 年，州财政部呼吁除其他“绿色”投资之外，加州公共雇员退休系统（CalPERS）和加州教师退休系统（CalSTRS）在清洁技术领域的私募股权、风险投资和各个项目上总共投资 5 亿美元（加利福尼亚州州库，2004）。这两个基金分别是当时美国第二大和第三大养老基金。这次投资是在清洁技术处于早期阶段时进行的，极大地鼓励了其他市场参与者的投资。

资产融资

水电、风电、太阳能光伏以及节能电器和照明设备方面取得了重大技术发展。这些发展有助于降低生产成本及价格。从全球范围来看，从 2010 年至 2015 年，公用事业规模的太阳能光伏价格下降了三分之二，同期陆上风电场成本下降了 30%（国际能源署，2015）。随着技术发展更成熟，定价更具有竞争力，对扩大及推出成功项目的投资变得非常重要，主要是通过债权市场来实现。例如，2017 年可再生能源资产融资额达到了 2160 亿美元［法兰克福学派——联合国环境规划署（UNEP）中心/彭博新能源财经（BNEF），2018］。

宏观层面上，外国直接投资（FDI）将大量资金用于核电站建设、太阳能电池板和风力涡轮机制造以及先进电池生产设施建造。外国直接投资是一个国家的公司对另一个国家的直接投资，因而被认为有助于将宝贵的资本、技术和管理专长以及环境和社会标准从一个国家转移到另外一个国家，且通常受到东道国欢迎。2016 年，在全球绿地外国直接投资中，有 10% 进入了可再生能源领域，投资总额达到 770 亿美元。如果将能源效率、能源储备和能源服务（如碳市场）等其他清洁技术包含在内，清洁技术的年度外国直接投资额会达到 2870 亿美元（绿色投资，2017）。

资产融资是指以公司资产负债表上的资产为抵押进行借款。由于必须发展到成熟阶段才能维持资产稳定性，然后才能借到资金，因此，资产融资与达到一定的发展规模及处于推广阶段的公司最相关。在本节中，我们将回顾为这些公司实现持续发展而提供资金的一些金融工具。

能源投资合伙企业（绿色银行）

能源投资合伙企业通常被称作绿色银行。在第 12 章中，我们曾在能源效率证券化的背景下做了部分详细讨论。绿色银行属于公共机构或准公共机构，其宗旨是利用公共资金对清洁技术发展提供投资。绿色银行采用与传统政府激励措施不同的工具。对于政府补助，一旦发放之后，不再归国库所有；而对于绿色银行而言，贷款会收回，使公共资金得以补充，从而进一步促进清洁能源的发展。根据第 12 章详述的内容，绿色银行利用资本管理过程，通过与民间资本共同投资、信贷支持和证券化等方法，采用资本管理流程来利用公共资金。通过这些机制，绿色银行可帮助降低私人投资者面临的风险，填补私人投资者的融资缺口，确保政府或半政府合伙关系的可靠性。由于绿色银行利用公共资金，它们倾向于对太阳能等成熟的技术投资，主要是为了降低市场壁垒，扩大业务规模，因而不专注处于早期发展阶段的初创技术。尽管绿色银行仍是一个相对较新的概念，但在美国绿色银行的数量一直在上升，尤其是在缺乏联邦政府支持的情况下。

绿色银行具有不同的结构和策略。例如，康涅狄格州绿色银行成立于 2011 年，是美国第一家采用“绿色银行”字眼的银行。该行直接与个人客户合作，针对客户的太阳能需求提供贷款。总体来看，康涅狄格州绿色银行与私营部门一起部署了 10 亿美元以上的资金来资助清洁能源项目。2013 年，纽约州成立了纽约州绿色银行，这是一家由纽约州承保、价值 10 亿美元的实体，也是美国该领域规模最大的银行。纽约州绿色银行仅和大型项目融资者及开发商合作，到 2018 年初，该行已累计创造了 16 亿美元的清洁能源投资（美国气候联盟，2018）。

澳大利亚、日本、马来西亚、瑞士和英国都成立了国家绿色银行；美国加利福尼亚州、康涅狄格州、夏威夷州、新泽西州、纽约州和罗得岛州分别成立了各州的绿色银行；美国马里兰州蒙哥马利县成立了县级绿色银行；甚至阿拉伯联合酋长国马斯达尔市也成立了市级绿色银行（康涅狄格州绿色银行，2019）。绿色投资银行往往是在未设立国家开发银行的国家设立的，原因是开发银行在利用公共资金为绿色基础设施项目提供社会投资方面可能与绿色银行的职能有所重叠。

绿色债券

绿色债券是一种固定收益债务工具，用于向具有气候效益和环境效益的绿色项目提供融资或再融资。这是一种创新方式，可引导资本推动可持续发展转型，例如可再生能源、可持续基础设施、可持续运输、能源效率和负责任的废物管理。绿色债券一般与资产挂钩，由发行人资产负债表提供支持。与传统债券相比，发行人必须产生足够多的现金流，在预先设定的期限内偿还本金利息。某些司法管辖区的绿色债券享有税收优惠待遇，比应税债券更具吸引力。然而，使用绿色债券收益所带来的规划内的有益环境影响必须由 Sustainalytics 或 CICERO 等环境评级咨询公司提供“第二意见”来进行验证。第二意见提供者仅根据《绿色债券原则》中的指导方针验证所募集资金的预期用途是否有益。发行人有义务报告项目的最终影响，但发行后无需验证核实。

2007 年，欧洲投资银行（EIB）以 8 亿美元的价格发行了第一只绿色债券，该债券贴上了“气候意识”债券的标签。债券收益被指定用于和欧洲投资银行在可再生能源和能源效率领域贷款项目相匹配的支出。截至 2018 年底，欧洲投资银行已募集到了总额达 235 亿欧元的气候意识债券（欧洲投资银行，2018）。随后，世界银行于 2008 年发行了第一只带“绿色债券”标签的债券，此后该机构一直是绿色债券的主要发行人之一。事实上，在 2012 年第一只企业绿色债券发行之前，只有国际开发银行发行了绿色债券。从那时起，绿色债券市场开始经历急速增长（Rosembuj 和 Bottio，2016）。

绿色债券发行人可以是政府、企业及多边机构。遗憾的是，绿色债券不是清洁技术活动第一阶段至第五阶段的可行融资来源。从本质上讲，绿色债券可由已进入公共债券市场的发行人发行。从这个意义上来看，绿色债券并没有显著增加可用于清洁技术创新的资本，尽管它们确实降低了后期完全商业化企业的融资成本。

绿色债券主要分为四类：（1）绿色收益债券；（2）绿色资产支持债券；（3）绿色项目债券；（4）单一债券。收益债券的使用在违约情况下对发行人有追索权。债券收益专门用于绿色项目，通常由发行人的整个资产负债表提供支持。欧洲投资银行发行的气候意识债券就是收益债券绿色用途的一个例子。资产支持债券通常以小规模资产池作为抵押，且仅对这些资产有追索权，如节能住宅的抵押贷款和屋顶太阳能光伏发电设备的租赁，其收入将作为债券偿还的第一来源。例如，特斯拉能源（其前身为美国最大的太阳能安装公司 SolarCity）。绿色项目债券是为典型的大型绿色项目发行的，如风电场或太阳能发电场，无论是否追索发行人，均由这些项目提供支持。项目产生的资产及任何利润都用于债券融资，投资人直接接触这些项目。任何已被列入“绿色”行业的公司（如光伏生产商、涡轮机制造商和废物管理厂）发行的任何债券均被贴上“绿色债券”的标签，因为不管怎样，这些公司的收入都将来自“绿色”行业。

2017 年，全球绿色债券发行量达到1730 亿美元，与2016 年相比增长 70%，而十年前仅为5 亿美元（见图 14.4）。中国的发行量是全球绿色债券发行量增长的主要贡献者，2016 年达到 330 亿美元，2017 年为 250 亿美元。尽管 2018 年的增速有所放缓，但仍增至 2000 亿美元左右（穆迪，2018a，2018b），尤其是在固定收益投资者采用环境、社会和治理（ESG）一体化的情况下。尽管绿色债券发行增速很快，但其发行量仍然仅占全球债券发行量的 2% ~3%，在所管理的固定收益资产总额中所占的比例更小（气候债券倡议组织，2017）。

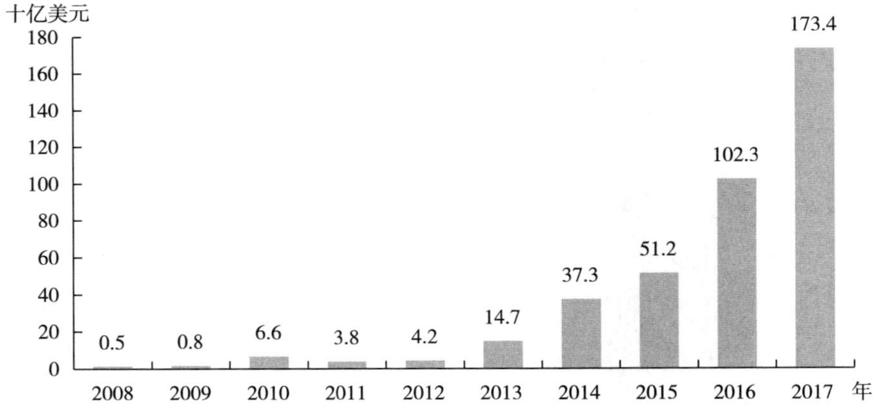

图 14.4 2008—2017 年的绿色债券发行

［资料来源：根据联合国环境规划署、法兰克福学派和彭博新能源财经（2018）］

绿色债券有很多好处。政府、多边机构或私人公司等发行人可从具有环保意识但可能不会进行其他投资的投资者那里获得资金。绿色债券还有助于证明及提升发行人可持续发展的诚意。它向市场发出了一个可能有助于降低长期风险的积极信号，可帮助组织形成竞争优势，并有助于推广“绿色品牌”。与此同时，绿色债券投资者同样可以声称自己具有环保意识，并积极支持向可持续未来的转型。

但是，绿色债券也存在很多明显的问题。发行绿色债券的资本成本可能高于传统债券发行的资本成本（米利特、麦吉奇、Harris - Ngae、维叶门和罗兹，2016）。例如，定义、监控和维护绿色项目及收益既具有挑战性，又成本高昂，而发行人必须产生与传统债券一样多的回报。“绿色标签”是绿色债券与普通债券之间的区分，因而收益使用的透明度至关重要。不论怎样，绿色债券资格验证过程既耗费时间又耗费金钱。

此外，许多由绿色债券资助的活动无论如何都将会获得资助，无论是通过政府税收，还是通过私营组织的各种公司借贷机制。例如，高速铁路项目都通过银行贷款获得融资，而任何政府环保项目都通过税收或政府借款进行融资，这是一种传统的方式，不具备绿色债券的特殊性。因此，除非可以通过绿色债券筹集到额外资本没有得到证实，否则，除了通过传统方法筹集的资金之外，绿色债券不能被称作可产生“额外”的环境收益。

在这种情况下，绿色债券可能会导致“洗绿”，而不会带来具体的好处——特别是当没有第三方主管部门可以实施独立评估并确保持续合规时，除了在债券发行时证明其“绿色”属性。绿色债券的交易溢价高于非绿色债券的交易溢价（克拉泼，2018）。与过去获得绿色标签的自愿框架不同，可信和独立的评级系统至关重要。

YieldCo

可再生能源的另外一种创新融资形式是“YieldCo”，它自 2013 年第一家 YieldCo 上市时开始流行起来。与大型有限合伙企业（MLP）或房地产投资信托公司（REIT）非常类似，YieldCo 也是一种基于收益的投资工具，在该工具下，一家公共公司的成立是为了持有通常属于可再生能源领域的运营资产，例如，产生稳定现金流的风能农场或太阳能农场。与大型有限合伙企业不同，YieldCos 不受其可创造收入的类型限制。将运营资产和开发资产分离，对潜在投资者来说，这将比可能仍在开发中的波动性更大的资产更具历史意义。

通过首次公开募股，YieldCos 在 2013 年和 2014 年发展得很快，从 2013 年至 2015 年在北美和欧洲总共募集到了超过 140 亿的资金［法兰克福学派——联合国环境规划署（UNEP）中心/彭博新能源财经（BNEF），2016］。在相对较短的时间内，多家新上市公司最终纷纷涌入市场，阻止了 YieldCos 股价的上涨，导致 SunEdison 在 2016 年高调破产。最近，YieldCos 开始出现复苏迹象，许多股票价格都在上涨。虽然距离 2015 年的高位还有很大差距，且没有人承诺在短期内可实现两位数的股息增长，但 YieldCos 仍有可能成为从股票市场为清洁能源公司筹集到相对廉价资金的一种方式。

资产证券化（ABS）

正如第 12 章讨论的那样，资产证券化或资产支持证券市场非常庞大，仅在美国就有 1.5 万亿美元（证券业和金融市场协会，2017）。最著名的资产证券当属抵押贷款证券，其评级最低的次级抵押贷款证券是造成 2008 年国际金融危机的罪魁祸首。资产证券化不只限于住房贷款，还可包括汽车贷款、学生债务、信用卡债以及其他许多方面，如产生稳定现金流的知识产权和电影。

特别是在美国，太阳能开发商开始通过住宅和商业太阳能装置的集中租赁或贷款证券化来筹集资金。2017 年，太阳能支持证券在美国的市值达到 13 亿美元（费尔德曼、马格里斯和霍斯金斯，2018）。证券化通常依赖税收优惠及补贴，为太阳能供应商提供了关于债务的低成本替代方案，同时通过向其提供更好的现金流来扩大市场规模。鉴于养老基金、共同基金和其他机构投资者在证券化产品中大量存在，太阳能资产证券化为机构投资者提供了另一种清洁能源的投资方式，这些投资者通常很难进行较小规模的投资。

资产融资与众筹

清洁技术开发的六个阶段在开发活动所产生的净现金流方面有所不同。虽然科学研究活动很少产生可观的收入，但完全商业化的商业活动在财务上是自给自足的。检查各阶段间连续性的另外一种方法是认识到，后期各阶段一般需要对广泛的资产部署进行投资，而早期阶段需要支付高技能人员的工资。为个人活动提供资金的困难之处就在于无法确保此类活动的产出可以销售给他人。相反，广泛配置的资产对大量潜在买家而言是很有价值的。从这个意义上讲，研发融资有些像学生贷款，只需解决道德风险和逆向选择带来的常见问题。如果研究人员对当前薪水过于满意则会引发道德风险，进而减弱其为进一步创新而付出努力的动力。由于资助者事先无法确定研究人员是否优秀，故可能出现逆向选择。由于资助者被迫向新研究人员提供低薪（以增加其努力的动力），许多在其他领域赚取更高额外薪酬的潜在研究人员就会逃避研究工作。对于 20 世纪 80 年代数学、计算机科学和物理学的研究人员而言，这是一个普遍存在的问题，当时这些领域的新晋博士在资产管理和衍生品交易中获得的报酬可能比科学研究中获得的报酬要高得多（德尔曼，2004）。

在金融领域，资产融资比人力融资更容易，这是一个不言自明的事实。由于资产可以作为抵押品而人力不行，因此，银行和金融界采用最简单的方法产生资金来购买资产，前提条件是他们认为这些资产对他人有价值。因此，通过债务市场可用于资产融资的资金规模远远超出可用于早期研究和初创企业孵化的资金规模也就不足为奇了。事实上，清洁技术的大部分投资都用于可再生能源发电，2017 年的投资额达到 2800 亿美元，大部分用于资产融资［法兰克福学派——联合国环境规划署（UNEP）中心/彭博新能源财经（BNEF），2018］。

早期清洁技术的企业风险投资

金融危机后选择退出可再生能源领域的许多大型国际石油和天然气公司再次开始在可再生能源领域投资，这或许是一个好兆头。2009 年，在宣布不会进行风能和太阳能投资之后，荷兰皇家壳牌公司最近每年在可再生能源和清洁技术（如电动汽车）上投资 10 亿 ~20 亿美元（壳牌，2018）。英国石油公司（BP）于 2011 年退出太阳能市场，而后于 2017 年向欧洲规模最大的太阳能开发商 Lightsource 投资了 2 亿美元（华德和托马斯，2017）。石油天然气公司也开始为早期主要研发活动提供资金。企业风险投资是指由已成立的公司对私营企业的直接少数股权投资。法国能源公司道达尔一直是在可再生能源及清洁技术领域花费最多的大型石油天然气公司。这家公司建立了一个 1.6 亿美元的企业风险投资基金，为一系列清洁技术行业的 20 家初创公司提供资金（查特思克，2018）。挪威国家石油公司也承诺针对风电以外的可再生能源计划设立一个 2 亿美元的风险投资基金（新能源投资基金）（挪威国家石油公司，2016）。

尽管可以想象到大型石油天然气公司正在投资更清洁能源的未来，但这些投资也有可能为这些石油巨头提供相对低廉的探索性举措。企业风险资本投资是一种可以快速、廉价、灵活地访问创新型新企业知识库和该行业研发生态系统的方式（巴苏、菲尔普斯和科塔，2011）。在一项关于大公司自愿披露企业风险投资的研究中，穆罕默德和施维恩巴赫（Schwienbacher）（2016）表示，各公司采取战略方式披露其对创新创业公司的投资。大型企业为显示其在该行业的领导地位而产生了披露研发活动的动机，但这种动机会因泄露未来竞争战略信息的风险而减弱。在这种情况下，初创投资的自愿披露可显示其研发领导地位，而不会过多地披露内部研发优先事项。面对投资者的压力，石油巨头可能会从清洁技术公司研发投资披露中获得不成比例的信号价值。

此外，许多上游石油天然气投资，如北美陆上项目，也有可能提供比太阳能和风能投资更具吸引力的回报。倘若属实的话，就可以解释欧美石油巨头在可再生能源方面的差距了。在欧洲，各公司获得廉价石油资源的机会很有限，而且面临来自政府、消费者、投资者及其他利益相关者的更大压力，因此它们对可再生能源进行了更多投资。詹韦（2018）认为，由于大型工业公司的主导地位，它们的研究投资不太可能与现有业务利润形成竞争。詹韦引用了施乐 PARC 的例子，当时没有一项创新可与受专利保护的、根深蒂固的复印机业务的利润竞争。

埃克森美孚每年拨出相对较少的 10 亿美元的资金用于低碳技术研究（查特思克，2018）。例如，该公司与 FuelCell Energy 合作开发用于捕获和储存二氧化碳的燃料电池（艾斯勒，2018）。正如联合国政府间气候变化专门委员会（IPCC）在其最新报告中建议的那样，碳捕获和储存技术可能是必不可少的，将全球气温上升值限制在 1.5℃将需要更大程度的减排以及去除大气中已释放的碳（联合国政府间气候变化专门委员会，2018）。跨国石油天然气公司对清洁技术的投资将对风险投资/私募股权投资提前退出的可能性产生积极影响。

另外，Xcel Energy 和 PPL 等美国一些电力公司可能是受投资方压力（例如通过气候行动 100 + 倡议）的推动，采用关停煤炭及建设天然气作为一个从化石燃料向低碳过渡的中间阶段。纽约州和加利福尼亚州等美国各州分别制定了 2040 年和 2045 年的无碳电力目标（布朗，2018；葛谟，2019），这会给公用事业公司带来额外监管压力，使其转向清洁能源。

尽管大型石油天然气公司最近进行了清洁技术投资，但它们在全球运营的太阳能和风能项目中仍仅拥有不到2%的份额（合加提，2018）。它们还将相对较小比例的资本支出用于可再生能源：在壳牌的800亿美元资金中，仅有2亿美元用于可再生能源，且仍将清洁技术投资视为中长期项目（钟和Bazilian，2018）。

清洁技术融资需求

与估计需求量相比，清洁或低碳技术的投资额几乎微不足道，这是清洁能源经济转型面临的一个重大障碍。目前需要大量资金（数千亿美元）投入帮助减少排放的技术，尤其是在发展中国家（世界银行，2010）。考虑到现有投资的规模（4000亿美元），一些研究人员估计，未来30年还另需每年8000亿美元为能效和低碳能源项目规模化提供资金才能匹配2℃内的升温目标（麦科勒姆等，2013）。IPCC最新报告将该数字还设置在下限附近，并根据一系列研究表明，每年可能需要多达3万亿美元的额外能源投资才能将升温值限制在2℃以内（IPCC，2018）。国际金融公司估计，从2016年至2030年，新兴市场将需要23万亿美元左右的"气候智能化"投资，相当于每年1.6万亿美元（国际金融公司，2016）。庆幸的是，这种投资需求的很大一部分是基础设施和资产融资，而非研究、开发或部署。例如，据国际金融公司估计，在230万亿美元的投资中，将有160万亿美元（70%）用于建筑投资，而建筑往往不会使用到研发资金。所有可再生能源的融资需求额为1.8万亿美元，相当于每年1170亿美元左右。虽然这比目前新兴市场对可再生能源发电投资要多很多，但相对容易达到。如果在资产金融市场发达的司法管辖区现有的基础设施建设融资方法能够适应新型市场，那么就可以结合清洁技术创新融资和资产融资来解决气候融资需求问题。

结束语

技术创新已成为促进经济增长的最重要的驱动因素。为实现可持续发展模式转型，我们最希望的是看到清洁技术的持续进步。虽然我们投入了大量的资金，但目前仍存在巨大缺口，不仅在新技术研发融资方面，还在于成熟技术的开发和推广方面。

本章对无数融资案例进行了研究，其中许多融资方法相对较新，旨在克服清洁技术行业的特殊性构成的障碍。清洁技术行业的特点是重资产、高风险、低回报，且投资时间跨度长。目前，传统能源仍由世界各国政府大力补贴，这也是一项重大的竞争威胁。融资并非可再生能源转型面临的唯一问题。企业短视主义也是一个主要障碍。另外，太阳能和风能相关可持续能源的间歇性也会减缓转型速度。虽然创新可将一些可再生能源发电成本降低到与化石燃料相媲美的水平，但当这些可再生能源占到发电量的主导地位时，间歇性问题的解决成本可能会急剧上升。当可再生能源发电只占总发电量一小部分的时候，间歇性可以通过冗余的可调度发电保障（布拉德福德，2018）。尽管用其他稳定的能源填补这一缺口可以解决相关问题，但会增加额外整合成本。随着太阳能和风能部署水平的提升，整合成本也会高很多。

鉴于最近清洁技术领域的快速扩张，我们有理由保持乐观。然而，我们的乐观情绪受到一种信念的影响，那就是政府在早期研发投资方面的资助和支持方面发挥重要作用。例如，虽然风能和太阳能融资金额一直在稳定增长，但近年来地热能的投资金额却有所下降，2017 年仅投资了 14 亿美元用于增加 700 兆瓦的装机容量［法兰克福学派——联合国环境规划署（UNEP）中心/彭博新能源财经（BNEF），2018］。尽管地热并非随处可用，但地热比太阳能、风能和水力等其他可再生能源要稳定得多，且有可能成为冰岛和肯尼亚等国家重要的清洁能源来源。

这两个国家66%和45%的能源需求是由地热提供的（肯亚塔，2019；冰岛国家能源局，2014）。美国西部和南太平洋国家拥有丰富的地热储量，可作为平价的清洁能源的重要来源。然而，由于与勘探活动相关的前期成本及高失败风险，使得地热不适合债务融资，而且勘探钻井的高资本支出对于风险投资组合而言并不常见。因此，政府直接融资或促进私人资本投资的政策对地热能的发展至关重要。

各国政府不仅必须更加积极地直接资助清洁技术研发及早期开发活动，还必须在设计政策和法规方面更具创新性，以鼓励机构和私人投资，并在与私营部门合作开发新融资解决方案合作方面表现得更加积极主动。此外，天使投资人、风险投资和公开市场也需要投入更多资金。在金融生态系统中，许多参与者可能在资本提供方面发挥关键作用，根据现金流预期、周期、波动性及清洁技术创新活动范围内的其他金融和气候风险来源的具体情况提供资金。我们在下一章中将全面研究能源获取问题及实现包容性增长的必要性。

第 15 章　合作社运动和社会企业

我们在前几章中描述了广泛的社会合法性对公司活动的好处。我们在第 3 章追溯公司形式的起源时提到，早在公元前一千年，就基于社会目的而在古印度（行会）和古罗马（市政和学院）成立了最早从事贸易活动的职业行会和公民组织。从这个意义上讲，社会企业是最早出现的企业。在第 4 章和第 9 章中，我们讨论了社会资本在验证可持续经济活动共同目的方面发挥的关键作用。在第 11 章中，我们将影响力投资描述为衍生的特殊形式的投资，某种程度上也来源于各种形式的社会企业。在第 12 章中，我们概述了地方公共产品融资的特殊作用。

合作社运动

18 世纪，当西欧早期的股份制公司作为由精英控制的国有企业专注于帝国扩张时，一种自发民主的地方商业企业以合作社形式出现了。18 世纪初，火灾保险合作社在英格兰成立，其宗旨是汇集资金，赔偿会员因火灾而遭受的损失。在 1750 年左右，法国一些奶酪生产商与客户一起成立了可能是第一家的消费者合作社（威廉姆斯，2007）。18 世纪下半叶，法国、奥地利、英国、西班牙、意大利、美国和墨西哥的工匠、食品生产商、园艺师以及有意购买火灾保险的人员成立了更多的地方合作社（赞玛尼，2017）。本杰明·富兰克林于 1752 年创立了美国最早的合作社之一——费城保险互助协会，这是一家火灾保险互助协会。1824 年，威尔士布料商罗伯特·欧文在纺织生产中积累了一定的资本，并在工厂中实行8小时工作制。这一年，他前往美国，将其大部分财富投入到印第安纳州新哈莫尼镇的一个乌托邦式的合作社，但是，这家合作社也不过是昙花一现而已。随后，他回到英国，以工会和合作社运动的倡导者的身份而闻名。1844年，英格兰罗奇代尔的28名纺织工由于罢工被一家公司解雇。这些工人随后成立了一家小型的合作经营的商店，主要出售面粉、黄油、糖和燕麦片。该合作社制定了《罗奇代尔合作原则》，该原则经修订后一直作为国际合作联盟的原则延续至今。原则内容包括开放自愿的成员资格、民主治理、有限的股权投资回报、成员对盈余的所有权，以及承诺培训成员合作社管理原则以及如何与其他合作社开展合作。合作社一个重要的财务特征是对投资资本产生财务回报的约束，这保护了合作社对盈余进行再投资的能力。

19世纪末，国际合作社联盟（ICA）在英国成立。国际合作社联盟将合作社定义为"通过共同拥有、由民主控制的企业，自愿联合起来满足共同经济、社会及文化需求和愿望的人员的自治协会"（国际合作社联盟，2018）。到20世纪30年代，消费者合作社成为北欧一些最大的零售机构。如今，合作社在发展中国家和发达国家都已经很普遍了。根据国际合作社联盟实施的一项调查，2012年全球300家规模最大的合作社的年收入为2.2万亿美元，主要从事保险、农业生产、营销、批发、零售贸易以及银行业务。

欧洲合作社在法国、西班牙、意大利和北欧尤为普遍。西班牙北部的蒙德拉贡合作社是欧洲分布最广泛的合作社系统，该合作社由100多家高增长、高科技型行业的附属公司组成。蒙德拉贡合作社是世界上规模最大的合作社，收入达到120亿欧元，拥有80000名"所有者兼雇员"（蒙德拉贡，2017）。该合作社业务分为金融、工业、分销和知识四个领域，目前是西班牙第十大公司（蒙德拉贡，2019）。

21世纪，英国在经历战后经济活动停滞之后，重新燃起对合作社的兴趣。约翰路易斯合伙企业就是英国一个比较突出的例子，它是英国

300 多家由员工所有的企业中最大的一家。其由 83900 名员工兼合伙人组成的合作企业，拥有约翰路易斯合伙百货店和维特罗斯合伙超市，总收入达 117 亿英镑（约翰路易斯合伙企业，2019）。作为共同所有人，合作社员工往往致力于实现企业成功，更具创业精神。由于决策过程更开放、更具参与性，其社区参与度更高，企业社会责任也更大。

美国也有很多关于合作社的例子，如信用合作社（由合作社成员共同拥有的金融合作社）、农业合作社（如新奇士和优鲜沛）、消费者合作社（包括许多独立的杂货店，如 Equal Exchange，这是一家著名的公平贸易和有机食品分销商，由 120 名员工平均持有）及住房合作社。肯尼亚等发展中国家有 22000 个注册合作社，由 1400 万成员组成，涵盖金融、农业、交通等各个领域（史蒂文，2019）。印度的合作社运动在世界上规模最大，拥有 400000 个合作社及 1.66 亿成员（威廉姆斯，2007）。中国和前苏联都有各自的国家合作社形式，改革后改制成地方企业。

20 世纪 60 年代，意大利设立了一种新型的合作社——社会合作社，并最终于 1991 年根据意大利第 381 号法律实现了制度化（托马斯，2004）。社会合作社产生于为病人和老年人提供护理、为社会边缘失业者提供培训和援助，其方式比福利国家的方式更高效、更多样化，并且比私营部门更能关注受益人福利。社会合作社与合作社的不同之处在于前者将非成员受益人和其他利益相关者（如志愿者和资本提供者）纳入其中，并将其权利和责任纳入到多利益相关者治理结构中。社会合作社的大部分收入来自于国家，从贷款或社员资助获得资本，接受志愿者会员免费提供的时间，由技术成员或行政社员实施管理，并为受益人或用户也是会员提供服务。

除少数前面提到的情况外，在 20 世纪大部分时间里，合作社运动一般规模很小且孤立存在。由于合作社的资本密集度高、生产程序标准化、半熟练劳动力装配线的僵化以及指挥链实行等级制（赞玛尼，

2017），合作社的扩散不太适合战后工业公司结构。也许由于在20世纪末期，制造业公司不再是主要的雇主，人们对商业合作社和一种具有相关性但形式不同的活动重新产生了兴趣，这些活动被称为社会企业和社会创业。

社会企业

关于社会企业部门的很多定义既相互冲突又彼此重叠，而对于社会企业部门界限的共识仍然难有定论。社会企业的特征是公共部门采纳商业技能，企业通常专注于社会目的，而自愿和非营利部门采用企业盈利方法（里得比特，1997）。英国政府将社会企业定义为“以社会目标为主要目标，其盈余主要基于该目的在企业内部或社会区的实现进行再投资，而非出于股东和所有者利润最大化的需要”（英国贸易和工业部，2002）。大多数人赞同，对于社会企业而言，社会价值的创造居首要地位，创收为次要条件（尽管也属于必要条件）——主要是为了维持财务可行性（梅尔和马蒂，2006）。社会企业的组织形式模糊了营利性企业和非营利性企业间的界限，其类型经历了多年的变化。该组织形式始于迪斯（1998）的系列取向，将社会企业划分为慈善和商业取向的综合体。迪斯认为，属于慈善组织和非政府组织的使命驱动型企业、传统意义上的利润驱动型企业以及两者的混合可归类为社会企业商业模式。在这个范围概念化的背景下或根据英国政府的定义，社会企业理论上可采取多种混合形式，这就不可避免地形成最终的“拥有社会目的的企业”（碧利斯，2010）。

不同类型的混合组织达成了以下共识：社会企业包括一些慈善贸易活动、合作互助企业及一些对社会负责的企业（康福思，2003；里德利—达夫和布尔，2015）。不同的研究人员针对类似配置采用不同的名称，如创业型非营利组织、社会企业及上述社会合作社（德富尔尼和尼森，2017；斯皮尔斯、考恩福斯和艾肯，2009）。因此，社会企业可从慈善组织、非慈善组织、非政府组织及传统营利性企业发展而来。

例如，美国的许多社会企业是从营利的慈善机构和基金会中诞生的（布尔和里德利—达夫，2018），其转型取决于创收的范围。传统的非营利组织和慈善组织致力于社会使命的实现，创收一般仅占其整体运营的一小部分；而非营利组织可能主要从捐赠者处筹款，由基金会转型而来的社会企业可能会从事真正的商业运营活动，以产生持续的收入来支付相关费用。对于被视为社会企业的非营利组织而言，创收必须超越筹款活动，并具有可衡量的目标和长期战略定位（赛比、福斯和林德，2019）。换句话说，创收的功能不只是为了财务可持续性，它还是一个信号，表明所提供的服务为用户创造了价值，而不仅仅是捐助者的“宠物项目”。如果服务接受者愿意为提供的服务买单，我们便可假设该服务的价值得到了服务目标群体的验证。这种范围更为广泛的社会网络对产生价值的验证是社会企业与政府福利和慈善活动之间的关键区别。

向社会企业转型不必仅由旨在获得低于市场回报的非营利组织发起；孟加拉国格莱珉银行和埃及塞克姆银行等著名的社会企业最初也是创造数千万利润的商业企业典型。与以利润最大化为目标的传统企业不同，社会企业的使命是推动社会进步。据此估计，大部分利润（如果并非全部利润）将保留在企业内部，用于开发新产品、服务以及发展业务，以产生更大影响。社会企业活动和传统的企业社会责任（CSR）倡议也有所不同。企业社会责任倡议在接受社会价值的同时，也尊重股东利益最大化的首要地位。此外，企业社会责任倡议关注于社区活动的参与或利益相关者关系，一般与企业家精神或创新无关——而这却是社会企业的一个关键标志（谢帕德和帕策尔特，2011）。

社会企业家

“社会企业家”一词是由班克斯（1972）创造的。班克斯批评了马克思主义关于社会运动主要是历史决定论造成的观点，强调社会变革必须由发明家、采纳者及倡导者引领。班克斯引用了罗伯特·欧文作为企业家的例子，将自己的管理技能应用于社会变革目的。该文献从个人层面使用企业家行为及特征或在组织层面采用企业社会使命来定义社会创业。这两种类型的定义都将社会企业家描述为企业家的一种（马丁和奥斯伯格，2007）。马丁和奥斯伯格引用19世纪法国经济学家让·巴蒂斯特·萨伊的说法（让是创造“企业家”一词的第一人），将“企业家”一词定义为通过将“经济资源从低生产率区域转移到高生产率和高收益率区域”来创造价值的人员。20世纪，奥地利政治经济学家约瑟夫·熊彼特在企业家职能中增加了创新职能，他写道，“企业家的职能是生产方式的改革或革新”。当代管理理论家在定义企业家精神时很大程度上遵循了萨伊—熊彼特的传统。例如，现代管理学之父彼得·德鲁克放大了萨伊的价值创造论点，强调企业家识别和利用可以创造价值的机会的能力（德鲁克，2014），这已成为现代企业家精神术语的核心要素。

1995年，格利高里·迪斯在哈佛大学教授了美国学术背景下第一门社会创业课程，他将社会企业家的基本特征定义如下：

- 采用一个创造和维持社会价值（不仅仅是私人价值）的使命；
- 认识并坚持不懈地寻求新机会进而服务上述使命；
- 参与不断创新、适应和学习的过程；
- 在不受现有资源限制的情况下大胆行动；
- 对服务对象和所创造的成果表现出高度的责任感（迪斯，1998）。

人们可能希望再增加一个风险承担的额外部分——人们通常认为社会企业家试图在市场状况不太理想的情况下创造社会价值需要接受高于平均水平的风险（佩雷多和麦克莱恩，2006；威廉姆斯和谭，2005）。

合作社运动与社会企业之间的区别

社会企业家的概念与合作社或社会企业的原则之间存在明显差异。尽管企业和企业家精神这两个词听起来比较相似，似乎表示相似的事物，我们有时也会互换这两个词，但是两者的内涵有所不同。美国社会企业家精神的愿景强调熊彼特的个人创造力，且更倾向于使用“社会企业家精神”一词，而非社会企业或社会合作社。因为这两者都涉及破坏现有的社会约束，满足未满足的社会需求，涉及重大的本地化、分布式决策。但是，萨伊和奥地利一些经济学家，如熊彼特、冯·米塞斯、柯兹纳甚至是最能表达个体企业家精神创造力和警觉性的哈耶克，都称赞了认识到可以创造价值的机会的个人的主观愿景。关于社会企业家精神的文献仍然尊重个体企业家。相反，合作社运动植根于互助平等伦理，强调以具有交叉利益的平等方汇集资源，而各方都具有一定的企业家能力（特林卡多，2018）。社会企业的欧洲愿景更有可能强调多层次的利益相关者而非个体创始人。

创新被认为是社会企业的先天特征。社会企业家精神被认为和“通过突破性改变来解决棘手的社会问题”有关（莱特，2008）。这种精神不仅指的是传播一个强大到足以跨越国界的想法——还意味着通过“框架转换”来解决问题（施瓦茨，2012）。这些描述强调创新是社会企业家精神的核心，应让企业家对整个世界展开调查，了解问题的根本原因，然后重新发明规范或寻找新的方法吸引传统意义上被排除在市场或公共空间外的人群。例如，对于发达国家和发展中国家那些没有抵押记录或集中性信贷记录的人群而言，缺少金融资本获取渠道的问题有据可查。朋友、家人或放高利贷者等其他资金来源要么非常有限，要么具有掠夺性。小额信贷中基于集体的贷款是格莱珉银行的穆罕默德·尤努斯开发的涉及这一人群的一项关键创新。如今，许多小额信贷机构在在线社会企业众筹平台 Kiva 上筛选和监控借款人群体。Kiva 允许个人贷款人在不收取利息的情况下为世界各地贫困企业家提供小额贷款。贷方以慈善捐款形式捐赠利息，但可在还款后重新将这笔资金贷给他人。Kiva 贷款的总还款率为 98.8%（多弗莱特纳和奥斯瓦尔德，2016）。

社会企业家精神是通过制度来塑造的，既有价值观、规范和传统等非正式制度，也有监管机制、法律机制和激励机制等正式制度。因此，在采用不同制度的不同国家，社会企业家活动存在着差异。我们可以想象，社会问题较多的发展中国家应该吸引更多的社会企业家，但事实上，大多数社会企业都在发达国家设立。社会问题严重的地方，政府机构可能比较薄弱，所以仅仅有更多的社会问题并不足以吸引社会企业家。尽管正式制度（社会经济地位和发展水平）与社会企业家精神的流行程度没有紧密的关联关系（Puumalainen、Sjögrén、Syrjä 和 Barraket，2015），但文化维度（与权力之间的距离、个人主义、男子气概和不确定性规避），由霍夫斯泰德（1980）首次提出，被确定为严重影响企业家活动的维度（海顿、乔治和扎赫拉，2002；利希特和西格尔，2006；桑顿、里贝罗—索里亚诺和厄巴诺，2011）。

通常，在普通民众拥有更多权力、政治参与机会更多的文化中，社会企业家精神更容易被接受，这是因为许多社会企业旨在通过减少社会排斥来减少权力不平等。此外，接受集体主义价值观的社会往往能够吸引社会企业家。社会企业家精神自然而然与集体价值观的联系更为紧密，个人主义社会发现很难找到能够产生社会影响的企业家机会。水平较高的社会企业家精神活动也与男性化程度不太明显的社会相关联。

在这样的社会中，不强调自信、英雄主义和物质奖励。最后，冒险对任何企业家精神形式而言都是非常重要的——那些不确定性回避程度较低、态度更宽松、信仰体系（实用主义的或原则性强的）更为灵活的社会一般对企业家精神（包括社会形式）有利（普马莱宁，2015）。

21 世纪，许多国家的社会企业的数量超出了传统商业企业（基斯特里克和比米什，2010）。这些企业被视为可以融合经济和社会价值创造的创新方法，如赋予妇女权力、减轻贫困及促进社会包容性增长（赛比等，2019）。这些企业最近的发展与（财政紧缩和大衰退造成的）西欧和拉丁美洲福利公共资金的流失以及国际发展机构未能解决发展中国家全球性社会挑战有关。与前几章概述的其他机制一样，合作社运动和社会企业家精神见解是调动亟需的资本来解决全球社会和环境挑战的重要工具。

尽管全球社会企业的总数难以准确估计，但是根据英国社会企业联盟的估算，仅英国就有 100000 家社会企业，雇佣员工人数达到 200 万，对经济的贡献金额为 600 亿英镑（英国社会企业联盟，2018）。

社会企业与扶贫

社会企业有望成为全球扶贫工作的重要工具。正如意大利第一家社会合作社一样，这家机构是在官僚管理的福利遭遇失败后成立的，发展中国家的社会企业也被期望去纠正多边发展援助的错误。杰弗里·萨克斯等一些发展经济学家直言不讳地倡导发展援助。萨克斯认为，那些同时缺乏多种发展资本形式的穷人经常会陷入“贫困陷阱”中，他们只能通过外部补助才能逃脱困境（萨克斯，2006）。他认为，需要大量的发展援助来弥补人力资本和物质基础设施的不足，如果当地没有，就很难积累这些资源。大规模发展援助最初是在马歇尔计划下采用的，在很大程度上成功重建了“二战”后的欧洲。然而，其他经济学家普遍批评了这一观点。威廉·伊斯特利认为，继全球范围内数十年来大规模外部援助在扶贫方面遭遇失败之后，大规模扶贫活动不能依赖于富裕国家的政府和多边组织，而必须建立在发挥当地独创性的基础上，以提出创新和适合当地的解决方案（伊斯特利，2006）。基层企业家通过开拓市场机会服务当地社会需求方面发挥的作用至关重要，但却会被外部构思的，资本密集、等级森严的解决方案所排挤。

创业有助于扶贫的观念并不新鲜。创业活动可创造就业机会，促进经济增长。然而，工业化国家的利润驱动型企业可能难以在以市场摩擦为特征的贫困地区引领市场，其中，市场摩擦包括产权保护不足，行业由垄断和特殊利益集团主导，商业信息不透明、不充分等。此外，外国利润驱动型企业不太可能将大部分利润再投资于当地经济。传统经济理论认为，面对市场失灵局面，政府应接管生产或实施监管。然而，政府往往缺乏干预资源、专业知识或意愿——这为慈善组织和非政府组织的介入和援助提供了空间。社会企业家作为慈善组织和营利性组织的结合体，可以填补政府能提供的及市场能产出的之间的空白。不同以往的是，社会企业家不能仅简单地从发达国家引进成功的东西。他们通常不得不提出一些新的东西，即可在当地产生影响的新技术、新实践或新理论。

社会企业家是一种新的创业形式，更倾向于跳出条条框框进行思考，乐于接受各种新的可能性。与传统企业相比，社会企业家也更愿意跨越国界，冒险进入潜在社会效益可能很高但财务回报不确定的领域（西洛斯和梅尔，2004）。许多社会企业家是从传统基金会做起的，其文化更倾向于资助在规模较小的司法管辖区内风险较高的社会初创企业，而这些地区创收通常需要更长时间。扩大时间范围的能力为社会初创企业提供了更好的成功机会。

企业家精神甚至社会企业不是什么灵丹妙药。社会企业虽然具有创新性且占据重要位置，但自 20 世纪 60 年代以来一直存在，几乎与外部发展援助计划存在的时间一样长。通过对全球各地穷人特殊状况进行深入分析发现了采用创造额外的创业机会上的多样性（班纳吉和迪弗洛，2011）。班纳吉和迪弗洛强调，许多贫穷的参与者即使很容易获得小额贷款及创业“机会”，也未充分利用这些机制。穷人通常是相当理性的，之所以避开创业和小额信贷，可能是因为与创业所需的大量时间和精力成本相比，穷人为大多数人提供的收益非常有限。

本书的主题一直是金融生态系统重视多种工具。社会企业、传统企业、政府或慈善机构无法凭借一已之力解决问题。贫穷是一种复杂的社会现象，需要所有利益相关者统一认识及资源，共同解决该问题。如果设想得当，社会企业就是一个多方利益相关者开展合作的机构。它可以通过营利性商业公司和官僚主义政府机构都无法访问的方式参与社会网络，从而获得广泛的合法性。对单一社会企业家及其创造力和创新能力的关注虽然非常重要，但却淡化了社会企业所依赖的社会资本。如果仅仅是个人创造力及远见，那么正如萨伊—熊彼特传统所描述的那样，仅靠企业家精神就足够了。社会企业的特征是受益人、志愿者、政府机构、基金会、非营利组织、社区、地方、区域和全球发展金融机构以及商业企业之间开展合作。我们在本书其他地方讨论过，将投资者、财阀捐赠者或社会企业家等利益相关者中的任何一个当作偶像崇拜必然会削弱对这个生态系统的全面理解。慈善机构、宗教组织、非政府组织、国际发展机构、政府甚至名人都试图为消除贫困作出贡献。我们可能对每个参与者的动机和优点存在分歧，但没有人会怀疑集体协作对于实现该目标的重要性。

社会创业与可持续性

可持续发展通常与环境可持续性相关。尽管很多人仍将可持续性视作关于环境保护、自然保护和能源效率的更为广泛的概念，但可持续发展正日益成为一个包罗万象的词语，强调一个经济高效、社会包容和环境可持续的发展模式。从这个意义上讲，努力创造社会价值的企业非常符合可持续发展的核心原则。

许多社会问题和环境问题都是彼此关联的。例如，能源强度的降低和清洁能源转型需要改变人们的总体态度及行为。了解边缘化人群的能源需求也很重要，这些人群希望在能源消费和经济发展方面拥有同等权利。可持续发展是指在不损害后代满足其需求的能力的情况下满足当前需求的发展（布伦特兰，1987），将代内公平和代际公平结合起来。

可持续性也是以环境为基础的。社会企业通常基于自下而上的方法，通过尝试基层创新来回应当地人口的社会和环境需求。例如，一些社会企业项目为肯尼亚人民开发民众能够负担得起的太阳能照明产品，而该国人民一直依赖于煤油灯，这对安全和环境都是有危害的。该举措是在满足当地人口社会需求的同时，推进可再生能源及向可持续发展的过渡。食品行业也采取了类似举措，当地生产的有机食品被视为工业食品生产的可持续替代品。具有社会意识的消费者要求全球消费品牌采取公平贸易的做法，确保为当地生产者提供充分的薪酬和工作条件。我们经常提到的小额信贷机构提供越来越多的绿色小额信贷产品，以鼓励基层企业家的环保项目。

许多社会企业家都是在做中小型项目的基层企业家。他们敏锐地意识到当地需求及制约因素，而这些对于外人来说可能是很难理解的。凭借当地知识及专长，这些社会企业家努力提供能源、食品、医疗保健和教育等环保产品及服务，这些不仅是社会必需品，而且还可提高可持续性。面对资源短缺的现状，社会企业家在破坏现有生产流程、市场结构和消费模式方面是熊彼特式的（肖特嘉，2002）。他们正在尝试在不像过去几代人那样过度消耗能源的情况下来满足穷人的发展需要。

可持续创业与社会创业密切相关，但属于更为新颖的概念。可持续企业家通过平衡经济回报、社会公平和环境弹性来实现三重底线（即经济、社会和环境)。通过接受财务和社会底线，社会企业家经常创造环境影响，尽管有时属于无意行为。另外，可持续企业家致力于三重底线，并有兴趣针对日常问题提出创新、环保解决方案。

社会创业与本土化创新

对于热衷于复制工业化国家技术进步的发展中国家来说，创新可能是一种事后的想法。然而，最近，有学者和从业人员发现，发展中国家的创新数量一直在不断增加。考虑到欠发达国家的市场规模不大，市场饱和度也不高，它们的创新能力甚至可能更高。由于资源限制，欠发达地区的许多创新是以新的、更实惠方式使用的现有技术的变体。

陶制冰箱

印度古吉拉特邦的陶土技工 Mansukhbhai Prajapati 开发了一种价格实惠的天然无电力陶土冰箱。由于缺乏可靠的电力且现代冰箱成本很高，Mansukhbhai 所在社区的很多人发现在印度闷热的夏季很难储存食物。起初，“穷人的冰箱”如何闯入规模更大的市场的问题似乎并不明显，但借助冰箱的成功，Mansukhbhai 创立了 Mitti Cool，该公司生产其他黏土制炊具和水壶，这些器具使用能源较少或者不使用能源。这些本地生产的环保产品帮助企业进入不断扩大的绿色市场。

Mitti Cool 从当地采购材料，雇用工人。该公司的成功不仅有助于满足消费者需求，促进当地经济发展，并且通过创造就业机会来缓解社会问题。就复杂性和功能性而言，这些发明无法与同类的高科技产品相提并论。它们更像是对现有技术的再设计，这些技术可能看似表现为便宜的改良，但实际上属于新概念、新产品。需要认识的一点是，这些本土发明是对当地之前拥有的任一项目的重大升级，其独创性不亚于其他地方开发的先进技术。它们还具有颠覆性，而颠覆性创新通常更为简单，这对可推广性至关重要。特别是对于“落后者”而言，便利性、可负担能力及简单性是它们的关键。到2017年，Mitti Cool已在印度售出9000台黏土冰箱，该公司雇用了35名员工，并正在扩大全球销售量（Mitti Cool，2017）。印度的黏土冰箱与北美自耕农的土根地窖很类似，都利用了黏土和泥浆的自然湿度和温度调节特性。

人们普遍认为，新兴经济体会以与工业化国家曾经相同的发展方式发展，尤其是在全球贸易知识和技术传播的背景下。全球化还缔造了在国际上主导许多行业的大型跨国公司，在这种情况下，小国没有规划自己发展路线的空间。然而，世界瞬息万变，欠发达国家面临的问题与过去大不相同。例如，中国和印度等国面临严重的环境和资源限制，迫使这些国家比工业化国家更倾向于选择可持续发展。这些条件下产生的基层创新如果能够在当地生根并在全球范围内推广，可能会演变成新的发展和社会变革模式，从而根除全球化进程。全球化进程严重依赖外包，同时基于西方原则的管理实践，使得发展中国家的子公司不能获得创新和发展。

机遇和挑战

尽管我们在前面提到了一些大型合作社（如蒙德拉贡和约翰路易斯合伙企业），但大多数社会企业的规模依然很小。对受稀缺资源和规模收益递减限制的社会企业家而言，规模化是一个常见的瓶颈。许多社会企业是由来自基金会或其他来源的种子基金资助的，这些基金只能提供小规模的启动资金，通常不期望获得高财务回报。社会企业的内部可持续性是其中一个相关问题，特别是商业模式依赖补贴的社会企业。从长远来看，这可能难以维持财务可行性，尤其是在紧缩计划和政府财政负债沉重的情况下。

社会企业家长期面临的挑战之一是吸引可能期望获得更高利润的私营部门的主流资本，这对于社会企业而言是很难实现的。问题的关键是说服企业将社会价值纳入其商业价值体系中，而不仅仅是企业社会责任方面。最为重要的是，必须开发衡量工具来评估社会成果，这最终可成为股票市场上公司整体估值的组成部分。当然，在目标包括社会影响的情况下，结果就更难评估，从而使得问责制难以实现。

包容性管理机构是社会企业的一大特点，其中包括不同的利益相关者。这种结构在了解当地消费者需求及资源限制方面具有相对优势。但是，随着组织发展，该结构可能很难维持，且众多利益相关者可能会成为扩大项目规模的障碍，它们在参与式治理结构下，很难达成决策。

创业条件

主流发展模式通常侧重于推动人力资本、保护个人产权及获得资本，这些都是创业的关键条件。人力资本包括读写能力，这是从事生产性工作所需的技能。人力资本还包括人际交往能力，即领导、沟通和激励他人的能力。人力资本积累通过提高生产力为经济增长奠定基础，还可推动对可持续增长至关重要的创新和技术改进。尽管人力资本通过教育和培训获得了提高，但是，发展中国家仍然缺乏关键资源为所有人提供广泛的相关教育。

充分的产权保护赋予个人开展创业活动的权利，不必担心政府掠夺，而对于政府而言，这是一种微妙的平衡行为。政治哲学的悠久传统可追溯到霍布斯和洛克，霍布斯相信实力强大的政府可以防止战争发生、保卫国家，而洛克强调一个有限的政府可以不实施掠夺或没收行为。虽然发展中国家通过改进合同执行及商业监管活动来加强对财产权的保护，但一个强大到足以维护产权但又弱到不参与国家掠夺的政府是发展中国家常常难以达到的中间状态。此外，模仿工业化国家的

“最佳实践”机构可能并不总是具有可取性。基于他人经验的“最佳实践”必须适应当地环境及条件，至少在开始的时要这样做就予以调整，然后再慢慢演变。有人认为，“过渡”机构可以更有效地为发展中国家服务——找到通往目标的道路比知道最终会走向何方更为重要，而了解当地可行的措施比了解全球更理想的措施更为重要（钱，2002）。在这些情况下，传统企业家可能会发现很难在欠发达国家发现机会并利用机会。愿意承担额外风险的社会企业家正在尝试填补这一空白。或许更为大胆的方法是将某些天生具有致力于社会进步倾向的公共参与者纳入其中，同时在类似市场激励的情况下行使企业家行为。

乡镇企业：中国特色的社会创业

即使在金融领域，当地地理环境在适应持久解决方案方面占据的突出地位也引发了人们对采取“基于地点”的投资方法的呼吁。合作社运动和大多数社会企业都与特定地理环境密切相关，这是毫不奇怪的。在第12章中，我们讨论了采用美国市政金融市场作为地方公共产品融资问题的自然多中心解决方案。

众所周知，私营企业为防止政府没收利润会隐瞒收入（见第3章的避税部分）。但是，在一些产权保护不足的发展中国家，地方政府持有的企业比私营企业更符合国家政府利益，可能能够防止或限制中央政府对国家的掠夺，因为这种掠夺会削弱中央政府在地方的合法性（车和钱，1998；钱和温加斯特，1997）。这就是我们在市政金融背景下讨论的联邦制的逻辑，是提供地方公共产品的自然解决方案。1978年的中国，在没有私营企业的情况下，作为乡镇企业的地方公有制企业能够限制中央政府的掠夺，又能够提供地方公共产品。虽然相对于私有制而言，地方政府所有权可能会有损管理激励，但也限制了收入隐藏，对地方公共产品起到推动作用。

如果说20世纪下半叶的减贫工作取得了重大进展，那么这一进展在很大程度得益于中国经验。1985年至2005年，中国有5亿多人摆脱了贫困，其经验或许可以为14亿仍然处于赤贫状态的人口提供宝贵的借鉴意义。许多研究人员和观察人员将中国的早期成功归功于地方政府持有企业的发展，如大量存在的乡镇企业（车，2002；车和钱，1998；车和罗泽尔，1999；田，2000）。乡镇企业是从人民公社和大队企业发展而来的，本质上属于地方村集体，是在1958年中国“大跃进”期间出现的（钱，2000）。这些集体在“文革”期间逐渐扩大、发展，促使许多城市学生和专业人士迁往农村，协助农村发展。与苏联的集体不同，乡镇企业的前身并非中央政府政策的产物，而主要源于地方自主行动且被人们所接受，原因是它们帮助解决了失业问题，且无需获得太多的财政支持（钱和许，1993）。与在业内占主导地位的大型国有企业（SOE）不同，许多乡镇企业规模较小，与其所在社区的联系非常紧密。乡镇企业具有相互竞争、为地方公共工程建设保留收入的优势，是中国经济发展初期经济增长的主要来源，帮助数百万人摆脱了贫困。

由于乡镇企业邻近直接受益者且相对多样，它们之间竞争比较激烈，腐败由此得到遏制。早期，乡镇企业将私营企业在竞争性自由市场上运作的优点与社会企业的公共导向相结合。乡镇企业在中国早期取得的成功证明，地方政府所有权能够成功地将政府提供社会产品的职能与商业激励结合起来。将两者结合起来，强调前者（自然来自于地方政府所有制）正是社会企业的定义。

中国乡镇企业的例子并不意味着公有制企业应该普遍具有吸引力，尤其是在制度截然不同的发达国家。乡镇企业实际上是在不允许出现私有制时期的一种临时解决方案，在私有化和经济自由化出现之前有效充当了过渡阶段的作用。随着大量乡镇企业、私营企业和国际合资企业间的竞争越来越激烈，即使是做得很成功的乡镇企业也很难招到技术工人以向城市扩张，同时，它们开始遭遇地方政府的所有权滥用

（孙，2002）。从20世纪90年代中期开始，规模较小的乡镇企业实现了私有化，在全国性的所有权重组运动中，许多规模较大的乡镇企业逐渐转变成为员工、社区政府和其他外部股权持有者集体拥有的股份公司。地方政府的角色从乡镇企业的唯一所有者和监督者，变得与机构股东的角色类似（孙，2002）。尽管如此，这种在公共领域出现的特殊的社会创业形式有助于印证当地解决方案的重要性及适合当地条件的过渡机构能够可靠地协助提高经济效率及促进经济增长的事实。

金融中介的主要经验教训

可持续金融从业者可以从社会企业学到什么？必须在适当的地点选择适当的时机削减金融中介成本。当必须投资或支付少量资金时，尽职调查和筛选的单笔投资成本不能过高。利用社交网络中可用的隐性知识得出，基于群体的小额信贷为代价高昂的尽职调查问题提供了一种自然解决方案。在第14章中，我们讨论了为人力融资相对于资产融资的困难。合作社运动和社会企业致力于解决以人为本的资产融资困难。这些以社会为导向的机制认识到，总体而言，许多人以同行压力及同行认可为动机，就像他们受金钱驱使一样。如果我们要说服人们一起有效工作，其他动机形式对于杠杆作用必不可少。一旦我们利用社会推动力，确定向谁提供资金的问题就会迎刃而解。人力融资不再是难题。这也许是我们从穆罕默德·尤努斯那里学到的最适用于全球的一个经验。

结束语

主流经济学中的企业理论经常会因其不切实际的“经济人”假设而饱受诟病，“经济人”是指在追求自身利益时始终保持理性的人。汤普森和瓦连京诺夫（Valentinov）（2017）对这一观点做了系统的评判，认为“经济人具有非人的自私，超人的理性，但是同时可以完全不受其所在的世界的影响”。这归根结底是对一个单一变量的受限优化。令人感到奇怪的是，这个超理性的人并没有试图修改其约束条件，而只是专注于解决最大化问题。哈耶克曾嘲笑过这种只试图解决最大化问题的努力，并指出对分散信息寻找的重要性。社会企业是以多中心方式作为聚合分布式信息的一种形式。

我们生活在一个复杂的世界里，为各种复杂的情绪所牵绊。在 1987 年的著名电影《华尔街》中，华尔街罪犯戈登·盖科有句名言，“贪婪不好听，却是好东西”。他接着解释说，“贪婪抓住了进化精神的本质。各种形式的贪婪，对生命、对金钱、对爱情、对知识的贪婪，标志着人类向上的浪潮”。诚然，基于利润动机的资本主义机制如果没有贪婪就无法运转。然而，如果我们可以驾驭贪婪，那么我们为什么不可以驾驭其他欲望，如同行认可、同情或同理心，以及与贪婪一样与生俱来、不可避免的其他人类属性。金融过于多样化，过于复杂，无法以单一的人类特征作为基础。

我们注意到，政府官僚机构在提供社会关怀和大规模国际援助方面未能达到扶贫目的。我们可以期望，结合商业敏锐度、强烈的社会目标感及对多方利益相关者合法性的固有尊重的社会企业可能有助于产生创造性、颠覆性的解决方案，以应对许多紧迫的社会挑战。正如我们在认识整个金融生态系统的其他情况下所主张的那样，这里的颠覆性意味着更具包容性，包括决策过程中当地利益相关者、最终产品和服务的边缘化用户及消费者，他们那静默的声音是最难听到的。

第 16 章　迈向共同富裕和共同福利

全球金融市场的规模让各国政府甚至是整个经济体的规模都显得相形见绌。每年金融市场活动的金额可达数百万亿美元，远超出全球 GDP 或自然资本服务的总价值。金融生态系统的资金来自广泛的全球人口努力赚取的储蓄，这些人在寻求资产管理及可持续的回报。储蓄的必要性来源于各种紧迫的未来需求，如退休、教育支出、购买生产材料或出于对未来可能发生的灾难的保险。对于储户和发行人而言，金融生态系统是一个全球性公共资源。我们可以选择通过消除人力资本、自然资本和金融资本的不当分配及价值流失对其进行保护，或者任由少数人利用这些金融生态侵占大多数人的共同财富。

储蓄流动对生态系统固然重要，更重要的是那些不受约束的小声音，汇集了对我们的非金融资本保护起到至关重要作用的所有非交易信息。权利分散的公民社会在保持金融市场参与者诚信方面发挥了不可或缺的作用。为寻求非金融资本回报，我们必须利用各种分析范式和广泛的利益相关者观点，以确保政府、企业和金融部门遵守最高标准的透明度和问责制，从而确保整个系统的完整性。正如联合国可持续发展目标（SDG）的制定中强调的那样，公共部门和私营部门广泛分布，相互依存，从而促进我们实现储户、公民投资者、企业、金融生态系统和整个社会统一目标的可能。共同利益既代表了全球储蓄的共同财富，也代表了对共同利益或日益增长的财富的关注，“财富”一词便由此而来。

金融市场为那些依赖全球经济活动的创新及活力来满足其需求的

储户提供了广阔的机会，在不耗尽资本的情况下可以赚取投资收入。这些储户形式多种多样，包括津巴布韦农村邮政储蓄银行客户、加利福尼亚州退休公职人员或中国主权财富基金受益人。尽管如此，他们在保护金融生态系统这一共同财产资源方面的兴趣是一致的。为储户投资的长期资产所有者和管理者在确保回报的可持续性方面发挥了重大作用。长期回报取决于许多无形价值来源，包括保存完好的自然资本以及利益相关者的回报。持久的投资收益还需要健康的生态系统、营养丰富的土壤、清洁的水源及空气、工业场地附近环境的吸收能力以及感到满意的消费者、积极进取的员工和渴望提供资本的投资者。

金融生态系统还为目前在世界经济所占份额不断增长的公司和发行企业提供了无与伦比的机会。企业活动的规模和影响使其成为推动全球生态系统可持续发展中不可或缺的合作伙伴。20 世纪传统观念认为：公司的首要目的是为股东赚取利润，必要时甚至可以牺牲其他利益相关者的利益。这其实是一个比较新的概念，我们也希望是一个不会长久的概念。以利益相关者为中心的公司治理制度的价值认可、福利公司的出现以及投资者衡量公司活动对环境和社会的影响，都表明了公司的努力可以产生可持续影响的潜力。

尽管我们创造了很多技术上的奇迹，但全球仍有将近一半的人口生活在贫困之中，有 14 亿人仍在为生存而战。中国和印度等新兴经济体在扶贫方面取得了惊人的成绩，但也面临着其他同样严重的问题，如社会不平等和环境退化问题。在世界上最富有的国家美国，有 4600 多万人（占美国总人口的 15%）仍然生活在贫困线以下（阿布拉姆斯基，2013）。世界银行的既定目标是消除贫困，可持续发展目标（SDG）的总体使命也是如此，可持续发展目标承认私人市场在最广泛的层面为实现我们的共同发展目标进行融资的重要性。值得注意的是，全球有将近 200 个国家采用了可持续发展目标，这表明低收入国家、中等收入国家和高收入国家首次跨越“鸿沟”，拥有着共同抱负。联合国责任投资原则签署人管理的资产已迅速增长至70万亿美元以上，这表明投资者正在寻求如何对可持续发展需求的理解进行整合。正如本书论证的那样，所有利益相关者在追求包容性增长、繁荣及可持续发展公共目标方面的共同利益意识在逐渐增强。

公共部门和私营部门联合行动实现共同或互补目标的愿景，使得范围广泛的可持续发展取得真正进展成为可能。但是，跨越公共部门、私营部门和民间社会边界的合作面临诸多挑战。在《王子》一书中，马基雅维利写道，“没有比在变革中领导更棘手、更危险、更难成功的事情了。这是因为革新者会是所有在旧秩序下致富的人群的对立面，而对在新秩序下有可能富裕的人群，他们只会给予冷淡的支持”（马基亚维利，1913）。合作障碍、视界的悲剧、利益冲突和单一分析型文化阻碍了迫切的进步需求。

财务会计系统最初作为帮助企业所有者确定管理层是否是资本管理的有效工具，将财务会计的重点集中在相对狭隘的投资者关注点上。投资者联盟和非政府组织之间建立的强大的联盟对于新绩效框架至关重要。金融生态系统决策者可将多种框架和指标视为障碍或机遇。我们认为，了解金融生态系统及其在环境安全界限范围内的位置，可以丰富我们对金融在社会中传统角色的理解。它允许金融分析师能够提出在金融生态系统和实现可持续发展之间的前沿问题。一些有力的证据表明，许多可持续发展绩效的衡量指标至少与适度改善的财务绩效有关，尽管这些回报通常在较长时间后显现出来。相反，几乎没有证据表明企业的社会绩效不利于企业的财务绩效，这意味着，推迟社会和财务目的的整合是没道理的。

可持续发展金融分析师可使用的工具有贴现、成本效益分析、自然资本货币化方法、更深入地参与人力资本管理的回报以及对各种社交网络的认识等。尽管现代投资组合理论具有一定的局限性，但仍可作为一种叙述框架，在塑造我们对风险及回报归因的理解方面发挥作用，这对于绩效评估仍然是至关重要的。这些工具尽管具有局限性，却能让我们在许多长期和短期常规投资决策间进行权衡，并将审慎判断与机械计算区分开来。

金融决策的精髓是以分散方式设计有效的解决方案，并根据具体情况细节量身定制方案。现金流预期、期限、波动性及其他金融和生态系统风险来源都存在差异。正是出于这个原因，我们没有试图制定自上而下的解决方案路线图或规范性设计。路线图或新架构仅对极少数可能拥有金融生态系统重塑能力的全球决策者有用。令我们感到疑惑的是，是否有如此强大的决策者存在。相反，我们的工作重点是以批判性的态度解释、评估可用于扩展单一分析文化的工具，这些工具早已在金融决策中固化了。

我们希望的是，通过理解金融生态系统及其与全球环境的联系，金融分析师能够识别现有金融生态系统的压力点，推进风险识别及机会寻找。在推动影响力投资领域的非金融绩效方面，我们有很多微小而具有创新性的进展值得学习。生态系统服务和保护融资的相互作用可能会扩展我们的风险及估值框架，从而识别自然界中相互支持、相互关联的网络。早期可持续创新融资的特殊问题证明了公共部门和私营部门在清洁技术投资中的互补价值。合作社运动和社会企业家精神为参与式治理及分散和包容性发展的合作生态系统指明了前进的道路。我们在前文介绍了去中心化金融平台可在公司治理、贸易融资和预测市场背景下汇集大众智慧。基于这些例子，我们可以得出未来的金融生态将能够履行其新定义的角色，即将稀缺资本分配给最高的社会价值，为谋求广泛的金融回报、物质回报、人力回报和自然回报的投资者匹配经过适当风险调整的投资机会，并在环境安全界限范围内产生分散的稀缺性信号。

我们相信，接受投资者和利益相关者对可持续发展含义的不同看法对于保持生态系统的恢复力至关重要。可持续发展目标（SDG）可能已在通往未来金融生态系统的道路上翻开了崭新的一页。这些目标是基于包容性协商的原则制定的，是一种自下而上的方法，所有联合国成员都参与其中，并承诺通过公共政策领导者、私人金融市场和公民社会之间建立的伙伴关系，开启一个以合作和共同责任为特征的新时代。在通过这些伙伴关系开展合作的迭代过程中，不可避免地会出现紧张、利益冲突和意见分歧，但目前全球面临的共同目标是可持续发展，基于共同财富认可金融市场的作用和责任。作为公民、员工、储户、消费者和投资者，我们都属于共同构成金融生态系统的重叠利益共同体。问题的关键不在于我们决定了什么，而在于由谁来作决定。